ヒトラーの裁判官フライスラー

ヘルムート・オルトナー

Helmut Ortner

訳◆須藤正美

Der Hinrichter

Roland Freisler—Mörder im Dienste Hitlers

白水社

ヒトラーの裁判官フライスラー

ヒトラーの裁判官フライスラー

目次

「ドイツの加害者は決して特別なドイツ人ではなかった。
我々がその思想信条についてつまびらかにすべきことは
その者独りに該当するのではなく、ドイツ全体に関連する」
ラウル・ヒルバーグ

「否、過去の出来事は、
それがただ過ぎ去ったからといって現在において不在であるということにはならない」
アルフレート・グロッサー

記憶と忘却について
日本語版読者の皆さまへ

一九四五年五月九日に在京ドイツ大使のハインリヒ・シュターマーは、大使館のハーケンクロイツ旗を半旗にして掲げ、「ドイツ国のための戦いに斃れた総統アドルフ・ヒトラーの追悼式」を催しました。「一連の式典」はリヒャルト・ワーグナーのジークフリート牧歌とともに始まり、バーデンヴァイラー行進曲〔ゲオルク・フュルスト作曲の行進曲でヒトラーが登場する式典では毎回演奏された〕で閉会しました。この式典には日本の人々も招かれており、ともに追悼したとされています。

その五年前の一九四〇年九月二七日には、アドルフ・ヒトラー主導のもと、ドイツ帝国、日本帝国、イタリア王国の間に三ヶ国協定が締結されていました。これは当事国からしばしば「ベルリン・ローマ・東京枢軸」と呼ばれたものです。しかしこの一九四五年五月には同協定はすでに紙屑と化していました。全世界を巻き込んだ戦争は地獄の業火の中に終焉を迎えたのです。無数の死者たち、焼き払われた多数の都市、破壊された景観、心に深い傷を負った人びと、引き裂かれた魂。軍事的な勝者はいましたが、いわば人類全体が敗北を喫したのです。

またもや九月二七日。今度は一九四五年のことです。「戦艦ミズーリ号」での無条件降伏文書調印の三週間後、裕仁天皇は内心の耐え難さを耐えてアメリカの勝者のもとを訪ねられました。証言者たちは礼服姿で身を震わす小柄な天皇の複雑な心中を記憶しています。「陛下《サー》、心より歓迎申し上げます」と述べてダグラス・マッカーサー将軍が歩み寄ります。将軍はこれまで誰にも「サー」と呼びかけたことはありませんでした。そして（死すべき存在である人間が手を触れてはならない）天皇に握手を求めたのです。裕仁天皇は深く身を屈めて相手の手を握られました。マッカーサーは天皇が傀儡であることを確信しました。彼を絞首台に上らせることは、自分たちにとってのキリストの磔刑と何ら変わらないだろうと考えたのです。そしてそれを行ったら日本は大混乱に陥り、流血の事態も避けられまいと。

　裕仁天皇は一九四四年半ばに戦争を終結させる方途を探っていたとする資料があります。それが実を結ばなかったことについて、擁護者たちは当時も今も、支配的な軍部に対する彼の無力の証拠と評価しています。しかし天皇の名のもとに数百万、数千万の人々が死んだのであり、その天皇が絞首刑に処せられるいわれは本当になかったのでしょうか？　敵の憎しみの対象となった東條英機陸軍大将をはじめとする他の戦犯たちのように、絞首台という選択肢はなかったのでしょうか？　天皇の責任を要求したのは中国人、朝鮮人、フィリピン人、インドネシア人だけではありませんでした。米国でのギャロップ世論調査は一九四五年七月末（つまり二個の原爆が投下された八月六日と九日より前）に、七〇パーセントの多数が、天皇裕仁に死刑または少なくとも重罰を望んでいることを明らかにしました。

　しかし米軍による天皇の処刑または降位処分は禁忌となります。太平洋島嶼部での戦闘で多くの血を流したアメリカ人たちの侮蔑と人種的憎悪は、ことごとく東條とその「悪辣なる軍人たち」に向けられました。東條が一九四七年一二月三一日に法廷で、天皇の至高の権威という点に言い及んだとき、審理は中断されました。アメリカの検事たちは、天皇に不利となる発言を控えるよう東條に対して強制したのです。その目的は皇室と軍政府との間に「楔を打ち込む」こと、そして地下に押しやられた「保守的で寛容な」エリートたちを再び活性化させること。公式の政治的指針ではそのようにされていました。

失敗に終わった自殺の試みの後で、ニューヨーク・タイムズ紙から日本のヒトラーとまで呼ばれた東條英機は、一九四八年に処刑されます。裕仁天皇は一九八九年、日本が未曾有の好景気を迎えていたときに安らかに崩御されました。勝利者側の意向で天皇が戦争責任を免れたことにより、彼の国民たちは自分たちが免責されたと感じました。

かくして日本にはあらゆる価値が崩壊する「ゼロ時間」が一度も存在しませんでした。

翻ってドイツでは？　それは問うまでもありません。ようやく戦争の悲惨な状況を脱したドイツでもはるかに多くの人々が、責任を自覚して過去を自らの歴史として引き受ける代わりに、体験したことや起きてしまったことを記憶の裡から押しやろうとしたのです。ほとんどのドイツ人は人道に対する犯罪、ユダヤ人迫害とホロコースト、ナチスへの関与、罪を問われた加害者の生涯といった、要するに倫理的・文明的に破綻していたヒトラー・ドイツの状況について、もはや知りたいとは思いませんでした。ドイツ人は自らの過去から逃走した民族となったのです。

戦後のドイツ連邦共和国では忘却と加害者たちの社会復帰という現象が顕著でした。それが意味したのは、ナチス独裁体制下の特定の措置国家〔国家的に認可された恣意の体系としての国家〕的な行動に対する無罪放免を法秩序の主たる要素とするということでした。そのようにして殺害や暴行といった犯罪行為は、ただ「上から」命じられた処罰行為にすぎず、自分たちの責任ではないということになりました。加害者とその加害行為はすっかりきれいに上塗りされ隠されてしまったのです。彼らは自分自身の行為ではなく、ある意味「他者から押し付けられた」行為をしたに過ぎず、党と国民と祖国のため、いわば代理人として自らの義務を果たし、宣誓を義務づけられたのだ、ということになりました。忠誠が最高度の徳義であったところでは、それの発揮は決して悪いことではありえませんでした。それはひとつのメンタリティであって、これが、誰もがそうしているからという理由で、非難されるべき、侮蔑的で人道に悖《もと》る命令にも盲目的に従うことを忠実な国民たちに強いたのです。どのような命令であれ命令であることに変わりはない、というわけです。

ところで加害者とはいったいどんな人たちだったのでしょう？　野獣、それとも単なる命令の受け手？　無関心な官僚、歯車装置の中の意志なき歯車？　彼らはイデオロギーに染まった確信犯だったのでしょうか、それともありきたりな犯罪者だったのか？　極端な言い方をすると、歴史学は何十年もの間、第一級の主犯であるヒトラー、ヒムラー、ハイドリヒといった大物たち、あるいはアイヒマンのような机上の殺人鬼しか扱ってきませんでした。現場で手を下した二級、三級の人物は相手にしてこなかったのです。

ところで人はどのようにして加害者、命令に従う犯罪者となるのでしょうか？　どのようにして「ごく普通の男たち」が嗜虐的な死刑執行人となるのでしょうか？　集団の圧力や自身のキャリアがそれを要求した場合に。いやこれは「それを可能にした場合に」と言い換えた方がいいかもしれません。いかにして人は東條やヒトラーのような人物になるのでしょう？　そして誰が彼らを可能とするのでしょうか？

ドイツの人々はその後の、まだ遅すぎはしない時点において、こうした苦い問いに答えを見出すことに着手しました。これは歴史学者の仲間内の議論を超えて、ある程度は公共空間でもなされることになります。これこそ過去七〇年で最も人々の心を捉えた政治的・歴史的テーマであったようにさえ思われます。

集団的な罪というものはあるのでしょうか？　そして個々人のモラルや徹頭して個人的な罪というものは？　誰もがこれまでどおり過去を意識から放逐したり、いわんや過去を否定して共犯者となったりすることはないのではないでしょうか？　ジャーナリストのラルフ・ジョルダーノはそのような修正主義的な行動を「第二の罪」と名づけました。

ドイツ、二〇一七年。ドイツ人が「過去の克服」と呼んだ時期、「第三帝国」の実態と当時のさまざまな経験に対する自己批判的な取組みという、あの困難なプロセスは終わりました。とりわけ一九六〇年代、七〇年代に顕著となり、長らくドイツの政治文化を規定したあの画期的な時期が。

ドイツ、二〇一七年。「第三帝国」の時代は現代からその姿をひそめ、ナチズムは我々の社会に現存する個人的体験の在庫の中から最終的に消えてゆきました。ヒトラーを選んだ人々はもはや我々の中にいません。加害者も共犯者も同調者も、さらには被害者も歴史の舞台からすでに退場していきます。では加害者世代の子供たち、孫たちは？　加害者、扇動者、共犯者に罪があるのは自明の理です。また抵抗や異議申立てをすることができたときにそれを怠った者にも罪がある。それもわかります。しかし子供たち、孫たちがこの罪の連鎖の一部である必要はあるのでしょうか？

過去は決して忘れられはしません。それは過去の現実というものがきわめて恐ろしいものであったがゆえに、決して忘れてはならないということだけではありません。そこには我々の文明的存在を危殆に瀕させるものを我々に直視させる材料が豊かに埋蔵されているのです。拒絶と適応、忠誠と断固たる姿勢、忠実さと裏切り、沈黙か行動か、志操と良心。こうした倫理上のドラマは、いずれも我々の生きる今の世界を認識させてくれる過去の出来事として説明しうるものです。

本書の中心に立つのは、最も狂信的なナチスの裁判官の一人、人民法廷長官ローラント・フライスラーです。彼が長官を務めたこのナチス法廷は最も多くの死刑判決を言い渡しました。本書はフライスラーのキャリアと活動、そしてその死を描いています。それは法服を纏った狂信的な殺人者の物語であり、他の範例となるべきものです。しかも彼のような存在を可能としたのは、他ならぬドイツの人々だったのです。

本書が自国の歴史のナラティブ〔物語性〕を認識するための一助となることを心より祈念致します。

二〇一七年一月、フランクフルト・アム・マイン

ヘルムート・オルトナー

過去の現前

今さらナチスの過去について書く意味があるのか？　本書の執筆中、私は幾度となく訊かれた。戦後七〇年以上が経ち、文字通り過去は「過ぎ去った」と考える人たちから。

我々の歴史のような重苦しい過去もいつしか終わって「よい」のではないかと主張する友人や知人たちから。私はこう答えた。たいていのドイツ人（決して年配世代のことだけを言っているのではない）は、自分の父や祖父が一九三三年から一九四五年にかけて何をしたのか、何を許してしまったのかという問題をあいかわらず直視しようとしていないのではないだろうか。私は例をいくつか挙げて、この負の歴史から逃れるために集団や個人によってどのような悪あがきが行われてきたのか、縷々《るる》示そうとした。すると相手からはしばしば疑問視する声や無理解な反応が返された。激しく抗議されることもまれではなかった。曰く、皆が皆ナチスだったわけではない、全員に責任があったわけではない、残虐な行為をしたのはドイツ人に限らない、と。しかし私にとってそれらは自己正当化の声に聞こえた。責任転嫁の主張と響いたのだ。

ヒトラーの死後すべてが空白となったゼロ時間に、それまで起きたこと、起き得てしまったことに対して、恥と哀しみの意識を抱いた人々はドイツにもいた。それを否定するつもりはこの私にもない。しかし当時、破局をかろうじて免れた人々の中には、体験したこと、起きたことを心の隅に追いやって否定したり、相対化したりする者がすでに数多くいたということも事実なのである。彼らは責任を自覚してあのできごとを我がこととして受けとめようとはしなかった。国民全体が自分たちの過去から遁走したのだ。これは当時、一九四五年の終戦に続く数年間、アデナウアー政権下の連邦共和国の頃の話である。ところで現在はどうだろう？

私もその一員である戦後世代は、元ドイツ首相ヘルムート・コールの言葉を借りると「後から生まれてきたという恩寵」に浴している世代である。その我々はまだそれほど遠ざかっていないドイツの過去のあの時期にそろそろ終止符を打ちたいと考えているのだろうか？　政治的にも道義的にも罪のない世代である戦後世代は今、ヒトラー政権とその負の遺産との取り組みをようやく免除されるに至ったのだろうか？　あるいはこの世代の責任は、自らの祖父母や両親の罪と自分はどう向き合うのか、そもそも自分には過去を心に刻む意志はあるのかといった問いかけからこそ、始まるのではないだろうか？

本書で扱うのは罪と許し、無力と怯懦《きょうだ》についてである。さらに勇気、正直さ、抵抗、加害者と被害者、記憶の抑圧と否認、そして想起についてである。

一つの範例として本書の核心をなすのは、人間を軽視して破滅へと導いたナチスのある組織である。法律家たちの自発的な支援と協力なしでは成り立ちえなかったあの組織、すなわち人民法廷である。これに関しては、「ナチス独裁体制下の司法」という複雑な問題系全体についても言えることだが、ここ数年、歴史学者や法学者、政治学者、ジャーナリストたちによってさまざまなアプローチがなされてきている。したがって関心のある読者は、ナチスドイツにおいて司法が輝かしい初期から破滅的な末期へと至る道筋をつぶさに辿ることができるのだ。ただし人民法廷の成立と構造、機能と日常業務については浩瀚《こうかん》な文献があるにもかかわらず、ローラント・フライスラー自身の生と活動について扱ったものはこれまでほとんど書かれていない。彼の名はテロルの裁判組織であった人民法廷の最も恐るべき時期と切っても切れない関係にあるのだが。

一九四二年から一九四五年まで人民法廷の長官を務めたフライスラーは、一九三四年の段階ですでに国家社会主義的な法に関する気鋭の先駆的思想家だった。本書ではそのキャリアとその影響力、そしてその死が描き出されることになる。保守的な小市民の家庭に生まれ育った若きギムナジウム生徒が、いかにして無慈悲な死の裁判官へと姿を変えていったのか？　その狂信的な思想世界はいかにして形成され、その頑なな法解釈は何を根拠としていたのか？

ただし単なる個人の伝記からは注目に値する新たな知見はなかなか生まれまい。歴史を個人の責任へと矮小化することも許されることではない。一部の有名人や個人的な事象にすべてを押し付けてはならないのだ。とりわけこのフライスラーという人物はこれまでにたびたびナチス司法界の悪魔的な人非人としてステロタイプ化されてきた。そうすることで褐色〔ナチスのシンボルカラー〕のシャツを着た彼の同僚裁判官数千名による悪行を相対化したいとの思惑がそこには見え隠れする。だがそれは間違っている。実際のところ、フライスラーは真紅の法服を纏ったデーモンなどではなかった。彼はナチスの法解釈をとりわけ几帳面に実践したひとりの執行人に過ぎなかったのだ。

こうした理由から私は、フライスラー個人から出発してナチス法の諸構造に迫り、両者が互いにどのような照応関係にあったかを明らかにするという方法を選んだ。ローラント・フライスラーの人生は彼が生きた時代のコンテクストの中で描き出され、数多くの文書資料の助けを借りて照らし出される。何と言っても彼が果たした役割は決して人民法廷長官としての役割に尽きるものではなかったからである。フライスラーは法律家であり、官吏であり、著述家であり、そしてナチスの裁判官であった。融通のまったく利かない彼は法を枉《ま》げることは一切なく、せいぜいナチス体制の意を汲んだ法解釈をする程度だったが、それを適用する際の容赦のなさで際立っていた。被告人として彼の前に立たされた者は、特に戦争末期の数年間においては、死刑を覚悟しなくてはならなかった。本書では犠牲となった人々の人生と運命についても扱う。ある章では紙幅をかなり多く割いて、彼らに下された死刑判決文をそのまま紹介する。それはかつての冷酷無比な司法の物言わぬ証人である。

　本書のための調査で筆者は、大勢の（ひょっとすると最後の）証人たちの話を聞く機会を得た。人民法廷に召喚され死刑を宣告された人々だ。彼らが生き延びたのは、たまたま刑の執行日よりも戦争の終結の方が早かったからにすぎない。筆者は裁判官としてナチスの法を適用し、容赦ない判決を言い渡した側の人々とも接触した。被告人に死をもたらすことも稀でなかった判決を下した人々である。私の受けた印象では、裁判官たちの何人かはそうした過去の重荷を抱えながらも今の生活を楽しんでいるようだった。彼らは自分たちを「罪なくして罪を負わされた者」と感じており、祖国に対する自分たちの信頼が「政治」によって悪用されただけだと考えている。彼らのほとんど誰一人として自身の責任を認めなかった。後悔の念や廉恥心は微塵も見られなかった。逆に自分をある「運命的な時代」の犠牲者と感じている者も珍しくはなかった。筆者は元ナチス裁判官や検察官たちから話を聞いたのだが、相手の言葉の中に自身の過去の行動に対する疑念を感じ取ることはほとんどできなかった。まったく鼻もちならない独善ぶりであった。

　バーデン＝ヴュルテンベルク州のハンス・フィルビンガー首相が海軍法務官当時に下した死刑判決が一九七〇年代にメディアで大きく取り上げられ、結局辞任したことがあった。もちろんこれはむしろ「辞任に追い込まれた」と言うべきであり、必ずしも戦後期だけの出来事ではないが、あのとき劇作家のロルフ・ホッホフートは「恐るべき法律家」という言葉を使った。その恐るべき法律家たちは

年から一九四五年にかけての時期に人民法廷は一日平均一〇件の死刑を宣告しており、その一部はフライスラー自身が裁判長として言い渡したものであった。もっともフライスラーが戦後、生き延びて連合国軍に身柄を確保され、ニュルンベルクの主戦犯の列に加えられていさえすれば、彼に公正な判決が下されるチャンスはあっただろう。

しかしニュルンベルク法律家裁判においてさえ、被告人たちに下された自由刑はさほど長期のものではなく、そのうえ有罪となった者たちも恩赦の大盤振舞いのおかげで、誰一人刑期満了まで勤め上げる必要はなかった。贖罪の意味でかつての裁判官仲間に公正な裁きを下すことなど、どのみち西ドイツの司法には望むべくもなかったのだ。すでに一九五〇年代に連邦裁判所はある疑惑の判決を通じて過去に終止符を打っていた。つまりすべてのナチス裁判官に二重の「法の曲解」の特典を認めたのだ。これによるとある裁判官を殺人その他の重大犯罪で有罪にできるのは、その裁判官が同時に法の曲解についても有責と認められる場合に限られる。法の曲解が認定されるにはナチスの法律家に「直接の故意」があったことが必要となる。これの証明はほとんど不可能である。加害者は意識的または意図的に当時の法秩序に違反していなくてはならなかったのだ。馬鹿馬鹿しい理由である。第三帝国のほぼすべての裁判官、なかでも真紅の法服を纏った人民法廷の殺人鬼たちは、ナチス国家のテロルの法と完全に一体化していた。フライスラーのケースにおいてそうした法の曲解の意図を証明することは、戦争を生き延び、アデナウアー政権下の西ドイツでそのほとんどが法律家としてのキャリアを継続した彼の同僚裁判官たちの場合より、はるかに困難であっただろう。

今なお存命している人民法廷の法律家たちに関するベルリン司法当局のある統計がはっきり示している。一九八四年のアンケート時に存命していた者の内、戦後に区裁判官を務めた者が二名、区裁判所長一名、ラント裁判所参事二名、ラント裁判所長官四名、上級ラント裁判所参事四名、検察官六名、上席検察官三名、それどころか裁判所部長も二名いた。人民法廷の法律家の内、一人だけ戦後官職に採用されなかったが、これはあくまでも例外であった。だから生きていたらフライスラーも処罰され、第二のキャリアを積むことは難しかったとも言い切れないのだ。その限りではミュンヘンの福祉局員たちの論拠をむげに退けることはできない。フライスラー、いかにもドイツ的なキャリア。

生き延びた数少ない彼の被害者の一人であるマルゴート・ディースステルは、舐めさせられた辛酸の代償として九二〇ドイツマルクしかもらえなかった。一回限りの見舞金だ。一方マルゴートに死刑を言い渡したフライスラーの未亡人に国家は正規額の年金を支給した。スキャンダラスなのは支給の事実ではなく、その決定理由だ。さらに憂鬱なのは、かつて褐色の制服を纏っていた無数の裁判官たちが国家公務員として新生共和国（西独）に仕えることとなったように、フライスラーも生き延びてさえいたなら引き続き「法の番人」としてキャリアを積んでいたであろうということである。

現実として彼が第二のキャリアに就くことはなかった。ではその第一のキャリアとはいかなるものだったのか？　野心を抱くギムナジウム生徒で若き二等士官候補生のローラント・フライスラーはどのようにしてナチスの法律家、それも狂信的な血の裁判官となっていったのか？　彼はいかにしてナチスの最も恐れられたテロルの組織、すなわち人民法廷のトップへと昇り詰めたのか？

結局のところローラント・フライスラーとはどのような人物だったのだろうか？

第1章 祝典

一九三四年七月一四日の午前、ベルリン、プリンツ・アルブレヒト通り五番地に司法界の重鎮やナチス高官ら選りすぐりのメンバーが集合した。そこはすでに解散させられていたプロイセン領邦議会があった建物で、創設間もない人民法廷の初舞台を効果的に演出するためにすべてが周到に準備されていた。ホールの前方では二棹の巨大なハーケンクロイツ旗が二階桟敷から床まで垂れ下がっていた。旗と旗の間にはナチスの旗手が軍靴を輝かせ、真剣な面持ちで並んで立っていた。演台の前には低木と草花のプランターが置かれ、厳粛な中にも瑞々しい雰囲気をこの舞台装置に添えていた。

前方には椅子の列がホールを埋め尽くすように整然と並べてあった。そこに座るのは背広や制服に身を包んだ高名な客人たち。特別席には親衛隊全国指導者のハインリヒ・ヒムラーが、その隣には二年前に就任した帝国法務大臣フランツ・ギュルトナーと帝国法務長官ハンス・フランクがそれぞれ座っていた。帝国大審院のあるライプツィヒからは長官のエルヴィーン・ブムケと帝国高等検事のカール・ヴェルナーが馳せ参じた。その後ろには突撃隊と親衛隊の代表たちや国防軍と司法行政の重鎮たちが着座した。最後列には新設されたばかりの人民法廷の裁判官たち、名誉職の陪席裁判官たち、合わせて三二名が陣取り、新たな職場で就任の宣誓をするときを今や遅しと待っていた。

もともとこの式典は一二日前に挙行されることになっていたのだが、ナチ幹部たちが来られなくなってしまった。実はそのとき彼らはレーム反乱の共謀者に対する掃討作戦を指揮していたのだ。突撃隊幕僚長のエルンスト・レームはすでに一九三三年のナチスによる政権奪取の直後から、意図的に国の内政面での発言力を高めていた。レームが目指したものの一つである「第二革命」は、突撃隊のシンボルである褐色のシャツを着た総勢数百万の軍部に、国家の各部門でより多くの権力と影響力をもたらすものであった。ヒトラーはこれをナチス組織の内的統一を脅かす脅威と見なし、レームを「基盤をなくした革命家」と呼んだ。ヒトラーとナチ党幹部はレームとその追随者たちの粛清を決断する。「夜と霧」と名付けられた作戦でレームおよびグレゴール・シュトラッサーを含む突撃隊幹部らが殺害された。レームと直接の繋がりがなかった政治家や軍人たちも、六月三〇日から七月二日にかけての呵責なき粛清作戦の犠牲となった。審理どころかしばしば事情聴取さえ行われず、突撃隊メンバーとそのシンパがヒトラーの殺戮部隊によって次々と殺されていった。ヒトラーの前任の首相であったクルト・フォン・シュライヒャー将軍とその妻も例外ではなかった。かつて共に戦った同志がこの冷酷に計画された作戦によって打倒されることとなった。この大殺戮での死者は二〇〇名以上にのぼった。人民法廷の門出を祝うどころではなかったのだ。殺戮が滞りなく完了した今、ようやく式典が執り行われる運びとなった。

新たな人民法廷のメンバーたちが誓約を行う前に、帝国法務大臣ギュルトナーが開会の辞を述べたが、大臣は今一度、六月三〇日の出来事に言及した。彼はこの反乱こそ、帝国に向けられた「暴力の刃」がいかに危険なものであるか、それゆえ有効な法律の制定がいかに急務であるかを如実に語る例なのだとした。ギュルトナーは芝居がかった身振りとひどくもったいぶった調子で訴えた。ホールで熱狂のあまり法務大臣の演説をじっくり聴くことができなかった者は、翌日の党機関紙フェルキッシャー・ベオバハター〔「民族の監視者」の意〕でスピーチ全文を読むことができた。

「皆様にご来場頂きましたこの晴れやかな会場において、ドイツ帝国のための人民法廷が開所の儀を迎えました。帝国首相の信任を受け、皆様は人民法廷裁判官に任命されたのです。その最初の任務と致しまして、これから職責の忠実な履行を誓約して頂くことになっております。どれほど健全な民族も、どれほど堅固な国家も、六月三〇日に起きたような攻撃によって倒されないためには、一瞬たりとも油断してはならないのです。しかし攻撃は、現在すでに脅威となっているような、直接的暴力によらずして打ち破ることのできないものばかりではありません。細かく根を張った組織が長い期間をかけて周到に準備してきた重大な裏切りや国家反逆行為が頻発しております。それを準備段階で検知することは至難の業であります。今や大勢の人々がそれに巻き込まれており、中には有責の者もいれば、まったく無実な者もいるのです。

法の剣と正義の天秤はあなた方の手中にあります。裁判官の職はその両者が一体となったものです。ドイツ民族の誰もが畏敬の念とともにその偉大さと責任の重さを感ずる職業であり、さらに中立性という良心上の義務も課されます。

皆様がこの高貴な職にふさわしい真摯な気高さに貫かれた方々であると当職は確信しております。独立不羈の精神をもつ裁判官として、法にのみ服従し、神と自らの良心に責任をもって職責を全うして下さい。

期待を胸に、ここに当職はあなた方にお願い致します。自らに課された義務を忠実に履行することを、厳かな誓約の言葉によってこの場で誓って下さい。

（一斉唱和）〈私は神に賭けて誓約致します！〉

あなた方は全能全知の神に賭けて誓いを立てました。民族と国家に忠誠を尽くし、憲法を始めとする法を尊重し、職責を良心的に履行することを。そして人民法廷の裁判官としての義務を忠実に果たし、全身全霊を込めて判決の申し渡しを行うことを」

熱意溢れる演説は会場を埋め尽くす人々から鳴り止まぬ喝采で受け止められた。聴衆も刻《とき》の「聖なる真摯さ」に心を打たれ、いずれの顔もみな誇らしげだった。この場にいた人々はまさしく唯一無二の新たな裁判所の誕生の刻を見届ける証人となったのだ。四月二四日付の法律で、従来もっぱら帝国大審院が管轄していた諸々の犯罪、すなわち内乱行為、国家反逆、帝国大統領襲撃、特に重大な防衛力破壊ならびに帝国政府や州政府のメンバーに対する殺害もしくは殺害未遂が新たに移管されることとなる裁判所。国民総決起の刻である今こそ、このような裁判所は刻の要請であって、この点で式典に招かれた人々の間に異論はなかった。人民法廷は即決軍事法廷に他ならないなどと外国報道機関がどれほどがなり立て、煽動しようとも無駄だった。帝国法務大臣ギュルトナーにとって、外国から示される怒りの非難の根底にあるものは「人民法廷に適用される手続規定についての嘆かわしい無知であり、ドイツ人の正義感に対する理解の欠如、もしくは新生ドイツのあらゆる試みを真逆のものに貶めんとする悪意に塗れた意図」に他ならなかった。

ギュルトナーも了解していたように、実のところこの新しい人民法廷は法的には特別裁判所であった。式典の中でギュルトナーは三名の裁判所部長の内、最年長のフリッツ・レーン博士を人民法廷の暫定長官として披露した。レーンは最初から人民法廷に関わってきた男で、自ら長官の座を望んで立候補していた。それまでベルリン特別裁判所の長官としてナチス司法の実践経験を十分に積んでおり、その間に信用できる人物であることをナチスに印象付けていたのだ。すでに一九三三年三月二一日には九名の権力者によって最初の例外裁判所〔特定の目的のために普通裁判所とは別に設置される裁判所〕が創設されていた。そこで被告人たちは、地域別および専門別の担当裁判官ではなく、選任されたナチスの法の守り手の前で弁明しなくてはならなかった。「特別裁判所の設立に関する帝国政府令」は被告人に関して簡略手続きを定めている。つまり召喚期間（召喚状送達から公判期日までの猶予期間）を三日間とし、場合によっては二四時間に短縮できるとしたのだ。この政府令は法治国家としての捜査手順と審理を定めた他の重要な条項も失効させた。すなわち「逮捕命令については口頭による処理を行わない」としていた箇所である。これにより司法の恣意や誤った判決、恐るべき過度の厳罰化、それどころか司法殺人にさえつながりかねない道が開かれることとなった。レーンは新たな権力者たちが心から満足できるほどの徹底ぶりで自らの職責を果たした。今回はそうした彼の功績を讃えて（ただし身分法上の理由からもっぱら暫定的な）最高例外裁判所の長官ポストが与えられたというわけだ。この職務熱心な法律家にとっては思いがけない大抜擢であった。

　レーンの隣にはそれぞれミュンヘンとデュッセルドルフからベルリンに転任した裁判部長のヴィルヘルム・ブルーナーとエードゥアルト・シュプリングマンが立っていた。ブルーナーはこの数ヶ月後、一九三四年九月一八日のレーンの早世を受けて、人民法廷事務次官（暫定長官）に就任し、一九三六年まで務めることになる。この三人の他に九名の職業裁判官がいた。「名誉職」の陪席裁判官の方は四名が帝国国防省の出身者で五名は軍高官だった。残りの一一名のメンバーはさまざまなナチス組織から派遣されていた。新たな裁判所の門出に当たっては、誰一人蚊帳の外に置こうとする動きもなく、またそうした仲間はずれを甘受しようとする者もいなかった。

　ドイチェ・アルゲマイネ紙はすでに式典の前日、裁判官の選定と彼らに求められる資質についての紹介記事を載せていた。記者は賞賛の筆致で次のように要約している。

「人民法廷裁判官の選定に際しては、とりわけ当該の人物が刑法分野で該博な知識と能力をもつだけでなく、政治面の先見の明をも有し、かつ豊富な人生経験を積んでいるという点が考慮されなくてはならない」

人民法廷の初回陣容は総勢八〇名であった。従って人民法廷の位置付けはなおも明らかに帝国大審院を下回るものだった。組織も決して人民法廷の擁護者たちが望むようなものではなかった。この新しい裁判所は確かに帝国大審院からは独立していたが、起訴については当初、従来通り、ライプツィヒの帝国検察庁が行った。そこの長官は検事長パウル・ヨルンスで、彼はすでにワイマール共和国時代に国家反逆罪を担当し、一九一九年にはローザ・ルクセンブルクとカール・リープクネヒト殺害事件の捜査主任として、司法界を唸らせる業績を上げた法律家であった。その補佐役を務めたのが検事長のヴィルヘルム・アイヒラーとハインリヒ・パリジウスで、後者はこの一年前に検事長カール・ヴェルナーと共同で帝国議会議事堂の放火犯に対する予審を担当し、議事堂放火裁判で起訴に持ち込んだ人物である。

彼らはいずれも経験を積んだ法律家たちで、「国内問題」に強い責任感を抱いていた。ナチス権力者たちは徹底した厳しい判決を期待した。そしてこれらの男たちは見事にそれに応えた。「新たなドイツ司法」というフレーズのもとで人民法廷に何が期待されたのか？　一九三四年七月一五日付のフェルキッシャー・ベオバハター紙がそれを明らかにしている。ある評者が力強い表現で「刑法リベラリズム」の終焉を宣言し、読者にこう説明したのだ。

「ドイツが政治的統一体となり、病んだ古き時代のさまざまな状況を次々に打破して以来、さまざまな政治的犯罪行為に対してはこれまでと異なる見方がされている。内乱罪と国家反逆罪を専門に管轄する特別法廷の必要性を証明するために刑法上の考え方自体を改変する必要はない。新たな情勢が新たな必要性を生み出すのだ。つまり数百人、数千人の血を代償として獲得されたドイツ民族の政治的統一性は、今後とも保全されることを望んだ。そして国内において、裏切り者や破壊工作者、否定分子らに対して我らが政治的統一性を保全する手段がこの人民法廷なのである」

続けて彼はこう書いた。

「今ナチス国家の政治的統一性に背を向ける者は、この裁判所によって有罪判決を下される。嘆かわしい考えに基づいて行われている議事堂放火裁判。そこでは政治教育を受けていない裁判官のもとで政治的に明瞭な処罰対象者の審理がこのように何ヶ月も延々と引き延ばされている。そして〈客観的な判定〉とやらを目的として何度も何度も行われる専門家の参考意見聴取や証人尋問、それらすべてにもかかわらず繰り返される誤判。それらに鑑みるならば、政治教育を修めた専門裁判官を招集する必要性は火を見るより明らかであった。

従って本日ここに初めて召集された人民法廷は、歴史的に見て、とりわけそれが常設裁判所として考えられたものであるがゆえに、ドイツ司法においてまったく斬新なものとなる。ドイツの司法当局が政治的にも犯罪学的にも正しい本能を喪失していた時代はようやく終焉を迎えることになった。顧みれば我が国の司法当局は客観性と憲法への忠誠を重んずるあまり、周りの物事を正しく見ることができず、また見ようともしなかった。ドイツの司法史において決して賞賛に値する一コマとは言えなかったのだ」

このナチス機関紙の評者のように考えたのは、根っからのナチス支持者たちばかりではなかった。あいかわらず自分たちの「裁判官としての独立性」を信じる民族的・保守主義的な法律家たちでさえこうした考えを受け入れた。何といっても肝心なのは新生ドイツではないか？　人民と祖国と総統閣下に対する危機の回避ではないか？　それに議事堂への放火は共産主義の危険がなおも決して過ぎ去ってはいないことを今も示してはいないか？　さらに放火犯に対する何ヶ月も続く退屈な裁判は、あらゆる民族の敵とその首謀者を徹底的かつ決然と裁くことのできる裁判所の必要性を浮き彫りにしたのではなかったか？

事実、ナチスの権力者たちは議事堂裁判の経過と結果に対して怒りが収まらなかった。五名の被告人の内の四名が無罪判決を受けて法廷を去って行ったのだ。ナチスにとっては社会の転覆を狙う共産主義活動家に他ならない男たちだった。これは司法の敗北に止《とど》まらない。とんでもない醜聞と言ってよかった……。

あの一九三三年二月二七日の夜半にドイツ帝国議会議事堂は炎上した。権力を掌握してまだ日の浅いナチスにとって、それは共産主義者たちが新たな政治的勢力図を受け入れる気がまったくないことの意思表示であった。ナチスは確信していた、放火は口火に過ぎない。次に起きるのは共産主義者による武装蜂起ではないか？

その夜のうちに、焼け落ちた建物の陰で一人のオランダ人浮浪者が逮捕された。マリヌス・ファン・デア・ルッベという名の男だった。この者が単独放火犯なのだろうか？　共犯も黒幕もいない単独犯? ナチスは彼の背後に共産主義者たちがいることを確信していた……。

ナチスが権力の座に着いた一月三〇日にはすでに経済相アルフレート・フーゲンベルク、内務相ヴィルヘルム・フリックおよびヘルマン・ゲーリングが共産党(KPD)の禁止に賛意を表明していた。しかしヒトラー自身は当初それを拒んでいた。彼は内政面で重大な衝突やストライキが起きることを危惧していたのだ。いずれも彼にしてみればこの時期に最も起きてほしくないことだった。

しかし議事堂が炎上した今、彼は行動を迫られていると考えた。火災の翌日、一九三三年二月二八日にヒトラーは二件の緊急令に署名した。すなわち「国民と国家の保護のための帝国大統領令」ならびに「ドイツ国民に対する裏切りと反逆的策動に対する帝国大統領令」である。そこでは重要措置として保護拘禁が導入され、ワイマール憲法の基本権が失効させられた。その直後にさっそく数千人が逮捕された。大半が共産党員で、社会民主主義者や労働組合員も含まれていた。これによってヒトラーは、敵対者との関係清算を可能にする法律を手に入れることとなったのだ。

この時期に「議事堂放火事件」の捜査も引き続き急速に進められていた。ナチスの権力者たちは心理的に非常に有利となったこの機会をプロパガンダのために活用した。あらゆる場所で共産主義の危険がアピールされた。プロパガンダ活動にとってはファン・デア・ルッベのような単独犯では不十分だった。放火事件の黒幕や裏で糸を操る人物、すなわち「世界共産主義のスパイたち」が暴き出され、罪が立証されねばならなかった。

かくして疲れを知らない捜査員たちは見つけ出した。帝国議会の共産党議員団団長エルンスト・トルクラーだ。火災の前に議事堂を最後に出た者たちの一人として、彼に容疑が掛けられた。この容疑が公表されると無実を証明するべく彼は直ちに警察に出頭したが、そのまま逮捕されてしまった。他に三名のブルガリア系移民、ゲオルギ・ディミトロフ、ブラゴイ・ポポフとヴァシリ・テネフも逮捕された。証言によると彼らも同様に火災現場にいたのだという。

トルクラー、ファン・デア・ルッベと同様、この三名に対しても検事長ヴェルナーは、予審の終了した一九三三年四月二四日に内乱罪と放火の廉で起訴を行った。これに先立つ一九三三年三月二九日にナチスは略式手続きによって別の法律も成立させていた。「死刑の宣告および執行に関する法律」である。すでに「国民と国家の保護のための帝国大統領令」の中で死刑もありうるとされていたが、今度は一九三三年一月三一日から同年二月二八日までに行われたすべての重大犯罪に対しても遡及的に死刑が定められた。これにより議事堂放火事件の被告人たちに死刑を求刑することが可能となったのである。

これら五名の被告人に対する裁判が一九三三年九月二一日に帝国大審院で始まった。彼らの中でただ一人、エルンスト・トルクラーのみが弁護人を選んでいた。ベルリンの弁護士アルフォンス・ザック、後に国家社会主義ドイツ労働者党（ＮＳＤＡＰ）との親密さが取り沙汰された人物である。他の被告人たちは公選弁護人に頼らざるを得なかった。公判は何ヶ月も続いた。証拠調べでも放火を依頼した共産党員らの存在を示す新たな情報は得られなかった。警察が情報提供を求めて裁判直前に発表した二万ライヒスマルクの懸賞金も効果はなかった。

その代わりに世間では、ひょっとしてプロパガンダ目的でナチスが自ら議事堂に火を放ったのではないかという疑念が広がっていった。それは息をつめて裁判の成り行きに注目していた国民が成果に乏しいこの裁判に失望したためだった。

長引いた裁判もクリスマス直前の一九三三年一二月二三日にようやく判決が言い渡された。ファン・デア・ルッベには死刑および「反逆的放火行為と単純放火未遂を伴う内乱罪を理由とする永遠の名誉剝奪」とする判決が出された。しかし残りの四人の被告人は無罪という予想外の結果だった。

口頭で読み上げられた判決理由では、ファン・デア・ルッベの死刑判決の理由として、議事堂放火が政治的行為であったという点が指摘された。それによると、この春ドイツ国民は世界共産主義の手に引き渡される危機に瀕しており、いわば断崖の上に立っていた。放火は共産主義者たちの仕業であり、ファン・デア・ルッベはそうした内乱計画の手先だった。議事堂はナチス自身によって放火されたとする中傷についても、刑事部は判決理由の中で詳しく触れている。それは「祖国を持たない人々が愚かにも、悪意に満ちて国家社会主義者たちを真犯人と決めつける」にすぎない荒唐無稽な主張であり、余すところなく反駁されている。裁判長は強い調子でそう述べた。

それにもかかわらず、かくも喧《かまびす》しいプロパガンダを駆使して応援してきた裁判が勝利に終わることを確信していたナチスは、判決に対していらだちと怒りを隠さなかった。

ナチスドイツ法曹連盟の機関誌である「ドイツ法」誌上では、この判決は「世紀の大誤判」として非難された。ヒトラーも後に会食の席で、この判決は「笑止千万」であり、裁判官は「大間抜けだ」と述べている。そろそろ特別法廷について本腰を入れて考えるべき潮時だった。ヒトラーの他にゲーリング、レーム、法務大臣ギュルトナーが参加した一九三四年三月二三日の閣議では、内乱罪や国家反逆罪といった案件の判定は特別法廷に移管すべきだという点で見解の一致を見た。その一ヶ月後の一九三四年四月二四日にはもう人民法廷が正式に創設された。首席報道官代理のヴィルヘルム・ヴァイスは後に党機関紙フェルキッシャー・ベオバハターでこの歴史的瞬間についてこう書いている。

「……それゆえナチス国家は政権掌握後、しごく妥当な理由から、政治分野で犯された重大犯罪を判定するために特別法廷を創設した。この分野でナチス国家成立前にドイツの裁判所が実際にいかなる判決を出していたかを知る者は、人民法廷の必要性を十分に理解できよう。内乱罪や国家反逆罪は一九三三年一月三〇日以前でもドイツ最高の裁判機関であるライプツィヒの帝国大審院の専権事項だったと抗弁することはできない。この裁判所の管轄で実際に行われた裁判手続は、国政上満足できる成果をまったく挙げ得なかった。というのも、帝国大審院といえどもその実践と志向においてはワイマール民主国家で主流となっていた全体的な政治的・精神的基本姿勢に依拠していたからである。ライプツィヒでの国家反逆罪裁判は通例、直ちに帝国議会での論議に委ねられる案件であった。おまけに帝国を少なくとも下劣極まる裏切り者どもから守ろうとささやかな抵抗を試みるすべての者に対しては、記者連中が恥も外聞もなく叩きまくったのである……。

……その意味で人民法廷はドイツ帝国にとって、ナチス国家を形成する必須要素であった。なぜなら人民法廷はナチスの根本見解が司法分野で発現したものに他ならないからである」

ヒトラーは満足そうだった。彼が一九二四年に早くも『我が闘争』の中で思い描いていた裁判所がようやくここに来て創設されたのだ。本には有無を言わさぬ調子でこう書かれていた。「いつの日かドイツの国家裁判所が、一一月の反乱〔ドイツ革命〕を組織し、それゆえその責任を負うべき者たち、ならびにそれに連座した者たち数万人に対して裁きを下し、一人残らず根絶しなくてはならない」。

そして六年後、ナチ党（NSDAP）は帝国議会選挙で一二から一〇七へと議席を増やし、まさに国内での大躍進を遂げた。一九三〇年九月二五日にヒトラーは、ライプツィヒの帝国大審院で行われた三名の若き将校たちに対する大逆罪裁判に証人として出廷し、再び国家裁判所の構想についてきわめて具体的に述べた。裁判官がヒトラーのものとされる「ナチスが権力の座に就いた暁には多くのクビが刎ねられることになるだろう……」という発言について尋ねると、ヒトラーはこう応えた。

「……はっきり申せますことは、我々の運動が合法的闘争に勝利するならば、ドイツの国家裁判所が誕生し、一九一八年一一月の蜂起が正当に償われ、そして多くのクビも飛ぶであろうということです」。これを聞いた裁判官はさらに第三帝国の建設をどう考えているかと訊いた。ヒトラーの返答は「ナチス運動はこの国で合憲的手段を用いて目標到達を目指します。憲法が我々に定めているのは方法論だけで目標ではありません……」というものであった。

つまりヒトラーはドイツ最高の裁判所で自らの意図を明確に述べていたのだ。自分は合憲的手段を用いて権力の座に就くつもりだ、その暁には国家および国家の諸機関を自らの国家社会主義的世界観に則って徹底的に変革する、と。

一九三三年三月二三日の全権委任法の制定がそのための前提となった。しかもこれはまったく合法的に、すなわち帝国議会全議員の過半数の賛成によって成立した。つまり人民法廷の設立は一連のナチス政策の中の一つに過ぎなかったのだ。

ヒトラーに騙された者など一人もいなかった。司法もそうである。人民法廷の計画もずっと前からあった。一九三四年四月の今、その計画が実現されたにすぎない。これにより「裏切り者や民族の敵」に対して、もはや寛大な処分を下すことのない裁判所が手に入った。ヒトラーは満足そうだった。一つの民族、一つの帝国、一つの司法、そして一人の総統……。

人民法廷創設の四日前にヒトラーは四五歳となった。総統の誕生日はそれにふさわしい形で国を挙げて祝われた。とりわけ首都ベルリンでは盛大だった。

「国民宰相が四五歳の誕生日を迎えられた本日、ドイツ国民が総統閣下に寄せる敬愛と崇拝の念が大々的に示された。帝都ベルリンはたなびく無数の旗に埋め尽くされた。この日の意味を示唆するナチス革命旗が掲揚されていない建物は一棟もなかった。帝国の、州の、そして市町村のすべての庁舎、すべての住宅、すべての工場で旗が掲げられた。とりわけ印象的だったのはベルリン中心街の多くの店舗で見られた装飾である。どのショーウインドーにも花と緑に縁取られて、総統閣下の写真や彫像が飾られていた……」

大勢の人々が駆けつけた祝賀会について、デュッセルドルフ新報のリポーターが一九三四年四月二〇日の夕刊に感激を隠しきれぬ筆致で綴っているが、そのような催しはベルリンだけでなく帝国中で晴れやかに演出されて挙行された。それぞれの大管区（ガウ）、それぞれの村落にすでに樹立されていた党組織がさっそくひと肌脱いだ形であった。それらは国内での新たな大躍進の急先鋒を務める組織だった。国民からの支持や共感の欠如を嘆く謂れなどこのときのナチ党にはまったくなかった。

一九三四年七月一四日土曜日の午後もドイツ大躍進の高揚感が記念式典の場を包んでいた。公式の部が終わると来客たちは広いロビーに集まった。人々は互いに握手して、宰相の誕生日という契機にふさわしく盛大に執り行われた祝典の成功を讃え合い、お互いに敬意を表し合った。全員の心を一つにまとめていたのは、自分たちはドイツ司法にとって重要な日、いやおそらく歴史に刻まれることになるであろう日をともに目撃した証人であるという感懐だった。

祝典の来客の中に一人、細面で長身痩軀の男がいた。党幹部や司法官たちから盛んに話しかけられていたこの男こそ、他でもない司法省司法次官ローラント・フライスラーその人であった。彼は人民法廷の設立に尽力し、数え切れないほど多くの講演や論文寄稿を通じて、管轄と責任が明確に定義された新たなナチスの裁判所を創設する必要性を粘り強く訴えていた。ドイツ法は徹底的に改正されねばならない。自信に満ちた様子でこの司法次官は何度も繰り返してそう訴えたのだ。自身、最初期か今もなお、自分たちが下した判決は合法的なものだったと主張して憚らない。そうしたナチス裁判官らの恥ずべき自己正当化の言説「当時正しかったことが今日正しくなかったとなることなどありえない」は、フィルビンガー以前にもすでに多くのナチス裁判官たちによって援用されてきた。「自分たちには法律の条項に対する忠誠義務があった」というのが一九四五年以降盛んに持ち出された弁明である。しかし事実は異なっていた。ドイツの裁判官たちは一九三三年から一九四五年にかけて、日和見主義的な、ときには狂信的な冷酷さを発揮してワイマール憲法を紙切れ同然とし、組織的な残忍さをもって、当時は公正とされた法を躊躇《ためら》いなく適用したのである。そうするように強いられた者など一人もいなかった。そう、彼らは自らの決断に基づいてあのように行動したのだ。彼らはナチス国家の司法界における手先であり、執行人であった。今なお存命する者はわずかである。みな高齢となって国庫から同じように高額の年金を受け取っている。その内のほとんどの者があいかわらず、自分は当時自らの義務を果たしただけだと確信している。ローラント・フライスラーは地獄から地上に姿を現したデーモンなどでは決してない。ドイツ国民の真只中から生まれたのだ。彼のキャリアはまさしく「ドイツ人のキャリア」だった。呵責なき司法の冷酷な代表者。殺人システムの当然の帰結としての共犯者。法服を纏った範例としての殺人鬼。彼の行為、彼の活動、彼のキャリアを可能にしたのは他ならぬドイツの人々だった。数々の言語で翻訳出版された後で、本書の改訂版が今回出される運びとなったのは、あのようなことがどのようにして起きたのか知りたいと思う戦後世代の関心がなおも途絶えていないことを示している。それは中部ドイツ放送（ＭＤＲ）が制作した『ヒトラーの自発的な執行人』というフライスラーを扱った番組のようなテレビドキュメンタリー作品のおかげでもある。この番組は大きな反響を呼んでドイツ公共放送局連盟（ＡＲＤ）の各局でも放送された。

本書が忘却に抗って投じられる一石となることを願う。なぜなら我々を自由ならしめるもの、それは忘却ではなく記憶に刻むことなのだから。

二〇一四年八月、フランクフルト・アム・マイン

ヘルムート・オルトナー

プロローグ

ある死刑判決

またはローラント・フライスラー第二のキャリア

一九四四年一一月一七日、金曜日。朝一〇時頃のことだった。ドアに施錠された一台のバンが二一歳のマルゴート・フォン・シャーデをベルリン、モアビート未決監からベルヴュー通りに運んで行く。行き先は人民法廷だ。無言のまま座る彼女の向かい側には二人の女性。二三歳のバラバラ・ゼンスフースと四〇歳のケーテ・テルバーだった。訴因はいずれも「防衛力破壊」である。あと数時間で審理が始まる。彼女たちをどうするつもりなのか？　何が三人を待ち受けているのか？

マルゴート他二名の女性たちには、午前中にいきなり、今日は裁判だと告げられた。車はベルリン大通りをひた走る。運転手の背中越しにフロントガラスに映る断片的な映像から分かった。今マルゴートは惨めな気分だった。そのうえ孤独だった。家族のことを思う。母と継父と妹のことを。みんな今どこにいるのだろう。不安で仕方がなかった。

一時間後。大法廷。純白の漆喰壁。法壇の机の前に椅子が三脚並べてある。被告人三名の席だ。左右には制服の法廷警備員がずらりと立ち並ぶ。威圧的な姿だ。「もう逃げ道はないぞ」。彼らの顔にはそう書いてあった。法廷の正面、天井から床まで届く長さで、鮮血のように赤いハーケンクロイツの大旗が一棹。否が応でも目につく。その前の細い台座にはブロンズ製のヒトラーの胸像。マルゴート・フォン・シャーデは金縛りにあったようにその巨大な赤い旗を見つめる。まるで自分を怖気づかせようとするかのようだ。マルゴートは傍聴人席にさっと視線を走らせた。名前を匿した群衆。褐色と黒の制服たち。鈍いざわめきが起こる。すべてが茫洋として現実とは思えなかった。

「起立！」。警備員の一人が軍隊式に命令する声が響き渡る。法廷はたちまち静寂に包まれる。裁判官席側のドアが開く。裁判官入廷。真紅のローブ、真紅のベレー帽。灰色と黒の制服を纏っている。陪席裁判官たちだ。先頭に立つは裁判長ローラント・フライスラー。マルゴートはその顔を直視した。両者の視線が一瞬交わる。フライスラーは腕時計に目をやる。審理の開始だ……。

マルゴート・フォン・シャーデは悪い夢でも見ているかのように裁判の成り行きを目で追った。しばらくして、もうどれほどの時間が経ったか分からないが、彼女は飛び上がるほど驚いた。「被告人シャーデ、起立！」。フライスラーの切り裂くような声は聞き逃しようがなかった。一つ一つ起訴理由を読み上げる。いや、読み上げるというより怒号そのものだ。「七月二〇日の我らが総統閣下への卑劣かつ狡猾な暗殺未遂事件の後で」、フライスラーは情感たっぷりに芝居じみた大げさな身振りでこう続けた。「被告人は公然と亡国的な意見を述べた。〈総統閣下の奇跡の救出劇〉を告げるラジオの臨時放送を聞いた被告人は、小馬鹿にするように『ついてなかったわね……』と語ったのだ。それだけではない。被告人はあの『襲撃した犯罪的将校たち』を公然と『臆病者なんかじゃないわ。その反対に彼らは勇気のあるところを見せたのよ』と主張したのである」。

驚愕のざわめきが傍聴人席に広がった。フライスラーが憤怒のあまり声を震わせて、告訴状のある言葉を引用すると、ざわめきは一層大きくなった。それは根っからのナチ党員であれば誰の耳にも堕落の権化のように響いたに違いない。「『あの兵卒崩れ』。この堕落した娘は総統閣下をそう呼んだのだ。信じがたいことに！」。

フライスラーは猛り狂う。その狂信的な眼差しがマルゴート・フォン・シャーデに向けられる。彼女は床を見つめている。捲し立てるような相手の独演にどう立ち向かえばいいのだろう？　どうしたら自分の言い分を聞いてもらえるだろう？　どう弁明したらいいの？　一度フライスラーの長広舌を遮ろうとしたが、二言三言、口をはさんだだけでたちまち荒々しい言葉で黙らせられてしまった。この法廷に自分の味方は一人もいないのだろうか？　弁護人はいったいどこに隠れているの？　マルゴート・フォン・シャーデは無力感に襲われた。周りは敵だらけ、まったくの孤立無援だった。

先ほどは二人の共同被告人の出番だった。ただしマルゴートに対する検察側証人として。マルゴートには言いたいことが山ほどあった。本当のことを話したい。七月二〇日、あのラジオ放送の後で実際に何が起きたか自分の口から言いたい。だがフライスラーは彼女に発言を許さなかった。

二人の女性はここからわずか数歩離れた場所に座っている。かつては気のおけない友人たちだったのに、今では罪をすべてマルゴートに被せようとしている。自分たちは助かりたい、その一心なのだ。マルゴート・フォン・シャーデは察した。この法廷ではどのようなものであれ密告は大歓迎なのだ。法廷の傍聴人すべてに対する教訓劇。「民族共同体」に与しないとどうなるか、誰でもここで身をもって体験できるというわけだ。魔女狩りの時代のようだとマルゴートは考えた。「ここでは私が魔女なんだわ。火炙りの刑を宣告される魔女……」。

いつしかマルゴートは疲れ果て、もうこんな禍々しい見世物に付き合ってはいられなくなった。女性弁護人の単調な声が聞こえる。その最終弁論は毎度繰り返される通り一遍のものに響いた。この人は本当に「私の」弁護人なのだろうか？　いいえ、私はこの女性を信頼してはいない。信頼できるはずもない。私たち二人は裁判の前に一度だけ、しかもほんの数分、留置所で話しただけなのだから。この女弁護士は私のことを何ひとつ知らないし、知ろうともしない。この人にとって、これはありふれた「事件」のひとつ、ただの「書類番号」に過ぎない。公選弁護人として裁判所に雇われた。だから彼女は自分に求められた義務をここで果たすだけなのだ。

この無慈悲な裁判が結審のときを迎えつつある今、マルゴート・フォン・シャーデは自分がどれほど危険な立場にあるかを自覚した。この数時間に彼女は、二人の共同被告人が裁判所から、「他の者に唆《そそのか》され」はしたが「根は」まじめな国民同志であると扱われる様を見せつけられたのだ。彼女たちの弁護人も被告人にとって有利となる論拠を述べた。あのフライスラーでさえ、二人の行動に対しては理解ある言葉をかけたほどだった。

マルゴートの場合はまったく違っていた。最初からフライスラーは不機嫌で拒絶的な態度だった。いったいどうして？　私が貴族の出だから？　七月二〇日以来、名前に「フォン」がつく人は誰でもそれだけでシュタウフェンベルク大佐〔ヒトラー暗殺未遂事件の中心人物とされる伯爵〕の共謀者なの？　フライスラーの怒りの矛先が私に向けられたのは、私が相手の期待するような改悛の情を示さなかったから？

そんな考えが彼女の脳裏を駆け巡った。先ほどフライスラーは皮肉な態度でこう言いはしなかっただろうか？「これが被告人の育った家庭であり環境なのだ……」と。芝居がかった怒りでこう吐き棄てはしなかっただろうか？「どんな連中と付き合っているか、言ってみるがいい。そうすればお前がどんな人間か言い当ててやろう……」。マルゴートを有罪に導くためにあらゆるものが利用された。妹のギーゼラが独房の姉に宛てて書いた手紙ですら、当然ながら刑吏に取り上げられ、ただちに有罪の道具にされてしまった。その手紙でギーゼラは楽しい仲間と集まって飲んで踊ったときのことを書いていた。フライスラーはそこにもまた堕落した家庭環境しか見なかった。この若きマルゴート・フォン・シャーデ、不遜な生意気娘は、事もあろうに総統閣下を「恥知らずにも公衆の面前で侮辱」したうえ、その破壊的な発言を通じて閣下に対する暗殺の失敗を悔しがった。そのような下劣極まる者には極刑をもって臨み、善良なる人々への戒めとしなくてはならない。

裁判官らは協議のために退廷した。しかしすべては予め決まっているのではないのか？　打ちひしがれ、同時に怒りを覚えてマルゴート・フォン・シャーデは椅子に座っていた。時の流れが止まったかのよう、まるで自分が真空装置の中にいるかのようだった。

いつの間にか、そう、マルゴート・フォン・シャーデはあらゆる時間感覚を失っていたのだ。裁判官と陪席裁判官たちが再入廷した。判決の言い渡しだ。フライスラーの鋭い声が響き渡る。

「被告人ゼンスフース、起立！

無罪！

被告人テルバー、起立！

無罪！」

マルゴートの胸に希望が芽生えた。二人の共同被告人が無罪なら、私も禁固刑を免れるかもしれない……。

「被告人フォン・シャーデ、起立！」

彼女は眼をまっすぐ前に向けた。真紅のローブ、真紅の旗、そして総統の胸像……。

「防衛力破壊、利敵行為、敗北主義的言動および国家反逆の罪により、被告人に……死刑を宣告する！」

死刑？　この私が？　そんなのありえない……私は犯罪者じゃないし人殺しでもない……それなのに死刑？　フライスラーが判決理由を読み上げる間、彼女は懸命に判決の恐ろしい結果に思いを巡らせていた。死刑？　いきなりここで私の人生は終わるの？　仲間内で二言、三言、軽はずみなことを言っただけで？　他の二人だってあの場にいたし、笑って冗談も返したのに。どうして二人は無罪なの？　どうして私だけ殺されなきゃいけないの？

あんなことで死刑？　ありえない！

彼女は継父の顔を捜した。傍聴人の中にいることは知っていた。本当なの？　間違っていない？　この私に死刑？　私は死ななきゃいけないの？　この一一月一七日が私の運命の日？　私を待っているのはもうギロチンの刃だけ？

マルゴート・フォン・シャーデは生き延びた。結婚して今はマルゴート・ディーステルという名になっている。「千年王国」の終焉の方が早かったため、彼女の命は救われた。ロシア軍の進撃のおかげで処刑に至らなかったのだ。彼女は独房で空襲に耐えた。そしてベルリンからザクセン州シュトルペン刑務所への過酷な移送にも持ちこたえた。その刑務所で終戦間近の時期に一人の勇敢な当直士官が、迫り来る敵の到着前に収容者を全員射殺せよとの上官命令を拒否したのだという。ロシア軍がすでに市の間近まで迫ったとき、この士官は射殺命令に従う代わりに釈放証明書を交付した。「以下の者を本日付で釈放とする――マルゴート・フォン・シャーデ」。職印、署名、日付。それは一九四五年五月三日のことだった。

その四日後、北フランスのランスで上級大将ヨードルがドイツの降伏文書に調印し、戦争は終わった。


あれから二四年が過ぎた頃、数少ない生存者の一人となったマルゴート・フォン・シャーデは自らの人生史を綴り始めた。青春時代と密告、逮捕、人民法廷での死刑判決、刑務所から刑務所への心折れるような苦難の道行、絶えざる死の恐怖。もともと自分の孫にだけ伝えるつもりだった。ドイツでかつて何があったのか、孫に知ってもらいたかったのだ。偶然も手伝って、ある感動的な同時代ドキュメントが生まれた。夫アルノルト・ディーステルによって筆記された恐るべき褐色の歳月の記憶は出版社を見つけたのだ。これは後の世代の人々の眼を開かせてくれる優れた本である。
なぜなら「かつて起きたことを二度と繰り返してはならない」からだ。
マルゴート・ディーステルは来し方を振り返り、自分は抵抗の戦士などではなかったと言う。確かにそうだろう。しかし彼女はすでに若い頃から、ナチス支配がドイツと世界に何をもたらすか、しっかりと見抜いていた。「私はまだ平穏だったデミンの街の二一歳の娘でした。知っていたことこそ限られていましたが、いろいろなことを予感していました。あの犯罪的な体制は本当に嫌でしたし、もともとズケズケとものを言う性格でした。あの頃の私たちは、まるでこのうえない平和の中で暮らしているかのように、まるで密告もゲシュタポも、強制収容所も自分たちとは無縁であるかのように振舞っていました。だから私は思ったことを誰にでも歯に衣着せずに喋ってしまったのです」。マルゴートは当時をそう振り返る。その無頓着さゆえに彼女は自分の生命を失いかけたのだ。ドイツ民族の名の下に。あのとき読み上げられた判決理由を彼女は自著に収録している。以下は司法によるテロルの証拠資料である。

ドイツ民族の名において!

馬の調教師マルゴート・フォン・シャーデ(デミン在住、一九二三年三月二七日、ブルク・ツィーヴリヒ[ベルクハイム・アン・デァ・エルフト郡]生まれ)に対する防衛力破壊を容疑とする刑事訴訟において、人民法廷第一部は一九四四年一〇月三〇日の上級帝国検事による告訴に対して、一九四四年一一月一七日の公判において以下を決定する。

裁判官
人民法廷長官
Dr.フライスラー（裁判長）
ラント裁判所所長
Dr.シュレーマン
SA（突撃隊）旅団長
ハウアー
NSKK（国家社会主義自動車軍団）上級分隊長、行政長官
オファーマン
大管区長官代理
ズィーモン
上級検事代表
ラント裁判所顧問官
フォン・ツェシャウ

マルゴート・フォン・シャーデは、七月二〇日の暗殺未遂事件を讃美し、我らが総統閣下への暗殺が失敗したことを残念だと述べ、我らが総統閣下をこのうえなく貶めようと試み、さらに恥知らずにもあるロシア人男性と「政治的」な会話を行った。

ゆえに当法廷は被告人に対し、永遠にその名誉を剥奪するとともに死刑を宣告する。

理由

当人は総統の暗殺未遂に関して「ついてなかったわね」と発言したことを認めている。

つまり暗殺が失敗に終わって「ついてなかった」ということなのだ。

それだけでも我々の敵と見なすことができる。というのも我々は、民族と総統閣下と帝国に反逆する者たち、裏切りを通じて我々を恥辱と滅亡へと陥れる者たちに対して連帯を表明するような輩を、とうてい味方と見なすことはできないからだ。

しかしマルゴート・フォン・シャーデは、その忌まわしい人物像をことさら見せつけるかのように、ますます反逆性を増してゆくその恥知らずな考えに基づいて、かくも下劣な言動を行った……。

……本人も認めるように、彼女は総統閣下が演説をなさる地元歓迎会に同志と出かけた際に、「ヒトラーさんのお出ましよ」と相手に伝えた。宜《うべ》なるかな。ドイツのうら若き女性が一九四四年にそのような口の利き方をするとは、誰しも怒りと恥辱を禁じ得まい……

……ドイツ女性として、かくも恥知らずに自らを貶め、ボリシェヴィキの男とそのような会話をする者、我々の歴史に対するあのような裏切りを讃美する者、我らが総統閣下をかくも愚弄する者、彼らはそれによって我らが民族全体を穢す者たちである。我々は忠誠心のみならず自身の名誉、自らの人格全体をもそのように打ち砕き、永遠に破壊せんとする者たちとは、衛生上の理由からも、もはや一切交わることはできない。そのようにして他者に堕落を感染させる者（戦時特別刑法第五条）、そのようにして我々の只中に腐敗分子を見つけ出そうとする敵の手先となる者（刑法典第九一b条）、それらの者はいずれも死をもって己れの行為を償わねばならない。なぜなら我々は、いかなる事情があろうと、我らが祖国ならびに存続を賭して奮闘する我らが民族の断固たる姿勢を守らねばならないからである……

当法廷はマルゴート・フォン・シャーデを有罪とする。よって同女は訴訟費用も負担しなくてはならない。

署名　Dr.フライスラー　Dr.シュレーマン

四六年後。ハンブルク近郊の街シュタインホルスト。私の前に座るこの女性こそ、かつてベルリンでフライスラーから死刑判決を言い渡された人物である。

ご自身への死刑判決を読んで、今どんなお気持ちですか？　怒りを覚えますか、復讐したいと思いますか？　首を振りながら彼女は「いいえ」と答えた。「ただ麻痺するような失望感ですね。人民法廷の裁判官はほとんどが戦後に復職しています。誰一人責任を問われていませんし、有罪になってもいません。だから憂鬱なんです」。

かつて生きる喜びに輝いていた少女、今は正直で堅実な婦人となったマルゴートは運命に救われた。彼女はその後、手遅れとならない時点に、少なくともプライベートな面では過去を埋め合わせてもらうことができた。しかし国家による公的な補償はあてにできなかった。彼女は被害者であって加害者ではなかった。だが国による配慮はむしろ後者の側に手厚かった。

筆者は実はその数ヶ月前にも一度「人捜し」をしていた。ミュンヘンの森閑とした高級住宅街。ニュンフェンブルク運河のすぐ近く。その近代的なアパートには一一戸が入っている。一階左手のドアに掛けられた簡素なボール紙の表札には「ルスエガー」と書かれている。近隣の誰一人、その老女がかつての人民法廷長官ローラント・フライスラーの未亡人マリオン・フライスラーであることを知らない。アパート住人の一人の女性が教えてくれた。「ひっそり暮らしている方で、ほとんど誰とも話しません」。ルスエガー夫人は私とも話さなかった。その数週間前、彼女に手紙でインタビューを依頼していたのだが。今あなたは夫フライスラーの冷酷無比な行為をどう思われますか？　二人の息子さんたちには父親のことをどう説明したのですか？　それを訊いてみたかったのだ。他にも知りたいことは山ほどあった。私の手紙に返信はなかった。そこで私はミュンヘンに出向くことにしたというわけだ。最後の、もちろん望みの薄い試みとして。

リサーチ中に私はたまたま一九五八年の報道を見つけていた。ベルリン非ナチ化法廷（同種のものとしてはドイツ国内最後の法廷）が当時、フライスラーの遺産に対して一〇万マルクの賠償金を課す判決を出したのだ。この金額はベルリンの二つの土地の価値に相当するもので、それらの土地は戦後継続して信託管理下に置かれ、フライスラー未亡人から所有権をめぐって異議申し立てがなされていた。彼女は家屋敷は自身の持参金で購入したものだと主張し、何年もその返還を要求して闘っていた。これに対してベルリン非ナチ化法廷が出した結論は、それらの不動産はフライスラーの収入から妻のために取得されたというものだった。その際の根拠として担当法廷は、何年にもまたがった土地購入の分割払いの日付と金額が夫フライスラーの給与支払い日および昇進のそれぞれの段階に対応していた事実を挙げた。さらにその後の調査により、フライスラー夫人が持参金なしで嫁いで来たことも判明している。

四時間半に及ぶ審理（フライスラー未亡人本人は「健康上耐えられない」との理由で欠席した）の後、担当法廷は当時フランクフルト在住だったフライスラー未亡人（別名ルスエガー夫人）の抗告を退けた。すでに一九五八年一月二九日にベルリン裁判部により同じ金額で下されていた罰金刑は例の二つの土地の価値に等しいものであり、その結果それらの土地が罰金の代わりに没収された。

ほぼ三〇年後の一九八五年二月、この未亡人が、いや、より正確には彼女の「年金問題」が、新たに報道された。今回は彼女からの働きかけではなかった。ＳＰＤ（ドイツ社会党）のバイエルン州議会議員ギュンター・ヴィルトによって、ルスエガー夫人が戦後、終戦直前にベルリンの空襲で被弾して亡くなった夫の雇用関係を理由として通常の寡婦基礎年金を受給していただけでなく、一九七四年以降はいわゆる損害補償年金もミュンヘン援護庁から得ていたことが暴露されたのだ。給付の根拠とされたのは、もし戦争を生き延びていたならばフライスラーは「弁護士または上級公務員として活動を続けていたであろう」というものだった。

当時特に問題視されたのがこの馬鹿げた根拠だった。バイエルンの福祉局員たちは「法治国家としての理由から」、たとえフライスラーが生き延びていたとしても「死刑もしくは少なくとも終身刑を宣告されていただろう」とする考えに与することができなかった。むしろ彼らはこのナチス最高位の裁判官について、「特赦や有期の就業禁止処分ということもありえたから、彼がいずれ慣れ親しんだ職業に復帰したり、別の職業に就いたりした可能性も同様に否定できない」と判断したのだ。

南ドイツ新聞は当時、そのような決定を「でっち上げ、文書化し、承認するなどということ」ができる者は、「〔流血や死にまったく動じない〕肉屋の飼い犬のメンタリティをもつ者」に相違ないと酷評している。この「ミュンヘン年金問題」はドイツのほぼすべての大手新聞紙上で激しい論議をまき起こした。「戦争を望み、推し進め、長引かせた当人がどうして戦争被害者たり得よう？」。憤慨したフランツ－ヨーゼフ・ミュラーはそう問うた。彼はミュンヘンの社会民主党員で、一八歳だった一九四三年に抵抗グループ「白バラ」のメンバーとしてフライスラーの前に立たされ、彼から禁錮五年の刑を宣告された当人である。

第三帝国の崩壊とともにフライスラーが死んでから四〇年、フライスラー（未亡人へ）の年金給付問題は一つの範例として、「ナチスの過去」との取り組みに関する世論を両極化させた。南ドイツ新聞の読者欄には「戦後四〇年も経って、大昔の年金支給決定をほじくり返すしか能のない人たちがいる」のは恥ずべきことだ、とする投稿が掲載された。これは決して投稿者一人だけの意見ではなかった。

一方、戦後ニュルンベルク裁判でアメリカの首席検事を務めたローベルト・M・W・ケンプナー〔ドイツ人、アメリカに亡命〕も同紙に投稿している。「同未亡人は戦争犠牲者援護給付と損害補償年金の他、寡婦年金も社会保険から受給している」。彼はそう書き、その詳細な投稿文の中でさらに大きな論議を呼ぶことになる仔細を公表した。「しかるにフライスラーは社会保険料を一度も納付していなかった。高額の裁判官給与を貰っていたからだ。しかも同未亡人は明らかに寡婦年金を貰う資格を欠いていた。公務員が非人間的な行為をした場合、この年金は支払われないからである。ドイツ基本法第一三一条に関する諸規定ではそうなっている。そのようなケースであるにもかかわらず給付がなされるのは、雇用主つまり国家が当該人物の保険料を事後納付した場合に限られる。現に未亡人は社会保険を受給しているのであるから、フライスラーに関してはかなりの金額が国家から事後納付されたに違いない」。投稿文の結びでケンプナーは、未亡人への年金問題で夫フライスラーの職位が裁判長とされた事実を批判し、「私見によれば彼はドイツ司法界の墓掘人夫に過ぎず、したがって墓地で雇用される墓掘人夫の通常給与額で査定されねばならない」としている。

激しい世論の反応に恐れをなしたか、当時のバイエルン労働厚生大臣フランツ・ノイバウアー（CSU）は、かつての年金給付決定を修正するよう事務方に指示した。しかしこの疑わしい給付決定の取消しについては「法律上の理由でもはや不可能である」と、のちに彼はあるプレス会議で述べている。その代わりとして大臣は、批判の的となっている損害補償年金分が結果的に相殺されるまで、戦争犠牲者年金の増額を行わない旨を命じた。

様々なメディアの見出しを飾り、多くの読者投稿を呼び、激しい議論を巻き起こしたにもかかわらず、フライスラー未亡人への年金支給問題は決してまれな出来事ではなかった。

ナチスの大物たちの遺族が戦後、受給権を得て補償を受けたことは、多くの人々にとってグロテスク、いやそれどころかシニカルに見えるかも知れない。しかし連邦援護法の規定の中にはそれらの遺族に対しても官僚主義的な抜け道が用意されていた。すでに一九五〇年代にリーナ・ハイドリヒはそれで恩恵を得ていた。彼女は親衛隊大将で「〔ユダヤ人問題の〕最終解決」作戦の考案者であったラインハルト・ハイドリヒの未亡人である。さらにヘルマン・ゲーリングとハインリヒ・ヒムラーの娘たち。フランケン大管区長ユリウス・シュトライヒャーの未亡人。彼女は夫がかつてナチスの御用新聞デア・シュトゥルマー〔「突撃兵、前衛」の意〕の発行人として自営業に就いていたことを理由に、後から夫に年金保険をかけさせ、四万六〇〇〇ドイツマルクをせしめた。人民法廷検事長で無数の死刑判決の責任者であったエルンスト・ラウツ博士は、戦後、年金に加えて一二万五〇〇〇ドイツマルクを追加支給された。ヒトラーの司法省で国務長官を務め、ニュルンベルク裁判で禁錮七年を言い渡されたクルト・ローテンベルガー博士には、月額で二〇〇〇ドイツマルクを超える高額の年金の他に、なんと一九万七二六ドイツマルクが追加支給されている。

ただフライスラーのケースで真新しかったのは、そこで主張されたのが戦争犠牲者の原則的な権利とかつての「功績」だけでなく、年金受給年齢に達するまでナチス犯罪者の職業生活が人為的に延長された点である。論拠は馬鹿げていたかも知れないが、それにもかかわらず多くのことが、いやほとんどすべてのことが、ミュンヘン福祉局の職員たちの見解の正しさを示した。フライスラーがナチス体制の中でも突出した大量殺人者の一人であったのは間違いないのだが。彼が長官を務めた一九四二

らの国家社会主義者（ナチ党員）であった彼にとって、この日は重要な日だった。今やドイツ司法には人民法廷がある。国民や党、帝国そして総統に敵対する者たちを裁く法廷である。今や司法界はナチスの権力者たちが制定した数々の真新しい法律を実際に適用することができるのだ。

執行人たちの登場するべき機は熟した。ローラント・フライスラーのような執行人たちの。

第2章 カッセル生まれの弁護士

一八九三年一〇月三〇日はユリウスとシャルロッテのフライスラー夫妻にとって喜ばしい日だった。この日息子が誕生したのだ。この大きな出来事のずっと前から二人は子供の名前を決めていた。男の子ならローラントという名前で洗礼を受けさせようと。果たして赤ちゃんは男の子だった。父親である工学修士のユリウス・フライスラーは特に誇らしかった。わずか数年前に彼はモラヴィアのクランテンドルフ〔現在はチェコのクヤヴィ〕から帝国内に出てきて、ハノーファー近郊ツェレの街で淑やかで優美なシャルロッテ・アウグステ・シュヴェーアトフェーガーに恋をし、二人はほどなく結婚した。

父は内心では息子を望んでいたのだ。ユリウス・フライスラーは誇らしく幸せだった。この幼いローラントときたら俺に瓜二つじゃないか？　長子誕生の直後に若夫婦はハーメルンに転居し、そこで一八九五年一二月二八日にシャルロッテ・フライスラーは第二子を産んだ。今回も男の子だった。この子はオスヴァルトと名付けられた。その一ヶ月後に早くもユリウス・フライスラーは願ってもない職の申し出を受けた。デュースブルクの港湾建設局の幹部職だった。家族と離れての生活はつらいが、彼は仕事上の成功を優先させた。妻はひとまず二人の子供たちとニーダーザクセン州に残ったが、その後、精力的な夫が技師として王立建築学校の教授に迎えられるに伴い、アーヘンの夫のもとに移った。

この招聘でユリウス・フライスラーの個人的な地位が上がっただけでなく、一家に安定した収入がもたらされることとなった。子供たち二人は、最初は基礎学校に通ったが、その後一〇歳になっていたローラントは一九〇三年にカイザー・ヴィルヘルム・ギムナジウムに転校した。そこでの彼は勉学熱心で野心的な生徒だった。この野心はその後彼がカッセルで一五歳の上級生となったときにも際立っていた。同市にフライスラー家は一九〇八年に引っ越していた。四年後、政治論議になるといつも殊のほか熱心であったこのギムナジウム生徒は、クラス首席の成績でアビトゥーア〔修了試験〕に合格した。

その後彼はイェーナ大学で法律の勉学を始めた。しかし「偉大な祖国の戦い」〔第一次世界大戦〕が勃発したとき、彼はイェーナを離れ、一九一四年八月に士官候補生としてカッセルの第一六七歩兵連隊に入隊した。同世代の若者たちが皆そうであったように、彼も兵士となることを愛国的な義務と考えていたのだ。大切なのは帝国であり、ドイツであり、そして勝利だった。短期間の教習を受けて、この若き新兵はまずフランドル地方に配属されたが、そこですぐに負傷して国内野戦病院に移された。傷が癒えると彼は連隊とともに東部前線に向かった。そこで兵士としての義務を存分に果たし、昇進することとなる。偵察隊の隊長として少尉に任命されたのだ。戦場で抜きん出た勇敢さを示し、軍幹部はこれを讃えて若き少尉に鉄十字勲章を授与した。しかし兵士としての栄誉も彼と彼の戦友たちを敗北と虜囚としての運命から守ることはなかった。大戦の残りの時期をローラント・フライスラーは数千の他のドイツ兵同様、モスクワ近郊の将校向け収容所で戦争捕虜として過ごしたのだ。

一〇月革命とブレスト＝リトフスク講和条約の後、ロシア側は収容所の管理をドイツ人捕虜に委ね、フライスラーは自治委員の一人に任命された。彼の任務は収容所の食糧管理であった。

自治委員としてのフライスラーの働きは後にさまざまに評価されることになる。真偽のほどは定かでないが、この時期フライスラーがマルクス主義の教義に没頭し、ロシア語を習得して「ボリシェヴィキ」としてのキャリアを積んだという証言を鵜呑みにする者もいた。また、フライスラーが自治会内で委員になったという事実について、それはせいぜい新たな状況に置かれてもつねに自らの有利となるよう、状況をうまく利用する彼の能力を証明するに過ぎないと考える者もいた。フライスラー自身は収容所の自治委員だったことを後から否定することはなかったものの、「ボリシェヴィキの過去」については断固否認した。

一九二〇年七月にフライスラーはドイツに帰還する。最初はカッセル、次にイェーナに居を構え、法律の勉学を再開した。大学に戻る代わりに将校のキャリアを進むべきか否か、しばし思い悩んだが、共産主義者、社会民主主義者、保守陣営、さらには義勇軍までもが互いに激しい闘争を繰り広げていた戦後混乱期の中で、彼にはどこにも信頼できる立ち位置を見つけることができなかった。一番有意義と思えたのは、政治にではなく自分自身のキャリアに専心するということだった。そういうわけで彼はイェーナを、法律家としての人生行路を選んだのだ。

フライスラーはギムナジウムでもそうだったが、大学でも勉強熱心で野心的な学生だった。彼は難なく学業を修了した。すでに一九二一年には博士論文「経営組織の原則」を提出し、「最優秀」の評点を得た。この論文は一年後イェーナ大学の「経済法研究所論叢」に発表された。

その後、この若き「法学博士」はベルリンに行き、そこで一九二三年に第一種司法試験に合格し、判事補佐官時代を過ごした。一九二四年二月一三日に改めてカッセルに戻った彼は、同様に司法試験を済ませていた弟とともにそこで弁護士事務所を開くことになる。兄弟は明確な分業体制を採ることにした。ローラントがもっぱら刑事案件を、弟のオスヴァルトが民事訴訟をそれぞれ担当した。事務所はたちまち評判となり、開業はしたものの閑古鳥が鳴くなどということはこの兄弟にはまったく無縁だった。

弁護士ローラント・フライスラーはまたたく間に尊敬を集めるに至る。専門面できわめて有能な人物と見なされていたが、類まれな弁舌の巧みさも評判だった。彼は最終弁論を周到な準備のもと明快に行う術を心得ていたのだ。また些細な点で時間稼ぎをしたり、精力的に質問を繰り出したりする手管にも長けていた。

彼は政治と無関係の裁判では感じの良い、ほとんど控え目にも見える弁護士として振舞ったが、政治的な裁判になると派手な身振りで刃のごとく鋭い言辞を自在に操る好戦的な弁護人に豹変した。裁判所との衝突さえ厭わなかった。依頼人にとっては優れた弁護人だった。特に難しい抗告手続では法律家としての力量を遺憾なく発揮した。ライプツィヒの帝国大審院の第三刑事部がカッセル上級ラント裁判所の区域を管轄していたため、この若き弁護士フライスラーは大審院でも注目の的となったほどである。

彼はその政治的な第二のキャリアも同様の熱心さで追求した。右派分離政党「民族・社会ブロック」の議員としてフライスラーは、一九二四年にカッセル市議会に参画した。しかしこの年の一二月二四日にヒトラーがランツベルク城塞（刑務所）から早期釈放され、直ちにナチ党の再編に取り掛かると、フライスラーもそこに自らの「郷土」を見出し、志を同じくする数千人の者たち同様、より大きな兄弟党であるナチ党へと鞍替えした。彼の党員番号は九六七九番であった。

ひょっとするとこの野心的な弁護士は、まもなくヒトラーが帝国内の右派民族主義のすべての分離独立集団を一つに取りまとめ、それによってドイツの政治権力奪取に成功するという事態を見抜いていたのかもしれない。この「民族の大躍進」にフライスラーも立ち会いたいと考えたのだろう。それも匿名の群衆の一人としてではなく、最前線に立つ者として。

以来彼はカッセル市議会でナチ党代表議員となった。ナチス運動の高揚感に支えられ、彼自身の承認欲求にも駆り立てられて、ナチスドイツの厳格な擁護者となっていった。法廷であれ議会であれ、自らの党の理念と利益のために戦うことが優先された。それはそのまま自身の理念と利益に適うものでもあったのだ。弟オスヴァルトとの共同経営で繁盛している弁護士事務所と並んで、今や彼は以前にも増して明確な目的意識をもって、その政治的野心を追求することとなる。

一九二八年三月二三日に彼はマリオン・ルスエガーと挙式した。私人としてやや控え目な式だったが、カッセルの党員仲間たちが二人の門出を祝ってくれた。ただし当地でのフライスラーのナチス内におけるランクは必ずしも文句のつけようのないものではなかった。大管区長代理の彼はヘッセン＝ナッサウ北地区の大管区長の椅子を狙っていた。ところがこの椅子にはルドルフ・ヘスの盟友のシュルツ博士がすでに居座っていたのだ。フライスラーが繰り出す無数の策略や攻撃に辟易したシュルツは、党友を介して党幹部に書簡を送った。その中で彼は大管区長代理フライスラーについて、地区での弁護士および弁舌家としての例外的な地位をはっきり認めつつも、気分に左右されやすいので指導的な立場には不適格な人物であると思われる、と批判的なコメントも忘れなかった。ただそう考えていたのは大管区長シュルツだけではなかった。

実際にフライスラーは、その情熱過多でせわしなく、落ち着きのない振舞いのせいで、党内でもすでにしばしば問題視されていたのだ。フライスラーの「有能な仕事ぶり」を快く思わない党役員もいた。彼らはフライスラーが政治的関心と私的関心をいっしょくたにしていると非難した。その一方では次のような反論もなされた。フライスラーは無数の裁判で党同志を見事に弁護し、その無罪を勝ち取ったことも珍しくなかったではないか？　市議会では彼の鋭い舌鋒のおかげで政敵たちからの攻撃をことごとく躱《かわ》すことができたではないか？　この男は旗幟《きし》を鮮明にして党と国家の案件のために、まさに身を粉にして闘ってくれなかっただろうか？

党内の批判者たちといえどもフライスラーの強みとこれまでに彼が挙げた実績を無視することはできなかった。どのみち彼らは少数派だった。フライスラーは北ヘッセン地区で実績ある党同志と見なされていた。彼はそこではナチスの大物の一人で、これは否定しがたい事実であった。たとえ彼の人格上の問題、例えば「反ドイツ的」と自ら判定したすべての対象に向けて、彼が声高に猛然と攻撃を仕掛ける態度がときおり過激すぎるとして批判されたとしても。

一例を挙げるとカッセル「小劇場」でこういうことがあった。『喪われた魂（Seele über Bord）』という戯曲が上演されたのだ。これは世代小説『一九〇二年生まれ』で知られるヘッセンの作家エルンスト・グレーザーの作品である。その第三幕。カトリック教会で司祭に扮した探偵が意図も露わに一人の少女に近づく場面。少女は静かにこの救い主の方を向いて助けを求めるが、救出は失敗に終わる。新聞各紙は俳優の演技を称賛した。劇の内容を問題視する批評家は皆無だった。それにもかかわらず、何たる冒瀆的な演劇が今カッセルで上演されていることか、という非難があちこちで囁かれた。この劇はその進行に応じてそれとはまったく異なる宗教的展開を見せる作品であり、しかも作者自身がどのような見解をもっているか、ほんのわずかに暗示するような箇所さえなかったにもかかわらず。

初演後、ローカル紙カッセラーポストに載った読者投稿文がきっかけとなって、この作品に対する抗議の嵐が巻き起こった。匿名の投稿者は「神を冒瀆する上演」について断固たる語調で非難したのだ。再演初日には、弁護士で党同志のフライスラー率いる民族倫理監視団の軍勢が劇場になだれ込んで上演を妨害し、勇気を出して作者や作品を擁護しようとした観客たちに暴行を働いた。劇場を急襲した者たちの力ずくの妨害行為は不問に付された。告発されたのは彼らの側ではなかったのだ。同作品は禁止され、作者は「神の冒瀆」の容疑で起訴された。記事を書いてこの作品を擁護し、劇場急襲の顚末を伝えた作家クルト・トゥホルスキーも、同じく「神の冒瀆」を理由に起訴された。

それは一九二六年のことである。これを手始めに、以後もナチ党員フライスラーはあらゆる「非ドイツ的策動」に対して徹底抗戦の構えであることを公衆の面前で見せつけることになる。そしてそのためには暴力の行使も辞さないことも。

四年後の一九三〇年六月二三日、この狂信的なナチ党員は再び政敵に立ち向かうことになる。やり方は前回よりもいくらか巧妙だった。カッセル市議会総会で同市警察署長に対する問責動議を提出したのだ。その背景には、フライスラーが数日前にカッセル市内の四軒のレストランでナチスの催しを計画したということがあった。その際にヘッセン州政府が六月一一日付通達で禁じていた制服が着用されたのだ。党員らはこの禁令をまったく意に介さなかった。大勢の党同志が褐色のシャツ姿にハーケンクロイツの腕章をつけてレストラン会場に集まった。挑発以外の何物でもない。特に共産主義者たちの眼にはそう映った。六月一八日、ナチスの催しの当日に共産主義者側も社会民主党の帝国国旗団〔Reichsbanner Schwarz-Rot-Gold：ワイマール共和政を支持する社民党員中心の準軍事組織〕も、対抗集会を開いた。国旗団の団員たちはやはり無届け、完全装備のいでたちでカッセルの大通りを行進した。

一触即発のこうした状況の中、ナチスの催しの一つが終わった後で小競り合いが起きた。催しに集まった客が罵声や脅迫を受けながらもなんとか会場に入れるよう、当初五〇人体制で警備に当たっていた警察はすでに署長命令で撤収していた。その後で共産主義者たちとナチ党員らとの間で激しい殴り合いに発展し、多くの負傷者が出る事態となったのだ。

フライスラーはその責任をもっぱら警察に押し付けた。彼の考えでは警察が共産主義者たちから訪問客を守ることを怠ったというのだ。彼が地元警察署長に対する問責動議を市議会に提出したのはそのためだ。フライスラーは動議理由として、元弁護士のホーエンシュタイン署長はユダヤ人であるため、ナチス相手となると途端に公平中立な対応がまったくできなくなるのだとした。さらに憤激に駆られたフライスラーは、この晩に出動部隊長を務めた社民党所属のシュルツ警部にも激しい怒りをぶちまけた。つまり対抗して殴ったナチ党員らではなく、警察のみが事件の真の原因者だとしたのである。

警察署長も警部もこうした中傷に対して手を拱《こまぬ》いていたわけではなかった。フライスラーを告訴したのだ。かくして裁判となった。カッセル参審裁判所（法定刑が二年〜四年の自由刑の事件を扱う裁判所）で、フライスラーはシュルツ警部への口撃については無罪となったものの、ホーエンシュタイン署長に対する謂れなき侮辱については三〇〇マルクの罰金刑が言い渡された。フライスラーにとってはささやかなものではあれ、痛い敗北であった。法廷を去る彼は怒りを隠さなかった。彼は同志たちと闘争心も露わに未来の躍進を誓い合った。時が自分と党、そしてナチスの目標とするところに味方するであろう。それをフライスラーは確信していた。そうなればこのような破廉恥な判決も過去のものとなるだろう。

フライスラーは社民党の支配するヘッセン州では苦戦を強いられていた。同州では行政・警察・司法が、増加するナチ党員による襲撃行為に対して、共和国内の他のどこよりも毅然とした態度を取っていたのだ。だがそのような状況の中でも彼は順調に法律家、政治家としてのキャリアを積んでいった。今やフライスラーはナチ党内で、一九二八年に「ナチスドイツ法曹連盟」を立ち上げたハンス・フランクに次ぐ優れた法律家と目されていた。ハンス・フランクと言えば一九三〇年にナチ党帝国指導部法務部長に選ばれ、一九三三年以降はバイエルン州法務大臣および「ドイツ法律アカデミー」総裁を兼任、その後無任所帝国大臣、さらに一九四〇年からはポーランド総督となる大物である。彼と並び称されたフライスラーも、明確かつ迅速な決断を下す能力に長けた党同志と見なされていた。要するに彼は、恥も外聞もなくのし上がろうとする者に特有の強い意志で、自らの野望をことごとく着実に実現する男だった。

しかし法律家として著名となっても、フライスラーには党指導部にアプローチする機会はなかなか訪れなかった。卓越した党弁護士としても、またプロイセン州議会ナチ党議員としても、党の権力中枢への扉は開かれなかったのだ。州議会には一九三二年から参加し、ときおりの法律論争の際にその粗暴とも言える口撃振りで注目されてはいたのだが。

後に歴史家たちは、特にフライスラーがこの時点では反ユダヤ主義の点で十分積極的ではなく、演説でもユダヤ人にほとんど言及しなかったという事実を挙げて、そのため彼はナチス幹部への仲間入りが当初できなかったのだろうとした。ひょっとするとフライスラーの政治活動地域が、ナチスの牙城であるベルリンやミュンヘンから離れすぎていたこともその一因だったかもしれない。

だが新たな権力状況が、野心に溢れるこの弁護士兼ナチ党同志フライスラーを狭苦しい地方都市からナチスの権力中枢である大都会ベルリンに招き寄せることになるのも時間の問題であった。ベルリンではアドルフ・ヒトラーが一九三三年一月三〇日、年老いた帝国大統領ヒンデンブルクから新たな帝国首相に指名されていた。

「我々はついにここまで来た」。そうヒトラーはホテル「カイザーホフ」で凱歌を挙げた。ナチ党支持者たちの歓声が彼を包む。ベルリン、ヴィルヘルム通り七七番地、かつてのビスマルク官邸で首相に指名された後、ヒトラーはこのホテルに駆けつけたのだ。皆が総統と握手を交わした。ゲッベルス、ヘス、レーム、ゲーリング。祝福者の列は一向に途切れることがなかった。晩にはナチ党員たちによって盛大な祝宴が企画されていた。午後七時から夜更けまで、松明の灯りと楽団のマーチに伴われ、二万五〇〇〇人ものヒトラー支持者が鉄兜団と共にブランデンブルク門を通って凱旋行進した。フライスラーとカッセルの党員仲間たちもこの一九三三年一月三〇日を祝った。それは彼らの日であり彼らの勝利だった。

ヒトラーの首相指名は決してナチ党員たちが知恵を絞った結果の奇策などではなく、完全に合憲的なできごとであった。ヒトラーおよび九名の国家人民党大臣、三名のナチ党大臣は、憲法に基づく単純過半数の要件を満たして帝国議会の信任を得たのである。一九三三年三月二三日、ヒトラーが全権委任法を制定して、ようやく政治状況が一挙に変化する。すでに権力掌握の直後から国中で強制的な同調化プロセスが開始され、全州に「国家代理官」が派遣された。彼らの背後でナチスの大管区長たちはさまざまな団体、機関、官庁、協会の「同調化」を目指したのである。国民同胞はこれをまさに待ち望んでいたように見えた。いずれにせよドイツ人の多数がハーケンクロイツの旗の下、どうやら喜びさえ感じていたようである。

帝国議会が二月一日に解散した後を受けて、三月五日には新たな選挙が行われていた。ナチ党にとっては失望の結果に終わった。ヒトラーとその支持者たちは絶対多数の得票を確信していたのだが、獲得できたのは四三・九パーセントに過ぎなかった。ナチ党員たちが「国民高揚の政府」を樹立できたのは、ひとえに「ドイツ国家人民党（DNVP）」との連立のおかげだった。ともあれこの政府はドイツ人の多数により合憲的に選ばれた政府であった。

こうしてヒトラーは自らの権限拡大に邁進することができた。なかんずく敵対する者たちを最終的に葬り去ることが可能となった。「民族および国家の危難を除去」する戦いにおいては、彼にほぼ無制限の全権を四年間授けることになる全権委任法〔正式名称：民族および国家の危難を除去するための法律〕が大いに助けとなった。すでに三年前にヒトラーは党同志を前にしてミュンヘンで告げていた。権力交代が起きた暁にはいかなる運命が我々の敵どもを待ち受けることになるであろうか、と。

「我々は、自分たちが民主主義に立脚する代表であるとは一度も主張していない。我々が公言してきたのは、我々はただ権力を獲得するために民主主義を用いるということである。そして権力掌握の後に我々は、野党時代の我々に向けて使うことが敵に認められていたすべての手段を容赦なく禁ずるであろうということである……」

ついにここまで来た。一九三三年三月二三日にヒトラーは帝国議会演説で、自分は帝国議会にほとんど価値を認めないと明言した。

「政府が自らの施策のためにいちいち帝国議会の承認を得ようと画策したり、懇願したりする。そのようなことでは国民高揚の意義に反するばかりか、意図された目的にとっても不十分なものとなるだろう……」

ヒトラーは職業代議士たちを前にした演説を次のような恫喝的な言葉で締めくくった。

「しかし政府は嬉々としてきっぱりと拒絶の宣言を、そしてまた抵抗の声明を受け入れるのだ。諸君、今こそ自ら決定しようではないか、平和か戦争かを!」

分かりすぎるくらい明白な演説である。社民党の代議士オットー・ヴェルスは、熱の入ったある講演の中で、このできごとの当然の帰結とは、議会民主主義解体の最終ステップに他ならないと警告した。しかし全権委任法への賛成投票を控えようとの彼のアピールに、帝国議会議員の多数は従わなかった。

この法律に反対票を投じたのは彼の所属政党だけだった。たとえすでに逮捕されていた共産党員たちがその場にいて反対したとしても、ヒトラーが三分の二の多数を獲得することは確実だっただろう。かくしてワイマール共和国を葬り去るために必要な全権が彼に委ねられた。八二パーセントの議員がヒトラーとヒトラーの法律に賛成し、それによって自ら墓穴を掘ることとなった。

後々、帝国議会の議員たちから、当時はナチ党員らに脅しをかけられ、さんざん痛めつけられていたのだという主張がなされた。戦後に政治家たちがそう主張すること自体、別に珍しくはなかったが、それはせいぜい「伝説」作りに貢献しただけだった。実相は、ヒトラーとその支持者たちはいかなる騙しの手口も必要としなかったということである。ほぼすべての政党が例外なく自らの権力闘争に汲々としていて、ワイマール共和国に対しては戦略上の関心しかもっていなかった。「ワイマールが死んだのは敵のせいではなく、真の盟友をもたなかったからである。社会主義者の中にすら友はいなかった」。歴史家のハンスヨアヒム・コッホは当時の状況をうまく言い当てている。

帝国議会は一九三三年三月二三日以後も廃止されはしなかったが、もはやナチ党員が主流を占める集会以上のものではなかった。この集会の役割とは、ときおり集まっては権力者の言葉を拝聴し、その後にしかるべき形で、ドイツ式敬礼とともにヒトラー総統の披露した考えに賛同の拍手を送るということに過ぎなかった。今や権力による演出を誰からも邪魔されずに行うことができるようになり、「国民の覚醒」を遠慮なく推し進めることが可能となった。それにはあらゆる部門で信頼の置ける人材が必要だった。まさにローラント・フライスラーのような男たちが。

ヒトラーによる政権掌握の直後にフライスラーはベルリンから一通の書簡を受け取った。彼をプロイセン州司法省局長に叙任する報せだった。ちょうど四〇歳だったフライスラーは、これによって輝かしいキャリアの階梯を、それもきわめて重要な第一段目を登ることになった。しかしそれでも十分ではないかのように、四ヶ月経つか経たぬかの一九三三年六月一日、彼は早くも大臣ハンス・ケルル率いるプロイセン州司法省次官に任命された。

ヒトラーの司法大臣ケルルは一九三三年五月三一日付の「弁護士フライスラー博士」宛ての省内便でこう伝えた。

「当方からのご提案によりプロイセン州首相は貴職を、すでに送達済みの今月二九日付辞令をもって官吏職へと招聘し、プロイセン司法省司法次官に任命いたしました。新たな職位は一九三三年六月一日付で貴職に引き継がれます。その時点をもちまして貴職は固定給の俸給等級三に区分され、年間基本給二万四〇〇〇ライヒスマルクおよび場合によりプロイセン州俸給法その他に基づく諸手当が支給されることとなります……

貴職におかれましては、カッセルラント裁判所および区裁判所の弁護士リストからのご自身の登録抹消をただちに手配されたく存じます……」

六月一九日に新任の司法次官フライスラーはカッセルラント裁判所の所長に自身の昇格を伝え、弁護士リストからの登録抹消を願い出た。

Aktenzeichen des RJM.: I p – F. 16

Blatt

1. Vor- und Zuname: (akademischer Grad) — Dr. Freisler Roland

2. Geburtstag und -ort: (Land)

3. Deutschblütige Abstammung: (wodurch nachgewiesen?)

4. Glaubensbekenntnis:

5. Beruf des Vaters:

6. Vermögensverhältnisse des Beamten:

7. Frühere Zugehörigkeit (mit genauer Zeitangabe)
   a) zu politischen Parteien:
   b) zu politischen Verbänden:
   c) zu Freimaurerlogen: (mit Angabe des Grades)
   d) zu politischen oder konfessionellen Beamtenvereinen:

8. Zugehörigkeit (mit genauer Zeitangabe)
   a) zur NSDAP.: (Mitgliedsnummer, Amt?)
   b) zu einer Gliederung: (Dienstrang und Führerstelle?)
   c) zu einem angeschlossenen Verband: (Amt?)
   d) zum Luftschutzbund, VDA., Kolonialverband oder ähnlichen Verbänden:

Heftrand

1. フライスラーの個人文書からの抜粋

「当職が官吏職に招聘され、プロイセン司法省の司法次官に任命された時点で、当職の弁護士としての身分は自動的に抹消されたものと考えております。それゆえカッセルラント裁判所および区裁判所の弁護士リストからの当職の職権上の登録抹消はすでに完了したものと推定しておりますが、万一そうでない場合は、同リストからの速やかな抹消をお願い申し上げる次第です……

ハイル　ヒトラー！」

ベルリンで新たなキャリアが始まったにもかかわらず、フライスラーはカッセルに住み続けた。彼は戦闘的なナチ党員としても同市で名を馳せていた。司法次官への昇進直前に彼は地元の党員たちとともにカッセル市庁舎を急襲し、さらにこの成功に勢いづけられ、上級ラント裁判所に向かった。その建物もナチスの支配下に置こうとしたのだ。しかし上級ラント裁判所長アンツ博士は、高位のプロイセン司法官吏が裁判所を襲うなどということはその地位にふさわしくない行動だとして、フライスラーとその友人たちを説得することに成功した。フライスラーの良心に訴えて、「暴徒のような行動からは距離を取る」よう説き伏せたのだ。しかしこの訴えの効果は限定的なものに止まった。この直後フライスラーは、支持者たちの熱烈な喝采のもと、ハーケンクロイツ旗を裁判所の正面玄関の上空に掲揚させたのである。

この数ヶ月後、すでに司法次官に昇格していたフライスラーは、アンツ博士をベルリンの珈琲店に招待した。この頃には住所もベルリンに移していたのだ。あのときフライスラーとその支持者たちに決然と立ち向かったカッセル上級ラント裁判所長の「男らしい行動」を、今フライスラーは当人を前にして褒め称えた。それればかりかフライスラーは手に入れたばかりの影響力をさっそく行使して、アンツをベルリン宮廷裁判所長に昇進させようとした。しかしフライスラーの権力は、ナチ党員ではない者をベルリン宮廷裁判所のトップに据えることを嫌う党指導部からの異議を退けるには、まだ小さすぎた。

フライスラーは矛盾だらけの男だった。彼の心にはナチスの原理原則が抜き難く染み込んでいた一方で、他人の非党派的な姿勢に敬意を払うことも決して厭わなかった。ただしそれも相手の態度が反ナチス的でない場合に限られたのだが。個人として付き合う分には人好きのする好人物となることもあったが、いかんせんその場その場の気分に左右されやすかった。彼は気分屋で当てにならず、しばしば冷たく傲慢な男と見なされていたのだ。

野心溢れる司法次官フライスラーの就任とともに、プロイセンの各司法官庁内に新たな気風が生まれた。例えば彼は就任後数日で早くもベルリンのラント裁判所長キルシュシュタインに電話を入れ、尋問口調でこう質問した。「ラント裁判所長殿、あなたはナチズムの諸原理をどうお考えか?」。相手が答える。「私は生来つねにリベラルで民主的な原理を信奉しております」。するとフライスラーは語気荒く「ということは所長さん、あなたは我々との協働をいささかも重視しないということですね」。キルシュシュタイン「そうです。私はどのような形であれ、ナチス政権に協力したいとは思いません」。この発言を受けてフライスラーは、ラント裁判所長に向かって今後はいかなる職務行為も差し控えるよう要求した。これはキルシュシュタイン博士にとって職業上の死を意味した。ほどなくしてこの反骨のラント裁判所長は、圧力を受けたか否かは定かではないが、退官した。

自分に屈して従おうとする者に対するフライスラーの態度ははっきりしていた。ナチスの世界観を共有できる相手はフライスラーからの好意と敬意を当てにすることができたが、いったん異なる考えや対立する考えの持ち主と見なされると、たちまち拒絶と侮蔑が向けられた。

ほとんどの法律家はベルリンラント裁判所長キルシュシュタイン博士ほどの勇気を持ち合わせてい

なかった。一九三三年以後、彼らは大急ぎで唯々諾々とナチス国家の庇の下に駆け込み、新たなナチス司法体制の構築と実践を精力的に支援した。

この時点で四〇歳だったローラント・フライスラーはその後急速な昇進を繰り返すのだが、一九三三年までは決して特別なキャリアではなかった。それは彼の野心、権力本能、節度のなさ、そしてその法律家としての能力に見合ったキャリアだった。しかしわけても彼のとんとん拍子の昇進は新たな政治状況のおかげだった。フライスラーの更なるキャリアについてはこの後つぶさにたどっていくことになるが、それはナチス体制の確立と以後数年間の司法の倫理的崩壊と分かち難く結びついていた。このとき司法はまさしく嬉々としてヒトラー政権側に寝返ることになるのだ。

いかにしてそれは起こり得たのか？　いかにしてあの冷酷な機能主義と理解しがたい非人間性が貫かれ得たのか？　いかにしてナチス権力中枢の立案者たちと司法当局、および法廷の自発的な執行人たちとの間に蜜月の提携関係が成立したのか？　悪しきシステムに絡め取られ、結局そのシステムに身を引き渡すことになった「抑圧された」司法、あるいは「苦悩に身もだえする」司法といったイメージがあるが、それは果たして正しいのだろうか？

権力掌握の直後に帝国大審院の部長であり「ドイツ裁判官連盟」会長のカール・リンツは、総統を宥《なだ》めようとして、自分はドイツの全裁判官を代表して「皆が政府の設定した目標の実現に向けて、一丸となり全身全霊をかけてご協力することを」約束できると語った。

裁判官たちはまもなくこの約束を守らされることになる。

第3章
一つの民族、一つの帝国、一人の総統、そして一つの司法

「司法にとって良きことなどほとんど期待できない。むしろあらゆる兆候が、法の存続と司法に向けられた新たな攻撃、新たな戦いを暗示している」。一九三三年の年初、ドイツ裁判官連盟の会長である部長カール・リンツは、ドイツ裁判官新聞に毎月書いているコラムの中で同業者たちに警告を発していた。

しかしこのような懸念はたちまち吹き飛ばされてしまった。すでに一九三三年三月一九日には「ドイツ裁判官連盟」の常任委員会が声明の中で、自分たちには「ドイツ民族の恐るべき危難……に終止符を打たんとする新政府の意志」に歓迎の意を表し、「国家再興」のときに際してあらゆる支援を行う用意がある旨をアピールしたのだ。この常任委員会の見解表明はドイツ裁判官新聞に掲載され、裁判官たちはだれでもこれを読むことができた。

「我々は、再興を望むすべての人々の協力が実を結び、我々の公的生活全体が快復し、それとともにドイツの復興が招来されるであろうことを確信している。ドイツ法がドイツの各州で適用されんことを！　ドイツの裁判官はかねてより国民を重視し己

の責任を自覚してきた。つねに社会的な感覚を持ち続けていたのだ。これまで我々はもっぱら法律と良識に基づいて判決を下してきた。それは従来通り継続しなくてはならない！

国家の建設という大事業を通じて、ドイツ民族の間に無条件の連帯の輪が速やかに広がらんことを」

声明の結びには、ドイツ裁判官連盟は新政府に「全幅の信頼」を惜しまないとする確約が盛り込まれた。

ナチスへの忠誠を誓う大合唱の中、他の職掌団体も遅れを取るわけにはいかなかった。裁判官連盟が声明を出した翌日には早くも「プロイセン法曹協会」が忠誠の誓いに名乗りを上げた。

「このドイツ民族の門出をプロイセンの裁判官および検察官は、我らが民族を脅かす未曾有の艱難《かんなん》と窮乏に終止符を打つ正しき方途と見なす……。プロイセンの裁判官と検察官は、国民的なドイツ再生の時に当たって、ドイツ法およびドイツ民族共同体の新たな構築に司法分野から協力を惜しまぬことをここに表明する。我ら法曹人にとっても肝要となるのは、国民革命によって樹立された新国家の名誉と尊厳を支援し、かつ共に担うことである」

その後数日の内に「ドイツ公証人協会」と「ドイツ弁護士会」もそれぞれ声明を発表した。ともに「民族的な思考と志操の強化」を好意的に受け入れ、「民族および帝国の健常化に貢献するために」全力を傾注する旨をナチス政府に確約する内容であった。

すでに新たな権力者たちは法を自らの政治目的や人種差別的信念に隷属させ始めていた。明らかにツンフト（同職組合）の代表者たちはそれを甘んじて受け入れたのだ。早くも議事堂放火事件の翌日一九三三年二月二八日には「国民と国家の保護のための大統領緊急令」によって主要な基本権がまさしく電光石火の早業で失効させられ、これをもって政敵を倒すための最初の前提条件が整った。

さらに新政権は「ドイツ民族への裏切りと反逆的策動に対する大統領令」を制定した。これは政府に対する批判と裏切りの間の境界を取り払うものであった。これにより、例えばナチス自身がプロパガンダ目的で議事堂に火を放ったのではないかと主張するだけでも、立派な裏切り行為と見なされた。

そして三月二四日、ついにヒトラーは帝国議会から自身の「全権委任法」への承認を取りつけた。これで彼は議会抜きで憲法改正法を公布することができるようになった。抵抗はあった。しかし前述したように、社会民主党からのものだけだった。ドイツ共産党の議員たちはこのときもうすでに排除されていたのだ。

では司法関係者たちはどうだったのか？　多くの者にとってワイマール共和国の終焉は不穏な事態というよりむしろ解放的な出来事であった。共和国時代のめまぐるしい変動の年月を経ても彼らの基本姿勢はいささかも変化しなかった。ここに来て彼らは内心、かつてなかったほど保守民族主義的な胸の高鳴りを覚え、その考え方はかつてなかったほど反共和制、反議会主義、さらには反ユダヤ主義へと傾いていった。つまりナチスが訴えたような政治的な救済という公約に対して、ドイツの司法関係者たちの抵抗力はきわめて弱かった。彼らはナチ党員と右派保守主義者の「国民的結集」による権力掌握を通常の政権交代と見なし、完全に合法的であり最高度に必要なことであったと評価した。ヒトラーの帝国首相任命に一部の者は多少の不満を覚えたが、司法関係者の多くは楽観的で、みな新首相に大きな期待を寄せていた。

彼らの連盟誌に憲法の空洞化を嘆く記事は一行も書かれなかった。その反対にヒトラーが種を蒔くかのように撒き散らした保守政治的な発言の数々は法曹人たちの間に肥沃な土壌を見出した。たとえ個人の自由権が明白な制約を受けようとも、裁判官にとってとりわけ重要なことが一つあって、それは「裁判官の自由」についての観念である。多くの裁判官はこれがワイマール共和国においてはあまりにも軽視されていたと考えていた。ヒトラーなら自分たちの独立性を揺るがすような真似はすまい、そう彼らは思い込んだのだ。

だが恭順な熱狂ぶりを見せた彼らは、ヒトラーが帝国議会の演説で、裁判官の罷免不能性にだけ言及してその独立性には触れなかった点と、それとの関連で今後司法の中心とすべきはもはや個人の権利ではなく、民族の権利であるとした点の二点をうっかり聞き逃したようだ。以下は一九三三年三月二三日の帝国議会でのヒトラー演説の抜粋である。

「我が国の司法制度は第一にこの民族共同体に裨益《ひえき》するものでなくてはならない。一方に裁判官の罷免不能性という問題があるが、それには社会の維持を目的として柔軟な判決を下すということが大前提となる。法的配慮の中心となり得るのは個人ではない。民族なのだ！……

国家および民族に対する反逆行為は、今後、容赦なく徹底的に潰さなくてはならない！……

司法の存在基盤は民族の存在基盤に他ならない。それゆえ司法に携わる者にお願いしたいことがある。それは現実の突きつける厳しい制約のもとで国民生活を設計せざるをえない者の立場に立って、その決定の難しさをつねに考慮せよということである！」

法曹人たちはヒトラーの演説に批判すべき点をひとつも見出さなかった。そこで帝国大審院は三月二九日の全体会議で決議文を作成し、それを帝国司法省に提出し、同省から帝国首相に渡してもらった。文中では、帝国首相によって司法への介入が阻止されたことに対してライヒ大審院のメンバーが明確な謝辞を述べている。次の箇所である。

「当帝国大審院は、帝国首相が一九三三年三月二三日付の政府声明において、裁判官の罷免不能性を司法制度の根幹をなすものと認定されたことを満腔の謝意をもって歓迎いたします。裁判官の高度な職責の遂行に必要な内的自由は、独立性の自覚によってのみ与えられます。もっぱら法律に従いつつ、判決によって民族共同体の維持に貢献するということ。そうした自由の中にこそ裁判官の真の使命があると存じます。帝国首相閣下は、司法の存在基盤は国民の存在基盤に他ならず、それゆえ司法に携わる者は、現実の突きつける厳しい制約のもとで国民生活を設計せざるをえない者の立場に立って、その決定の難しさをつねに考慮しなくてはならない、と仰いました。この警鐘に対してドイツの裁判官は、誰一人として心を閉ざしてはなりますまい」

いずれにしてもこれはナチスに心酔する田舎裁判官の信条吐露などではなく、ドイツ最高法廷のメンバーらによる決議文だったのだ。新たな権力者たちが独立した司法制度の土台を着々と突き崩し始めていたというのに、帝国大審院の法曹人たちはのんきに「内的自由」とかドイツ法の「独立性」などを論じていたのだ。そのようなことをヒトラーは曖気《おくび》にも出していなかったというのに。「国民的革命」の敵に対しては今後「容赦なく断固たる措置で臨む」というヒトラーの脅しですら、法曹人を怖気づかせることはなかった。

むしろ、いかなる思想の持ち主であれ国民の敵には厳しい措置を辞さないという総統の姿勢を熱烈に歓迎する声が上がった。ドイツ裁判官新聞では、「具体性と客観性、非党派性と独立性」は「ドイツ問題」のため、しばし考慮外となることもありうるとされた。これは職掌柄の日和見主義なのか、はたまた政治的な盲目さなのか？

ドイツ裁判官新聞の「時の鏡」欄に同紙編集主幹のカール・リンツは、「ナチスドイツ法曹人連盟」が一九三三年三月二四日にライプツィヒで決議した要請を掲載した。知りたいと思う者は誰でも紙上で、将来「罷免不能な裁判官たち」をどう扱うべきかについて読むことができた。

「帝国大審院を含め、ドイツのすべての裁判所を浄化し、異なる人種の裁判官や役人をそこから放逐しなくてはならない……。登録党員としてマルクス主義政党、つまりドイツ社会党（SPD）やドイツ共産党（KPD）に所属していた異人種の弁護士については、今からでも直ちに免許を剝奪しなくてはならない。これは当然、マルクス主義を信奉する裁判官にも該当する……」

これが拘束力のない単なる要請でなかったことがその直後に判明する。一九三三年四月七日の「職業官吏再建法」発効に先立つ一九三三年四月一日にはすでに、いわば法の遵守を前倒しするような形で、各州の司法大臣が「反ユダヤ防衛のためのボイコット」によって、ユダヤ系の裁判官、検事、次席検事らを全員休職させていたのだ。裁判官たちの中から抗議の声が上がることはほとんどなかった。

「非アーリア系の出自」であることが証明された裁判官や過去において共和主義的な政党や職業連盟に所属していた裁判官は、他の理由がなくとも「業務上の必要」から配置換えや早期退職を余儀なくされた。ナチ党員の好んだ言葉を使うなら「電光石火の早業で」司法界が浄化されたのだ。今や司法界は「ユーデンフライ〔害虫のように駆除されてユダヤ人がいなくなった状態〕」となった。
裁判官のほぼ一〇パーセントをユダヤ人が占めていた大都市では、結果は歴然としていた。ただしこれは粛清の始まりにすぎず、この流れがいよいよ本格的なものとなるのは「ニュルンベルク法」が成立した後のことである。

だが自分の同僚たちにこのような大々的な措置が講じられる段階になっても、裁判官の多くはどこ吹く風といった具合だった。法曹人連盟の会長リンツなどは、ヒトラーに謁見を許された後は、法曹人ツンフト（同職組合）内に燻っていた最後の（もちろんごくわずかな）批判的意見を揉み消すことに熱心で、裁判官たる者は「全力を尽くして目的達成に」協力すべきであり、そのためには何と言っても「ある程度の措置が必要となること」を理解してほしいと訴えた。ドイツ裁判官新聞五月号でリンツは法曹連盟の会員に向けて、ヒトラーとの会談を次のように報告している。

「会長である私はまず、帝国首相が謁見に応じてくださったこと、そして帝国議会で裁判官の罷免不能性について説明してくださったことに対して、ドイツ裁判官連盟からの謝辞を伝え、続けて司法の独立性の保護を要請した。首相は概ね次のように語っておられた。自分はドイツの全裁判官の名において、彼らが政府の掲げた目標の達成に一致団結して全力で協力するであろうことを露ほども疑ってはいない。何となれば、一つには現政府の背後でボリシェヴィズムが隙を狙っているからであり、また一つには国家の安寧と維持のため全身全霊をかけるという義務感が裁判官一人一人の胸の裡にしっかり宿っているからである、と……。
帝国首相閣下はこうした内容を腹蔵なく打ち明けられ、ある程度の措置は必要だが、自分としては裁判官の独立性は今のまま維持するつもりだと話された……」

リンツは報告を締めくくるに当たって、裁判官仲間を安堵させるようにこう断言した。

「……従って我々は、官吏法に定められている諸規定が可及的速やかに撤廃されることを期待してよい」

一九三二年一二月の段階では、彼は同紙で「裁判所や裁判官の名望にとって芳しからぬ」ことがいろいろと起きているとして不満を漏らしていた。どうやら今ではかつての危惧はことごとく吹き飛んでしまったらしい。数ヶ月でリンツはナチ政府の恭順な代理人となっていた。しかし彼は決して特例ではなかった。ドイツの裁判官の多くがナチ政府の側についた。これは一九一九年以降、組織化された裁判官たちが取ることのなかった態度であった。

「ある程度の措置」は抗議もなく受け入れられた。結局これは「民族の革命」なのだし、司法界の大掃除には長所もあるのではないか？　こうして「ワイマール共和国時代の党籍簿官吏たち〔戦後の混乱の中、官吏に通常必要とされる教育を受けず、一九一八年以降に就任した官吏〕」はついに馘となり、反逆的な「共和主義の裁判官連盟」の禁止に関しても「新生」司法界は諸手を挙げて賛同した。

新たな職業官吏法はナチ政府が約束したような華々しい成果を直ちに挙げることはなかったが、いずれにせよ上級ラント裁判所やラント裁判所の長官の多くが政権交代のわずか一年後には「信頼できる国民的な人材（ナチ党員）」で占められることとなった。

司法界の〔ナチスイデオロギーへの〕強制的同一化も同様に滞りなく進んだ。「ドイツ裁判官連盟」常任委員会は当初、戦略的に連盟の独立性を守ろうと試みたが、同連盟傘下の州連盟の大多数は会員に対して「アドルフ・ヒトラーの共同戦線の戦列に加わる」こと、そして「ナチスドイツ法曹連盟」に加入することを求めた。

すでに一九三三年初夏にナチ政府は裁判官の各種同職団体の解体を開始した。これは目覚ましい成果を挙げた。今や裁判官連盟会長さえ態度を翻し、五月二三日付の電報で「全国司法指導者」ハンス・フランク宛に、「自身および連盟傘下の州連盟のため、帝国首相アドルフ・ヒトラー閣下の率いるナチス法曹連盟に協力参加する」旨を表明するに至った。

一九三三年五月三〇日にはすべての裁判官団体の強制的同一化が完了していた。間もなく「ナチスドイツ法曹連盟」の下部団体「ドイツ右派前線」のみが残された。ドイツの裁判官たちはこぞってこの団体の新しい会員手帳を所望した。一九三三年一月におよそ一六〇〇名だった会員は年末には三万名に膨れ上がった。その間には登録作業が間に合わなくなって一時、入会制限まで行われるほどだった。

新秩序への帰依を公に示す最初の大きな機会となったのが、一九三三年一〇月初めにライプツィヒで開催されたドイツ法曹大会であった。「ナショナリズムを通じてドイツ国民にドイツの法を」をモットーに、帝国全土から二万人以上の法律家たちがこの街に駆けつけた。この法曹大会のクライマックスは帝国大審院前での大集会であった。全国司法指導者ハンス・フランクは同僚たちを「ドイツの法律家諸君！　万歳、万歳！」という挨拶で歓迎した後、「ナチス革命の思想財とドイツの法形成」について演説した。その締めくくりとして彼は裁判官たちに「聖なる誓い」を求め、力強い言葉で総統との分かち難い連帯を誓った。

「ドイツの法律家諸君、私とともに唱和をお願いしたい。〈我々は永遠なる神に誓わん、我々は我らが死者の霊に誓わん、我々はかつて非民族的な司法の犠牲となったすべての人々に誓わん、我々はドイツ民族の魂に誓わん、我々がドイツ法曹人として我らが総統閣下に付き従い、我々の日々が尽き果てるまで、ともに歩み続けるであろうことを！〉」

轟き渡る「ジークハイル！　ジークハイル！　ジークハイル！」をもって、誓いの大集会は閉幕した。ライプツィヒに駆けつけることができなかった者は、ドイツ裁判官新聞一〇月号の第一面、「最高法廷でのリュトリの誓い」と題された記事でこの歴史的シーンを追体験することができた。掲載された写真の前景には右腕を斜め上方に差し伸ばした法律家たちが並び、その奥に見える帝国大審院の野外階段には参集したナチス高官らの姿も見える。周囲にはハーケンクロイツ旗が翻っていた。一つの民族、一つの帝国、一人の総統、そして一つの司法。

職業官吏法にもかかわらず、ワイマール憲法の基本権の空洞化にもかかわらず、ＳＡ（突撃隊）のテロによる混乱にもかかわらず（ちなみにＳＡの狂信的な部隊は、その限度を知らぬ所業を捜査しようとした司法当局のあらゆる努力を、激しい恫喝や脅迫で妨害した）、そしてさまざまな裁判官団体の解体にもかかわらず、裁判官たちはほとんど足並みを揃えるかのように、ナチ政権の側に立ったのだ。だいぶ前から〔ナチスイデオロギーへの〕強制的同一化の代わりに自発的な同一化という現象が起きていた。今や裁判官の宣誓はドイツでは右腕を斜め上方に掲げて行われた。裁判官たちはヒトラーを支援する側に回ったのだ。

ここ数ヶ月の推移の中に肯定的な面しか見なかった者がいた。またしても裁判官連盟会長のリンツその人だ。彼は、ドイツ裁判官連盟が解体された後、「ナチスドイツ法曹連盟（ＢＮＳＤＪ）下の専門グループ「裁判官および検事」の機関紙として刊行されていたドイツ裁判官新聞の中で、会員同士

Deutsche Richterzeitung

Herausgegeben vom Deutschen Richterbund

im Bund Nationalsozialistischer Deutscher Juristen

Schriftleiter: Reichsgerichtsrat Dr. Schwarz, Leipzig S3, Elisenstr. 111[II], Fernruf 30991

Im Auftrage des Deutschen Richterbundes gegründet von Staatsanwalt Dr. Ferd. Erscheint jährlich 12 mal (am 15. jeden Monats) zum Jahres-Preise von 18 RM. Einzelhefte RM 1.60.

Beiträge werden vergütet.

DRB

Anzeigenpreis: Die 6 gespaltene Millimeterzeile RM —.25, bei Wiederholung Ermäßigung. Zu beziehen durch den Buchhandel und Carl Heymanns Verlag. Berlin W 8, Mauerstraße 44. Fernsprecher: A 2 Flora 7281. Postscheckverkehr: Berlin 834.

25. Jahrgang | Leipzig, den 25. Oktober 1933 | Heft 10

Phot. Fritz Reinhard, Leipzig.

Der Rütli-Schwur vor dem Höchsten Gerichtshof.

2.一九三三年、ライプツィヒでのドイツ法曹大会。「ドイツ最高法廷でのリュトリの誓い」

の新たな「連帯感」をこう称えている。彼らの前に全国司法委員ハンス・フランクの姿を借りて一人の指導者が降臨した今、ドイツの裁判官たちは以前にも増して恵まれた境遇にある。彼こそは「まさに裁判官の立場に立って動いてくれる」人物なのだ、と。「BNSDJのもとで我々法曹人は十分に庇護されている」と彼は同僚たちに断言し、その歓迎の辞を今ではすでに恒例となった「忠誠の誓い」で締めくくった。

「我々は民族の導き手である総統閣下をとこしえに仰ぎ見る。我々は最後まで総統閣下に忠誠を誓う。我々は持てるものすべて、持てる力すべてを総統閣下に捧げる。我らが崇敬おく能わぬ帝国宰相アドルフ・ヒトラー閣下に、ジークハイル！　ジークハイル！　ジークハイル！」

裁判官たちはワイマール時代から受けてきた数々の社会的、政治的、および職掌柄のトラウマを、ハーケンクロイツ旗のもとで推し進められる独裁的な国家と法の復興の流れの中で克服したいと望んだのだ。ただし嬉々としてナチスの広げる腕の中に飛び込んでいったのは彼らだけではなかった。法学会もまた自分たちの「本来の天職」をそこに見出し、研究と教育を「国民的門出」のために奉仕させた。身の毛もよだつ数々の法理論が構築され、それが裁判や司法をナチ党員たちの意に沿う方向に捩じ曲げるのに一役買うことになる。

ドイツの法学教授たちは競うように書籍や論文、朗読や講演の中で「総統精神（Führertum）」、「民族秩序（völkische Ordnung）」、「人種的同一性（rassische Artgleichheit）」といった新語造りに勤しみ、そこに法学の新たな課題を見出そうと努めていた。いずれにしても反共和主義、反民主主義的な考えの者が多かった教授たちは、法の前の平等や人権の保護、国家権力の制限といった、リベラルな法治国家が達成したさまざまな成果にはまったく関心がなかった。彼らの権威主義的な意識が今、同じく権威主義的な国家イデオロギーとの間で野合を繰り広げることとなった。

さらに教授らはナチス権力者たちに気に入られるような「法治国家」概念の新たな定義付けにまで乗り出した。「我々が創り出した国家は法治国家の称号に値する」。かつて「司法の帝国化」についての演説でヘルマン・ゲーリングは大勢の裁判官を前に断固たる調子でそう宣言し、「この国家の法制度および個々の法律は民族共同体に根ざすものである」と述べた。

公法の教授であり「法の番人」のナチス陣営の頭目とも言うべきカール・シュミットは、早い時点で「ドイツ法全体はもっぱらナチズムの精神によって支配されるべきである」と確信していた人物である。彼は「自由主義的法治国家」というリベラルな連想を法治国家から一切排除するために、「ドイツ法治国家」、「ナチスドイツ法治国家」、果てには「アドルフ・ヒトラーのドイツ法治国家」といった表現を提唱した。シュミットは数多くの刊行物の中で、ナチスの法概念の中に「民族的要素」を導入し、裁判官たちに「人種固有の法律思想」を広めるためにその饒舌を駆使した。一九三四年には次のように書いている。

「すべての法は特定民族の法である。それを我々は感覚によってではなく、きわめて厳密な学問的洞察に基づいて知っている。法を創造する共同体に参画し、存在論的にそこに帰属する者のみが、事実を正しく見ること、演説を正しく聴くこと、言葉を正しく理解すること、さらには人や事物の印象を正しく評価することができるというのは、認識論的真理である。心情の最奥、無意識な動きに至るまで、また最小の脳線維に至るまで、人間はこうした民族・人種への帰属という現実の中に佇んでいる。客観的でありたいと考えたり、客観的になるため十分努力したと主観的な良心で思ったりしても、誰もが客観的になれるわけではない。種を異にする者がいくら批判的に振舞おうとも、いくら明察に努めようとも、いくら本を読み、本を書こうとも、種が違うのだから、おのずからその理念や理解は異なってくるものであって、その決定的な思考の歩み一歩一歩において、その者は自らの種の存在論的な諸条件の内に止まり続ける……

曲解も可能な無数の法律条項の字面への偽りの拘束よりも、我々は信頼でき、生気にあふれ、深みのある拘束を求めている。この拘束は我々自身の内、我々の種の中にこそある。いったいそれら以外のどこにありうるだろう？　ここにおいても法律拘束性（罪刑法定主義）、官吏職の身分および裁判官の独立性という三者の分離しがたい関係を考慮するならば、すべての問いと答えの終着点は、種の同一性の要請となる。この同一性がもしなかったならば、全体主義的な指導者国家は一日たりとも存続し得ないのである」

カール・シュミットの考えは裁判官たちから理解された。つまりシュミットは裁判官の独立性を尊重しつつ、それにもかかわらず政治的指導部への絶対的な従属を求めているのだ。この考えは受け入れられた。最上位の裁判官としての指導者すなわち総統。シュミットはこうも言っている。

「差し迫る艱難危機の瞬間に、総統がその地位に基づいて、最上位の司法官として自ら直接立法を行うならば、総統は法を最悪の濫用から守ることになる……。真の指導者はつねに裁判官を兼ねる。指導者の地位から裁判官の地位が派生するのだ。両者を分離させたり、それどころか対立させたりしようとする者は、裁判官を対抗勢力に変え、または対抗勢力の道具とし、いわば司法の手を借りて国家を激変させせようと画策する者なのである……。実際、総統の行為は真の裁判権である。その行為は司法に従属しない、否、それ自体が最高度の司法なのである……」

カール・シュミット他の無数の民族志向の法学者たちは、ナチスによる法のテロルを根拠づけ、正当化し、完全化した。一九三四年にシュミットと同じく法学教授であったオットー・ケルロイターは「ドイツ指導者国家」という文書の中で教員仲間に対してこう明言した。「我々に必要なもの、それはただ一つ、政治的人間、ナチス的人間である。管見によれば、そのような者を指導者の思いのままに教育し、それによりドイツ指導者国家にとっての礎石を提供することこそ、今日、ドイツの全大学教員がその任務においてなすべき最重要課題なのである。ハイル・ヒトラー！」。

同調意欲の強い教授たちは、例えば「ブルジョア的法治国家」という概念に対して自分たちの理念を差別化する際などに、新しい用語を次から次へと繰り出して、期待された以上の活躍を見せた。ゲーリングはかつて裁判官の理想像を描いて見せたことがある。彼の考えでは、裁くことができるのは「国民と共通の根をもち、それゆえ何が国民に役立ち、何が国民を損なうのか、独力で判断することができる者のみである」。

「自由主義国家と異なり、もはや個々人に対して弱気な配慮がなされることはない。犯罪者、国賊、民族共同体の敵どもに対抗するには量刑および刑の執行において、やるべきことは一つしかない。すなわちこのうえない厳格さ、そして必要な場合には相手を完全に滅ぼし去るということである。我々はようやく学び知った。人間の頭部の形態その他の人種的特徴が偶然の産物でも無視できるものでもなく、その人間の内奥の感覚や意志の表れであり、その者の存在の礎であるということを……」

ブレスラウ大学のある若き学部助手のこうした燃えるような心情吐露は、一個人の狂信的な思い込みなどではなく、多くの者の考えを代弁するものだった。これは学問的な信条や概念のレベルに止まるものではなかった。「新たな」法治国家思想を巡る議論は実際的な結果をも伴ったのだ。人道的な刑法の諸原理はいずれも、特に学問による法理論上の正当化を通じて、少しずつ失効させられ、廃絶されていった。もはや国家に対する個人の権利保護ではなく、個人に対する国家の権利保護が前面に押し出されていた。国家論者カール・シュミットはこうも述べている。「重大な事例においては、規範重視は非服従に資することになる指導者（総統）の拘束しか意味しない」。分かりやすく言うと、個人や法的安定性の保護はもはや行われず、今や中心に据えられるのは、「民族共同体の保護」なのである。

この「保護権」は決してただ「反社会的犯罪者」からだけでなく、とりわけ体制の政敵からの保護権である。国民同志がなおも耐えうるか否か、「力強い厳格さ」や「完全なる殲滅」が妥当か否か、それについて考慮するのは、今や司法大臣ギュルトナーを長とする公的な刑法委員会である。「保護権」と並んでナチスの法学者たちに重要だったのは特に「民族的な忠誠義務」であった。

「ナチス刑法は民族的忠誠義務に基づくものでなくてはならない。この忠誠義務はナチス的ドイツ的なものの考え方にとって最高の国民的な義務であり、つまりは倫理的な責務なのである。ドイツ人の考え方では倫理上の評価と義務感、善悪の感覚の間に調和が取れている。ナチス国家の課題は、自らの背信により共同体から排除された裏切り者に対して、償いとなる公正な処罰を与えることである。公正な処罰こそ、民族共同体の強化、保護、安全に役立つものであり、さらには犯罪者たち、ならびにいまだ失われていない国民同志の教育および矯正にも貢献する」

「新たな」刑法に即した判旨の中にはそのように書かれている。これにより、単純窃盗のようなものも含め、あらゆる可罰行為が総統および国民に対する「背信」と見なされた。多くの刑法学者は、国民と国家と総統の関係について、大胆にも法学の境界を大きく踏み超えるような、つねに新たな考察へと入っていった。

「忠誠心」「名誉」「義務」といった言葉が頻出しない講演や論考はほとんどなかった。使用賃貸借法であれ、営業法であれ、法学教授たちによってナチス思想の種が播《ま》かれなかった法分野はほとんどなかった。

法に違反した者は「民族共同体」の外に身を置き「裏切り」を働いた者、つまり国民の敵とされた。裁判手続では、被疑者に対して法に違反したか否か、なぜ違反したかを質問して時間を浪費したりすることはなく、犯人がなおも共同体に所属しているか否かという点だけが問題にされた。つまり行為ではなく「犯人の人格」が、その犯人を再び民族共同体に迎え入れるべきか、それとも「殲滅」すべきかを判断する際の決め手となった。この点においても法学者たちは、医学部の同僚らと提携して、すでに必要なツールを用意していた。狡猾極まりない「犯罪者類型学」である。法律や命令が定められたところではどこでも、「危険常習犯罪者法」から「少年重度犯罪者に対する保護命令」、「民族害虫命令」、または殺人条項の改訂に至るまで、中心となったのはいつでも「犯人の人格」ということであった。基本テーゼは「人は犯罪的となるのではない、犯罪的である」というものであった。

つまり人間を蔑視するナチス司法の樹立と発展に法学が果たした貢献は広範にわたるものであった。そしてドイツの教授たちは精力的、熱狂的、自発的にこの貢献を行った。彼らは法の野蛮化のための理論基盤を提供したのだ。

批判の声はごくわずかだった。裁判官たちと同様に学者たちも、ナチスの政権掌握の直後、さしたる悲嘆の色も見せずにユダヤ人や社会民主党の同僚たちを切り捨てた。職業官吏法によって、一九三三年四月だけで三七八名いた法学者のほぼ三分の一が放逐された。その多くは人種的な理由によるものであった。「非アーリア系」の教員たちの後釜には民族思想の持ち主である民間の学者が座った。これによって、「民族的案件」にまさに好都合な形で、祖国の新たな法意識を後進司法官らに叩き込む体制が確立された。

裁判官や大学人と並んで弁護士たちの間でも、すでにナチスの権力掌握の直後から、新たな権力者たちの思うがままに、「政敵と見なされた者や非アーリア系の者」が排除された。弁護士業はいつの時代も特にユダヤ系の多い職種であった。例えば一九三三年以前ではドイツの弁護士免許を持つ者一九五〇〇名の内、四三九四名、すなわち約二二パーセントがユダヤ系であった。フランクフルトやベルリンといった大都市ではこれよりはるかに高い割合だった。弁護士の職業団体である「ドイツ弁護士会」でも多くのユダヤ系弁護士が幹部を占めていた。こうした事情はナチスのもとで根底から変わることになる。

すでに「職業官吏再建法」により、一五〇〇名の弁護士が免許を剝奪されていた。その多くはユダヤ人だった。強制同一化が施された弁護士会は、新たな「弁護士身分指針」を発表した。これにより例えばベルリンでは、「アーリア系」と「非アーリア系」の弁護士の共同弁護士団体の結成および運営は、即座に身分法違反の宣告を受け、「非アーリア系」弁護士を代理人として立てる国民同志は、公然と糾弾された。例えばヘシッシェ・フォルクスヴァハト紙は一九三三年八月二八日の紙上で「何ら恥ずるところなくユダヤ人弁護士を担当させる」訴訟担当者の氏名リストを公表した。

一九三三年春には「ナチスドイツ法曹連盟」が、「すべてのユダヤ人は一人残らず、あらゆる形態の法律家活動から排除されねばならない」との要請を決して等閑《なおざり》にしないことを宣言した。すでにこの頃になるとドイツの弁護士たちの間から抗議の声が上がることはまったくなかった。

全員がナチスの側について綱引きをしていたのだ。地域の弁護士会は「非アーリア系」の会員に、退会を申し出るよう要請した。司法週報も新たな編集部指針の中で、今後は「アーリア系による」寄稿文のみを掲載することを明記した。

もはや「ドイツの法の守護者」の前線にはユダヤ人や共和主義者の参与する余地はなかった。弁護士たちも自分をもはや「自由な調停者」としてではなく、むしろ「法の下僕」と見なした。彼らも自分たちの過去に目を背けて、急遽、国家に対して特別な信認関係に立つ義務を感じていた。

司法大臣ギュルトナーは、実際、満足そうに次のような声明を出している。「弁護士は刑事弁護人として、より国家および共同体の側に歩み寄った……。いずれの弁護士も法律家団体に組み込まれ、被告人側の利益代理人というかつての地位を捨て去ったのだ」。今や「国家機能の遂行者」と定義づけられた弁護士のステータスであったが、あいかわらず一部の弁護士はそれを「自由な」ものと勝手に思い込んでいた。その実態はとうの昔に変質していたにもかかわらず。例えば法廷で「ドイツ式挨拶」をしなくてもいいと考える者には、弁護士の名誉裁判所が叱責を行う。もっともこの身分裁判所が頻繁に譴責処分を下す必要はなかった。弁護士の多くはずっと以前からナチス司法の傘下で居心地の良さを感じていたのだ。彼らにとって「ドイツ式挨拶」は今では法服を身に纏うのと同じくらい重要なことだった。

ドイツ法全体はもっぱら「ナチズムの精神によって支配されて」いなくてはならないというカール・シュミットの要請は、それゆえさほど抵抗もなく実現された。裁判官、検事、法学教授、弁護士

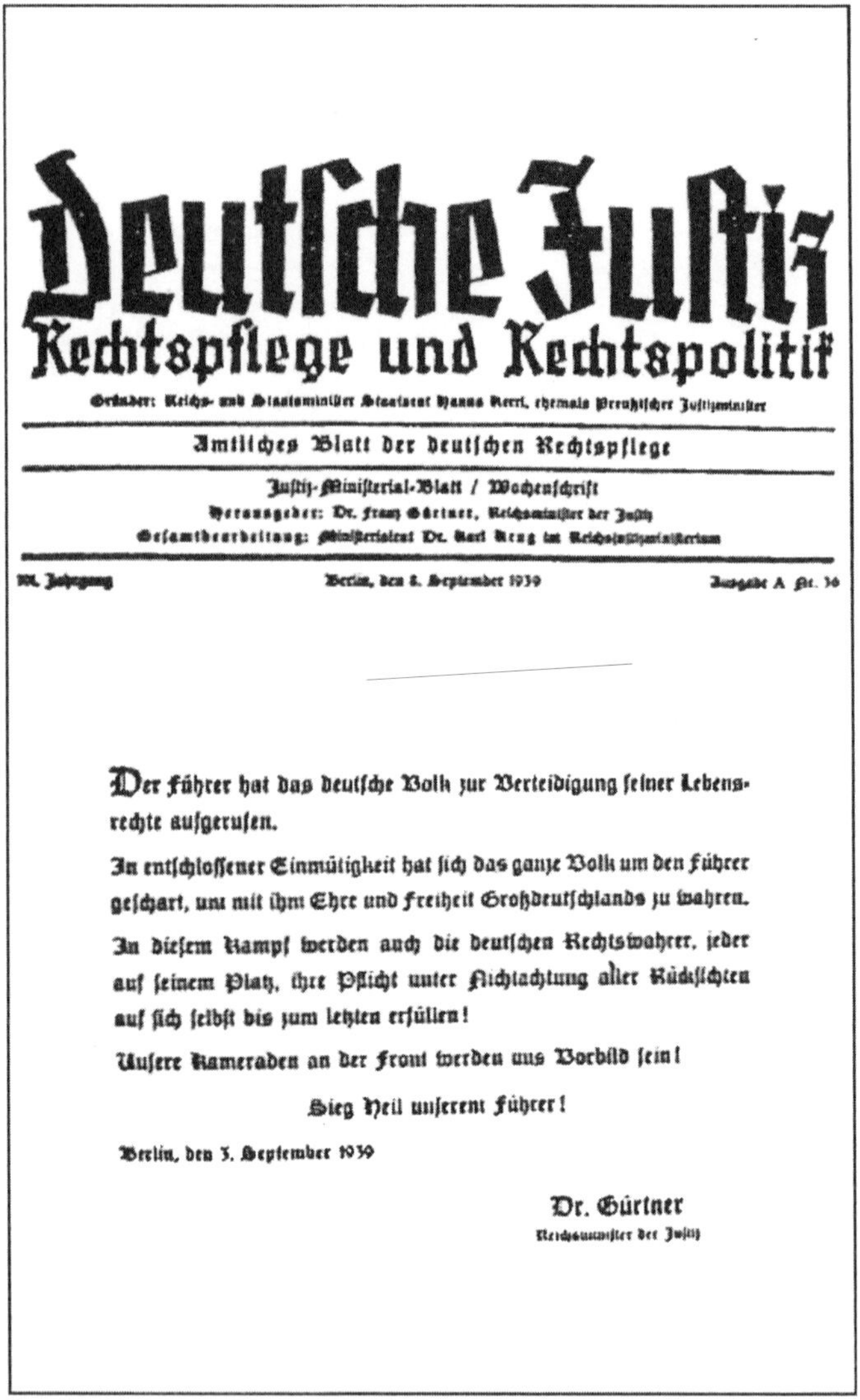

Deutsche Justiz
Rechtspflege und Rechtspolitik

Gründer: Reichs- und Staatsminister Staatsrat Hanns Kerrl, ehemals Preußischer Justizminister

Amtliches Blatt der deutschen Rechtspflege

Justiz-Ministerial-Blatt / Wochenschrift

Herausgeber: Dr. Franz Gürtner, Reichsminister der Justiz

Gesamtbearbeitung: Ministerialrat Dr. Karl Krug im Reichsjustizministerium

101. Jahrgang　Berlin, den 8. September 1939　Ausgabe A Nr. 36

Der Führer hat das deutsche Volk zur Verteidigung seiner Lebensrechte aufgerufen.

In entschlossener Einmütigkeit hat sich das ganze Volk um den Führer geschart, um mit ihm Ehre und Freiheit Großdeutschlands zu wahren.

In diesem Kampf werden auch die deutschen Rechtswahrer, jeder auf seinem Platz, ihre Pflicht unter Nichtachtung aller Rücksichten auf sich selbst bis zum letzten erfüllen!

Unsere Kameraden an der Front werden uns Vorbild sein!

Sieg Heil unserem Führer!

Berlin, den 3. September 1939

Dr. Gürtner
Reichsminister der Justiz

3.一九三九年九月八日:「決然たる全会一致で」

が手に手を取って、ドイツの「法の守護者の最前線」を形成したのだ。上からは強制的な同一化が求められ、下からは自発的な同一化が行われた。

一つの民族、一人の総統、一つの司法。異なる考えや異なる思いを抱き、異なる暮らしを送るすべての人々、つまりナチスの世界観に従いたくない、従うことができない人々に対する闘いの最前線である。ナチスの「民族革命」に与しない者は「裏切り者」「民族の敵」と決めつけられた。

こうした民族の敵や裏切り者たちを裁く場が人民法廷であり、この司法の最前線で闘うべく一人の法律家が登場する。ローラント・フライスラー、その人である。

第4章

国務長官兼著述家

国務長官ローラント・フライスラーは、プロイセン司法省でも並外れて有能で熱心な男と見なされていた。彼の上官に当たる司法大臣ケルルは、フライスラーが文句のつけようのないナショナリズム信奉者であったことだけでなく、特に彼が時流を読む特殊な嗅覚に恵まれていた点を評価していた。従ってドイツ刑法全般の改革が必要となったとき、ケルルは喜んで彼にその指揮を任せた。一八七一年の刑法典を改正しようとする試みは過去にも再三繰り返されていた。しかしいずれも断片的なものに止《とど》まった。ナチスが政権を掌握した今、新生ドイツの門出に当たり、ナチス国家の諸原理を刑法典にも根付かせることが目論まれた。

すでに一九三三年九月にプロイセン司法省は「国家社会主義の刑法」という表題の覚書を出していた。フライスラーが中心となってまとめたものである。ケルルが配下の国務長官フライスラーの支援を得て、重要と思われる自らの国家社会主義刑法の根本原則を議論の俎上に載せようと考えたのだ。ただしケルルは、司法大臣ギュルトナーを長とする帝国司法省でも、またハンス・フランクによってミュンヘンに新設された「ドイツ法アカデミー」でも、専門家たちが新たな刑法のための素案作りに熱心に取り組んでいたことを知っていた。彼にとって新たな法基盤をめぐるこの競争で重要なのは、自らの政治的地位が不動であることの確証を得ることだけでなく、名声を確立することでもあった。もともとフライスラーにも同様の野心があり、それが二人を堅く結びつけることとなった。

いずれにせよ、三つの改革委員会はいずれも裁判官たちの多数の同意を当てにすることができた。というのも、司法改革はこのところ、高位の司法関係者たちからますます声高に要請されていたからである。これについてハンブルク上級ラント裁判所のローテンベルガー所長が人々の考えを代弁している。「重要なのは、司法に対する党の不信をナチス的な司法運営を通じて払拭することであり、秩序立った司法運営の必要性を強調しつつ、司法に対する不当な攻撃を阻止することである」。

フライスラーはその建議の中で、全体的国家はもっぱら「民族共同体」に奉仕すべきであり、個人にのみ貢献するリベラル国家の対極に位置しているという見解を示した。「法的配慮の中心となるのは個人ではない、民族である」。すでに一九三三年三月二三日の演説でヒトラーはそう語っていた。これはフライスラーの根本原則でもあった。彼にとって刑法の主たる機能は「平和を乱す勢力を殲滅し」、「有責の不正行為は償わせる」という点にあった。フライスラーによれば「新たな体制の安定化、すなわち対外的な安定性を高め、内部の安定性を維持すること」が肝要であった。彼はまた、判決の最も重要な目的を「法律に従おうとしない者たちから民族共同体を守ること」としている。

フライスラーの見解から、いずれの犯罪者も国家の敵と見なし、扱うべきとする提案が生まれた。その際、その者の行為が犯罪的性質のものか政治的性質のものかという区別は取り払われた。国家はまさに犯罪との、「下等人間」との戦いの只中にある、とフライスラーは断言した。フライスラーの文書の中には裁判所が取り組むべきでないものはほとんどなかった。彼は、例えば「人種と民族性の保護」や「人種学の侵害」といった新たな犯罪構成要件を提案した。彼が目標としたのはナチスの諸原理に基づいて刑法を拡張することであった。

彼は裏切りこそ最悪の犯罪であると考えた。ドイツ人の多くがそうであったように、彼のこの考えにも一九一八年の敗戦のトラウマが影を落としている。

彼が用いた言葉は闘いの言語、戦争の言語であった。全体国家についてのカール・シュミットのテーゼ、とりわけその「友敵理論」がフライスラーの思索の中心的な出発点となっていた。「犯罪者」の詳細な区別についてフライスラーは明確に拒絶している。犯罪者は犯罪者であって、結局は国家の敵ということなのだ。彼は語っている。刑法とはこうした国家の敵に対する闘いの法である。持てるすべての武器、すべての力をその犯罪者に差し向けねばならない。彼らの最下段に立つのが「政治」犯である。重要なのはそうした犯罪者であり国家の敵である者に対して有罪を宣告することではない。彼らを撲滅することである。

合計一万五〇〇〇部刷られてドイツの司法関係者たちに配布されたフライスラーの覚書は「刑法学の内部で数十年続く学派上・理論上の対立に白黒をつけようとした」ものではなく、「国家社会主義の思想世界の深みに降り立ち、民族がその国家を通じて刑事司法に課した使命を存分に果たす高みへと昇りつめ、そうすることで確立されるべきナチス刑法のための基礎を示す」ものであった。これが専門誌「ドイツ司法」の二月号で「ナチス刑法と建設的批判」をテーマに、彼が仰々しい言い回しで書いた内容である。この寄稿文の中でフライスラーは、自身の覚書に対してイェーナ大学のある法学教授から寄せられた批判に触れている。この批判は編集部からの要請で書かれたものであるが、それに対してフライスラーはこう書いている。

「刑法覚書は批判を甘んじて受けることができるだけではない。自ら進んで批判を要請し、推奨する。しかし解剖するような批判には応答しかねる。それは例えば解剖学的な手法を用いて、全体をズタズタに切り裂き、そここに何らかの矛盾があるとか、措定されたテーゼに何らかの齟齬があるとかいうことを証明しようとする批判である。そのような批判に答えないのは、それらが不十分なものであり、考慮に値しないからである。

しかしその批判が明らかに研究意欲に裏打ちされたものである場合は、この覚書は喜んで推奨する。原則として拒絶的な内容の批判であっても同様である。なぜならナチス刑法はそのような批判を甘んじて受け止める強さを十分に有しているからである。

ゲルラント教授はイェーナで長年にわたって必ずしもナチス的思想傾向をもつとは言いがたい刑法学者として知られた人物である。『ドイツ司法』誌は彼にプロイセン司法大臣の刑法覚書に対する見解を求めたのだ……。

ゲルラント教授は、覚書の外面的な部分から攻めている。つまり総論の前に各論が置かれている点を彼は弁証法的・論理的な根拠を挙げて否定しているのである。つまり最後まで読まないと出てこないような概念を論評することはできないと言うのだ。また彼は国民同志以外の者もドイツで共生のための平和秩序に従っていることを理由に挙げ、『国民同志の保護』は狭すぎる考えだとして拒絶した。犯罪構成要件の簡略化についてもあまりにも行き過ぎだとした。彼の考えでは『健全な民族感情』のような表現を使うと、覚書の論ずるレベルがあまりにも相対的となる。また特に犯罪の完遂と未遂と準備が同一の処罰となるようなことになれば、緊急時刑法への移行は業務の激化を意味し、現場を困難な課題に直面させる。教授は、同様の法律の適用を許すと、結果的にさまざまな法廷実務が必要になることを危惧しているのだ。彼は意思（主義的）刑法は国民の信念に合致しないと見なし、覚書が国民の信念を正しく法源として認めておきながら、他方で国民の教育をも望んでいるのは矛盾していると非難する。彼は、裁判官の裁量をあまりにも多く認めることは、特に軽微な事例においては裁判官をまさしく立法者としてしまい、それによって立法府と裁判所の間で責任の在処を変化させてしまうと考えたのだ。

要するにここには批判的な示唆がたっぷり含まれている！……」

ここでフライスラーが「建設的な批判」として好意的に受け止めたイェーナ大学教授の数ページに及ぶ註釈は、むしろフライスラーの虚栄心を喜ばせた。フライスラーはこの公開論議に、新たなナチス刑法の共同設計者、執筆者としてのお墨付きを、さらには司法関係者による自らの能力に対する評価を期待したのだ。彼には自分の見解を根本的に修正する気などさらさらなかった。「ドイツ司法」誌の四月号で彼は、批判に対してもう一度、詳細に返答している。覚書の論点を彼は逐一弁護し、ゲルラント教授の非難を論駁したのだ。フライスラーは文章の最後に、批判者を立てるための褒め言葉を並べることも厭わなかった。その際に彼は総統の言葉を援用する余裕さえ見せた。

「総統閣下は、建設的、協力的な批判には価値があると繰り返し述べておられる。私はこの文章の結びに当たって、ゲルラント教授がプロイセン司法大臣の刑法覚書に対して行った批判がそうした建設的で協力的な批判であったと確認できることを喜ばしく思う。これは彼の批判が覚書に拒絶的な姿勢を見せている箇所についても言える。国家社会主義の枠内で法改正に協力しようと止むに止まれぬ衝迫を感じているすべての者が至る所で建設的な批判を行うことにより、苦難を乗り越えて今まさに生まれようとしようとしている新たなドイツ法が、国民全体の中で果たすべき使命に適うものとならんことを願う」

そして読者に向けて彼はこう断言する。

「法の革命によって勝ち取られた内的な変化が外的な形態となることを求めて噴出する場所では、至る所で休みなしに作業が進められている。帝国司法省およびドイツ法アカデミーの刑法委員会の業務はすでに大幅な進捗を見た。学者、協力者の眼にはすでに将来のドイツ刑法のみごとな姿が浮かんでいるのだ」

これの発表後、彼は多数の論文で、講演旅行者として、またとりわけ国務長官の役職において、繰り返し自身の改革理念への理解を呼び掛けた。当初、彼の活動は当人が期待していたような目覚ましい成果を挙げることはなかったが、一九三三年一一月四日に発効した「常習犯罪者取締法」で事態はフライスラーが必要と考えた方向へと動き出した。しばしば死刑や大逆罪、国家反逆罪といった極端な重罪化を可能とした一九三四年四月二四日付の法律も、新たな刑法に関する彼の理念に沿ったものであった。

フライスラーは、とりわけ「政治犯」に対して素早い厳格な判決を下す司法を望んだ。政治犯はフライスラーにとって最悪の裏切り者であり、国家の敵であったのだ。ドイツ法アカデミー機関誌への寄稿文の中で彼はそれについての考えを述べている。「二四時間以内に……起訴がなされ……、さらに二四時間以内に判決が下され、犯罪者は直ちに処罰されねばならない……通例として情状酌量を認めた時代はもう終わらせなくてはならないのだ……」。

フライスラーの全体主義的な法思想は、表面的に見ると、きわめて狂信的で過激なものに映るかも知れないが、その考えは決して彼一人だけのものではなかった。ただ彼はナチスイデオロギーとナチス的司法の役割を合体させる術を他の誰よりもよく理解していた。そしてこれこそが熱心な国務長官フライスラーとほとんどすべての同僚たちとの違いであった。

「司法の国営化」の一環としてプロイセン司法省が解体された後の一九三四年四月一日、フライスラーは国務長官として帝国司法省に迎え入れられた。そこでも彼はたちまち、はるかに年長の国務長官シュレーゲルベルガー博士と並んで、生粋のナチス的信念を保証する存在と見なされるようになった。フライスラーが任されたのは党が特に重視していた法分野、すなわち刑法部門であった。フライスラーにとって大きな挑戦となる司法組織、人民法廷が彼に委ねられたのだ。

フライスラーの想念の中で人民法廷はいかなる機能をもっていたのか、彼が一九三五年にドイツ法アカデミーの機関誌の三月号で発表した文章が示している。誌上で彼は「人民法廷」と題して、人民法廷を新たな帝国刑事裁判所にするという自身の最大の関心事について詳しく述べている。彼は人民法廷を「全般的なドイツ刑事裁判所を立ち上げるための結晶点」と見ていた。フライスラーによれば、現在および将来の刑法運営を思い描きさえすれば、誰でも刑事裁判所の意義を正しく見積もり、評価することができるという。

当時からいつの日か自ら人民法廷長官になることを期待していたのかもしれないが、彼は帝国民事裁判所と同等のものとなるべきドイツ民族の刑事裁判所のため、後々まで全身全霊をかけて取り組んだ。「この裁判所は法の統一のための監視人、法の発展のための戦士、法の安全のための番人、それらすべて、そして何よりも国民の安全そのものの番人となるであろう」。彼は機関誌にそう書いた。フライスラーはいずれ人民法廷をすべてを包括する法律機関にしたいと考えていた。「人民法廷のような国民に近い裁判所を構想し、国民にしっかり根付いたドイツ最高の人民刑事裁判所の設立のためにそれを評価すること」に彼はすっかり魅了された。

フライスラーはフランツ・ギュルトナー博士率いる新たな帝国司法省において、前任のプロイセン司法大臣ケルルのもとでより、さらに精力的に活動したので、まもなく同時代の司法関係者たちの間で同省の代表的な人物と目されるに至った。フライスラーはあらゆる場所に顔を出し、あらゆることについて書き、語った。無数の出版物と講演で彼は「韋駄天ローラント」という評判を確保した。これは必ずしもつねに好意をもって受け止められたわけではなかったその活動ゆえに、ナチスの司法関係者たちから彼が頂戴した称号である。

この時期の彼には、総統に対するまさしく際限のない崇拝ぶりとその狂信的なナチズム礼賛がますます目につくようになった。人民や政府、党に対する裏切りを相手に推認したとき、いかにフライスラーが厳しい考え方をするか、これまでも周囲はしばしば見せつけられてきた。

一九三四年六月三〇日に「レーム一揆」の首謀者たちやナチス体制にとって邪魔な多数の反対派たちを法令無視で血祭りにあげた後で、フライスラーの一文が「ドイツ司法」誌に掲載された。誌上彼はこの明らかな法令違反を合法化しようと目論み、「総統の行為」を仰々しい表現で擁護した。

「浄化の大嵐がドイツの大管区を駆け抜けた。蒸し暑さは一掃され、重苦しい雰囲気は霧消した。大気は瑞々しく、清らで涼やかなものとなり、誰もが皆、心も軽く、活力に満ち溢れ、無限に高まった勝利の確信を胸に、各自の仕事に勤しむこととなった。この浄化の大嵐は電光石火の早業で、しかも精密機器の如き精確さで浄化の使命を果たした。総統は長らく憂慮と苦悩に満ちた眠れぬ夜々を過ごされた。そのような裏切りはあり得ないという確信を胸に抱いた日々、そして裏切り者たち自身の軽佻浮薄さと無定見が徐々に嵩じて来た日々、そしてついに天秤は容赦なく彼らに不利な側に傾いたのだ！　ついに総統は苦々しい確信に至った。あり得ないことが現実となった。裏切りだ！　直ちに裁判が開かれた。これほどまでに公正かつ不可欠な裁判は歴史に類を見ない。その裁判では、判決は我らがドイツの道徳秩序の澄み切った深い泉から直接汲み出された。まさにそこは最高の意味において法を実現する裁きの場なのだ」

病的な狂信者の言辞。このとき時代がかった愚直さで糊塗するかのようにナチスの殺害行為を賛美した国務長官フライスラーは、数年後に中央部局で「精密機器の如き精確さ」をもって「裏切り者たちの粛清」という任務を自ら引き受けることになる。しかしそれはまだ先の話である。

フライスラーはただ数千の司法関係者が頭の中で考えていたことを口に出したに過ぎない。彼らが一九三四年一二月一三日に帝国官報上で、「レーム事件」の法的請求権に関する決定権が裁判所から剝奪されていることを知らされることになったときも、やはり抗議の声はほとんど上がらなかった。

しかし「レーム一揆」との関連でフライスラーは著述家としてだけでなく、かつての職業である弁護士としても注目を集めた。その背景となったのは、一九三四年一二月にヒトラーがナチ党指導者としてカッセラー・フォルクスブラット紙に対して訴訟を起こしたことである。問題とされたのはいわゆる「レーム文書」であった。同紙が掲載したその文書ではヒトラーがSA（突撃隊）隊長の同性愛志向を承知していて、それを黙認していたとの主張がなされていたのだ。ちなみにこの主張は正しかったことが後に証明されている。民法上の不作為訴訟でカッセラー・フォルクスブラット側は結局、該当する新聞の残部について、ヒトラーが承知していたとする箇所をすべて黒塗りせよという判決を受ける。理由は、必要な証拠がないというものだった。この裁判の成功により、その後ナチス大管区幹部たちからさまざまな嫌がらせを受けて、同紙は廃刊に追い込まれることになるのだが、この勝訴はカッセルの法廷でヒトラーの代理を務めた弁護士の功績でもあった。その人物こそ、ローラント・フライスラー博士であった。この判決は昔懐かしい仕事場での心地よい完全勝利であっただけでなく、今回再び弁護士として返り咲いたこの権勢欲に取り憑かれた国務長官がさらなるキャリアを積むに当たっても有利に働くことになる。

この権力人〔権力志向の人間。E・シュプランガーの『価値類型論』による分類〕は誰にとっても好ましい人物というわけではなかった。フライスラーは紛れもなく有能な国務長官であり、並外れて鋭い知性を備え、複雑な事態を明確に客観的に説明することができる法律家と見なされていた。その一方、「ナチスが達成した偉大で神聖な成果」が問題になると、途端に大審問官のような仮借ない態度に出た。

また彼はきわめて感情的な人物で、その場その場の気分に左右される男とも目されていた。唐突にナチス的狂信主義に取り憑かれることも稀ではなかった。彼は人々、特に彼の理念や思考を受け入れようとしない者を抑え込み、不安にさせることのできる男だった。

彼はどのような状況をも自分の利益に転じることができた。そんなところからも彼は実に分かりづらい、実に危険な人物だった。これはナチス司法界で頭角を現すのに決して邪魔になる特性ではなかった。むしろその正反対だった。

彼のような男は、司法分野の政治問題が論じられる場所であればどこにでも顔を出す。フライスラーの並外れた強靭さと柔軟さは同時代の司法関係者の間に賛嘆というよりむしろ困惑を呼んだ。フライスラーは権威と見なされていて、人々は彼の能力と忠誠心を高く評価した。しかし彼は格別人気があったわけではなかった。省内、党内、そして裁判官たちの間でも。

フライスラーは他人からの好意を特に必要とする人物ではなかった。自分を一匹狼、それも偉大な共通目標のために戦う一匹狼と考えていた。そして彼は自らの理解に基づいて（つねに強烈な権力本能にも突き動かされて）ナチス司法の革新に重要な貢献を果たした。

実際に彼はさまざまな立場から、情け容赦ないナチス立法の体系的拡張に多大な貢献を成し遂げた。前述の覚書のような主要専門書所収の数多くの論文の執筆者としてのみならず、特に「省内刑法委員会の活動」について報告した上下二巻本の共同執筆者として。これは一九三五年に『来るべきドイツ刑法』（発行人は帝国司法大臣ギュルトナー）という書名で刊行された。フライスラーの暫定的な「代表作」である。この本の上梓後も彼は止まることを知らぬ熱意と怜悧な計算で、個人的な会話や講演、発表の折ごとに、あるいはとりわけ国務長官の職務で下す数多くの命令や条例を通じて、絶え間なく、忍耐強く、自らの法観念を実際に適用させようと努めてきた。

つまりフライスラーは休むことを知らない多忙な人物だった。実に多くの著作を刊行しているのだが、それは法学分野でも認められたいという欲求を彼が抱いていたからだけではない。そう、彼が執筆したのは、それによって自らの法律家および政治家としての影響力を強めることができると確信していたからなのだ。その際にフライスラーの思考を規定していた要素が三つある。いずれも、それを考慮しない限り、彼の将来の輝かしいキャリアも、彼があれほど精力的に関わった人民法廷の歴史と実態も、どう評価したところで理解し得ないものに止まらざるを得ない要素である。

第一の要素――裏切りの役割。フライスラーは、大半のとは言えないが多数のドイツ人が抱く確信を共有していた。それは、ドイツ帝国が第一次世界大戦で敗れたのは、ひとえに前線の背後で行われた裏切りのせいであるというものである。これは「匕首《あいくち》伝説」への根強い信仰であった。勝利確実とされていたドイツ軍の「背中への一突き」という表現を借りて、ドイツの人々は敗北のショックとそれに続くベルサイユ条約の「屈辱的条件」に何とか折り合いをつけようとした。すでにヒンデンブルクは一九一九年一一月一八日に帝国議会で、次のような見解を添えて敗北を宣言しようとした。

「軍部および指導部には多大な要求が課され、敵勢は数的に有利であったが、軍部と国内の一糸乱れぬ協力がなされていたならば、我々はこの不利な戦いにも有利な結末をもたらすことができたであろう。我々はそれをドイツ勝利の条件と見ていたのだ……。しかるに何が起きたか？敵側は生ける兵士、死せる兵士いずれも我々を上回っていたものの、すべての党派、すべての国民層が一丸となって勝利への意志をますます強固に貫徹したのに対し……、我が国においては、劣勢の中でそうした一致団結が敵にも増して不可欠であったにもかかわらず、各党の利益が幅を利かせた結果、勝利への意志はたちまち雲散し、緊張が弛緩してしまった……そうであればあのような敗北も必然だったのだ……」

ナチスおよびその他多くのドイツ人の国民的心情としては、あのような「背後への一突き」は二度と繰り返されてはならなかった。裏切りと大逆罪は、ナチ党員たちが権力掌握前から訴えていたように、より厳しく罰せられねばならない。フライスラーはこうした要請に同調する姿勢を貫いた。彼の考えでは、国家とその運営にとって最大の脅威となるのが大逆罪および国家反逆罪なのである。ここにすでにフライスラーの姿勢が如実に表れている。後に人民法廷長官として無数の被告人たちを相手に、あのように狂信的な姿で立ちふさがり襲いかかる彼の姿勢が。

第二の要素――ナチ党員らにとって「裏切り」とは決して個人の志操上の問題ではなく、「民族共同体」に対する裏切りなのである。ナチ体制は民族共同体の最高の表現形態であることを自認していた。その特徴は、国民の一部が他の国民に対して反旗を翻すような状況を決して発生させないという決然とした態度にある。もはや階級など存在しない。あるのは民族のみである。国法に反する者は自らを民族共同体の外に追いやる。そのような者は民族の敵となった。

ナチス的世界観をもつフライスラーは、法と司法をもっぱら内外の秩序、民族の保護のための道具と見なしていた。両者とも民族に奉仕しなくてはならなかった。必要な場合には極端な厳格さをも辞さずに。

フライスラーの頭の中で最後の、つまり第三の要素となっていたのは、ナチスの「指導者原理」だった。ヒトラーは『我が闘争』の中ですでに指導者の役割について、その権限は最も小さな市町村から帝国の中枢部にまで及ぶと定義づけている。この権限にはいかなる制約も課されない。絶対的なものなのである。そこから総統の命令は無条件に実行しなくてはならないとされたばかりか、総統の意志が人々の行動基準となった。命令は上から与えられ、さまざまな機関や官公庁のネットワークを通じて遂行され、ナチス国家の決定的なツールとなった。これについて機関誌「ドイツ行政公報」は一九三七年に次のように書いている。

「総統の職権は権能ではない。総統は既定の職務を行うのではない。総統が自らの使命に則って職務を作り出すのだ……
総統の職権は遍《あまね》きものであり、そこに管轄上の間隙などはない……
総統の職権はあらゆる権能の上位にあり……全的なるものである」

法廷でもこの指導者原理の適用が求められた。裁判官のみが審理を主導する指導者であった。裁判官の指導の方が事案の関連文書資料などより重要であった。フライスラーの考えでは、それどころか陪席判事と陪審員は裁判官の役割を法そのものよりも上位に位置づけなくてはならなかった。

この「指導者原理」はその後、実際に適用されることになる。とりわけ人民法廷において。そこでは他のどの裁判所にも増して指導者としての裁判官の役割が前面に押し出された。

指導者原理のみが適用された国家で無制限の忠誠が求められるようになるのは理の当然である。総統と民族共同体に敵対する者は忠誠義務違反となり、これも裏切りと見なされた。

その際、フライスラーには動機などどうでもよかった。もともと彼の評価では、裏切りの意志を抱くだけでも本来の不法行為と危険性の点でまったく同等であったのだ。両者は同じ厳しさで罰せられねばならない。そう彼は熱弁をふるった。フライスラーによれば、帝国をより良いものにするという名目で違法行為を犯した者は、他の裏切り者どもと何ら変わらぬ謀叛人である。そこには何の違いもない。総統アドルフ・ヒトラー閣下のみが帝国のあるべき姿を決めるのだ。

彼は違法行為の膨大なリストを繰り返し改訂した。これまで刑法典に記載されていなかったものも少なくなかった。いずれもフライスラーが特に一九三八年以後、「裏切り」概念を拡大解釈して違法行為に加えたものである。政府にわずかでも批判的な言動をした者は違法行為を犯したことになる。フライスラーの考えでは、そうすることによってのみ法は「民族の倫理」というかつてのあるべき姿に立ち戻ることができるのだ。

フライスラーがその膨大な刊行物や発表の中で取り組んだ中心思想は、いつも同じもの、すなわち総統、民族、党、法、そして司法だった。多くのものの表題がそれを明かしている。例えば「裁判官、法制と法律」（ドイツ司法誌、一九三四年）、「総統の行動こそ我らが義務なり」（ドイツ司法誌、一九三四年）、「生物学的法解釈〔人種の生物学的区分に基づく法解釈〕から導かれる帝国司法の課題」（ドイツ司法誌、一九三五年）、「民族を損なう害虫に対する刑事司法の保護目的について」（ドイツ裁判官新聞、一九三八年）、「帝国と法」（「ドイツ司法」、一九三九年）、さらには「ドイツ刑事司法の法の番人はドイツ的に考え、語り、そして書く」（「ドイツ司法」、一九四一年）。

実際、フライスラーはその通りに考え、語り、そして書いた。彼の論考は厄介な法律家のレトリックを免れていた。人を心服させるのに程よい内容で、ナチスのプロパガンダによく見受けられるジャルゴン（用語）をちりばめた説明に終始していた。

内容面でフライスラーは、確信的ナチ党員の視点から論議している。開戦後はまさに狂信的なナチ党員として。出発点でありコンテクストでもあったのは、つねに彼の揺るがぬナチス的世界観だった。

ナチス国家においては個人が自由な主観的決定権を一切もたないのだが、フライスラーはそれでもなおそれを法治国家として定義づけた。

彼は一九三七年に「法治国家」と題する文章の中でこう書いている。


「民族の力が一つに集約された場合にのみ、我々はかつて我らが前線を脅かす敵の戦車を梱包爆薬で阻止したような強さを手に入れるのだ。我らが民族の保護のためにこの梱包爆薬の如き効果を実現する組織形態こそが我々の考える法治国家である」


国民の総体としての国家。一見すると、きわめて民主的に思える概念ではある。しかし三つのナチス的な倒錯がそうした虚像をすぐさま訂正する。

第一の倒錯。民族について、明確で疑問の余地がなく人種差別的な定義がなされていた点。すでに刑法典改正案の中でフライスラーは一九三三年、血と大地こそが「至聖のドイツ的価値」であると謳っている。また、前掲の「生物学的法解釈から導かれる帝国司法の課題」の中でも彼はこう述べている。

「生物学的な考え方はナチズム特有のものである。ナチズムは民族およびその内的・外的な成長を生物学的な見地から見る。民族の歴史は生物学的に条件づけられており、民族の生存目的とこの生存目的実現のための方策についての正しい選択も生物学的に条件づけられていると考えられる。またナチ党員の眼には法も生物学的なものと映る。我々がもつ法の本質についての概念は、我々以前に法を認識すべく自らおよび世界と格闘した他民族が抱いていた概念とは、まさしく別ものなのである……」

フライスラーは言う。新たなドイツ法は「民族の生物学的実体」という理念の上に築かれねばならず、この実体の「人種的統一性」が確保されねばならない。さらに彼は「数世紀にわたってドイツに生じた人種の混淆には歯止めをかけねばならない」と警告する。例えば一九三六年に発表された「成立しつつあるドイツ刑法における人種および遺伝形質の保護」という文章の中で。

その文章でフライスラーは、ヒトラー、ヒムラー他のナチ高官らに少なからぬ影響を与えたラディカルなダーウィニズムの伝道者の一人となった。フライスラーが将来の法改革にも利用したいと考えたナチスの人種崇拝は、立法界にもたちまち浸透した。一九三五年九月一五日には「ドイツ人の血と名誉を守るための法律」〔これと「帝国市民法」をまとめてニュルンベルク法という〕が発効した。この法律は実際的に、考えうるすべての「人種への攻撃」およびそれと関連して起こりうるすべての「ニュルンベルク法」違反に対する一般条項であった。人間の尊厳を傷つけるこの人種差別法はユダヤ人のシステマチックな迫害および殺戮の端緒となるものであった。

このことと関連して興味深いのは、フライスラーが一度たりとも「ユダヤ人問題」を明確に論じていない点である。それでも彼はナチスの人種妄想に似非「法律」的なお墨付きを与えた高名な法律家の一人であった。すでに早い段階で彼は、人種の保護が司法の最上位の使命の一つであることを確信していた。というのも「ドイツ国家および国民一人一人の義務は優生学の実践であり、これに背くことは裏切りと同義である」からだ。彼は一九三六年にそう書いている。

フライスラーの「法治国家」の公準に話を戻そう。彼に言わせれば、個々人には民族共同体への帰属の賛否を自分で決める主観的な選択権はない。有無を言わせぬ究極的な指導者原理が個々人を受動的な命令の受け手へと格下げし、あらゆる形の能動的な決定権から締め出したのだ。

「ナチスの法治国家」という彼の定義は「全体国家」にも背を向けるものであるが、しかしそれは個々人の権利を強化するためではない。彼は国家が自己目的化する危険を全体国家に見ていたからである。目的となるのは個々人でも「全体国家」でもない。目指すは民族のみ、すなわちゲルマン人種そのものなのだ。フライスラーが求めたこと、それは民族共同体が総統およびナチ党と有機的に結合するためには、国家制度がナチス精神によって貫かれねばならないということだった。

こうした法治国家観には権力分立という考え方の入り込む余地はまったくなかった。そもそもフライスラーから見れば、権力分立などは国民と政治指導部との間に不信が渦巻いていた過去の時代の遺物である。ナチスドイツにおいてそれに取って代わるのが、総統と総統に従う者たちの間の有機的な一体化であり、「民族の健全なる一体化への信頼、そして歴史を貫いてこの一体的な姿勢を取り続ける民族の力への信拠である」。彼はドイツ法律家新聞に寄せた文章でそのように書いている。

フライスラーにとって、ナチス国家存続の基盤となるのが特に強力で機能的な司法であり、その使命は民族と国家を危険から守ることである。これを実践するに当たって、法は発展可能、適応可能なものでなくてはならない。上述の文章での彼の言葉によれば、「なぜなら今日の良法は明日の悪法となり得るからだ」。フライスラーによれば、法はもはや絶対的な規範などではなく、政治目的を実現するための道具なのである。

言い方を変えると、ナチスは司法を自分たちの政治目的に完全に従属させた。なおも通用していた民法典には徐々に実質的な修正が施され、本来の内容が奪われていった。とりわけ刑法は、民族と国家の利益を守るという口実のもと、ナチスの戦いのための法へと変貌させられた。

この戦いの最前線にはつねに司法次官フライスラー博士の姿があった。彼は飽くことなく「至聖のドイツ的価値」の防衛を訴えた。民族の敵に対する防衛戦においては、人民法廷がドイツの全司法界において指導的役割を果たさねばならなかった。そこを総統の思想が特別な方法で実現される場とし、下位のすべての裁判所にとっての範例とする。フライスラーによれば、各部の部長は指導者でなくてはならず、その指示には職業裁判官も参審員も口答えせずに従わねばならない。この方法によってのみ「ゲルマン的な」審理形態が可能となる。これは一九三五年に発表された「生まれつつあるドイツ流血裁判所〔流血罰令権を与えられた裁判所〕に関する雑感」というタイトルの論考において、彼が展開したビジョンである。

それによると裁判官のみが責任を負い、その使命は可能な限り迅速に裁判を行うことである。フライスラーが参審員に認めたのはせいぜい助言的な役割でしかなかった。それでも「ゲルマン的な裁判手続き」においては経験を積んだ裁判官から若き弁護士に至るまで、関係者全員が「法の戦士たち」であった。

この「ゲルマン的な裁判所」が与える刑罰は首尾一貫して過酷なものとされた。当然ながらそこでは死刑も言い渡されることになる。

またフライスラーはいわゆる「ゲルマン的な」処刑の儀式を念頭に置いていた。例えば彼はドイツ司法誌に発表した「能動的司法！」というタイトルの論考の中で、犯人に致死量の「毒杯」を飲ませる方法を支持している。

十分に効率的とは思えなかった訴訟法についてもフライスラーには期するところがあった。例えば彼は再審手続きの大幅な制限化を説いた。それは再審手続きに不必要な時間がかかるばかりか、それが司法に対する国民の信頼を揺るがしているからである。いずれにしても再審手続きによって判決がほんのわずか修正されるだけであるなら、そのような手続きは止めなければならない。つまりフライスラーは誤判を必要悪と考えたのだ。重要なのは効率と司法の「無謬性」に対する国民の信頼のみであった。後に人民法廷ではまさにこの原理が適用されることとなる。

フライスラーほどに裁判官の役割に関して熟考を重ねた者なら、法律家の養成についても口を挟みたくなるものだろう。ともに一九四一年、ドイツ司法誌に掲載された論考「ドイツの裁判官養成」と「ドイツ裁判官職への適性」で、もはや司法の側ではなくナチス機関自体が後進の法律家を選ぶべきであるという考えに賛同している。その際の選定基準は、第一には候補者が健康であること。裁判官は重荷を荷わねばならないからである。第二に異論の余地のない人種の出でなくてはならない。第三に候補者は例えばヒトラーユーゲントや大学ナチス連盟で身につけた自らの指導力を証明しなくてはならない。

つまり候補者は、就任後に共同体のために行う業務を十二分に果たせる能力を示さねばならないのだ。フライスラーによれば、それがまた候補者に「国民の需要と自身の基本的な存在意義の双方を感じ取る力」を与えてくれることになる。

フライスラーはドイツ軍がポーランドを急襲した後、論考「ドイツの東方」の中で、「ゲルマン的な法」をどう考えるべきか、これからの裁判官はユダヤ人やポーランド人のような「下等人種」をどう扱わねばならないかについて書いている。特別に制定されたポーランド人に対する刑事特別法は、フライスラーによれば、いかなる感傷も排して適用されねばならない。重要なのはドイツ国民の利益のみである。彼はこの一九四一年発表の論考で、「東方において功績を挙げた者はみな、帝国全体の司法を代表するものとして自らの名を刻むことになる」とした。

フライスラーのほぼすべての論考は、特に開戦後に巻き起こったナチスプロパガンダの高揚したテノールの声音で書かれたものである。彼の厳しい要求リストはますます膨大で非人間的で野放途なものとなっていった。新たな法律や条例の内、彼が公共の場で口を挟もうとしなかったものは一つもなかった。

戦争が勃発し、合計一一の新たな法律や命令がナチスによって公布された後、例えば「ラジオ放送非常措置命令」などにもフライスラーは関心を寄せた。この命令は敵国および中立国のラジオ放送の聴取ならびに外国放送局の報道の伝播を禁じたものである。フライスラーの考えでは、そこで罰せられるのは好奇心ではなく「ドイツ人の魂への故意の自傷行為」であり、これは「外国報道の伝播によって生ずる損害と相俟って、さまざまな敗北主義的影響」をもたらし得るものなのである。

一九一八年一一月の「背後からの一刺し」がもう一度繰り返されるのではないか、というフライスラーのトラウマと恐怖が彼の発表した多くの論考において基調音をなしている。だがそれらは効果のないものではなかった。

裁判官たちは、他のどの職種にも増して、ナチスからの要請や原理原則を延々と繰り返す著述家らからの集中砲火、そして国家権力と党による統制に晒されていると感じていた。

フライスラーはすでに一九三五年、その論考「司法の人事政策における党と国家の一致協力」の中で勝ち誇ったように宣言している。「ドイツ司法界は、自分たちが第三帝国の数ある部門の中でも、人事政策において運動と国民と国家の統一性を帝国全体で、しかもすべての官吏集団について、余すところなく実現させた最初の高権部門であることを誇りとしうるのだ」。

フライスラーはこのプロセスを、国務次官の職位と著作活動を通じて、当初から「最前線」に立って支援した。今回の対応も一九三三年のナチス権力掌握後に彼自身が執った行動とまったく同じだった。司法の独立を彼は否定した。そんなものは彼にとって他の個人主義的傾向と同様、余分なものだった。と言うのも彼の確信によれば、ナチズムはもっぱら民族という永遠に湧き出ずる泉から力と正当性を汲み出しているからである。司法の使命とは「この水を清浄な状態に保つことである」と彼は一九三六年の論考「法と立法者」の中で断言している。簡単に言うと、司法の使命とは、自らをナチス体制の全体主義的要請に対して徹底的に従属させるということである。

フライスラーの根本原理「民族の敵への厳格なる対応は民族への配慮なり」は、一九三三年以降、時とともにますます徹底して、ますます残忍に、そしてますます人間を侮蔑するような形で、一歩一歩実現されていった。

しかも人民法廷においてだけでなく、帝国中の特別裁判所、後には占領地域の裁判所によって、さらには特別行動部隊の恐るべき所業の中で。

これはまさしくフライスラーの中心思想と一致する展開であり、この思想は全期間にわたって変化することがなかった。すでに一九三五年に彼は次のように述べていた。

「法律の文字、語句、条文が同じままであっても、これまで中立であった時代の客観性に基づいて出された判決が、ナチズム精神に貫かれた裁判官の自由権行使による判決と異なるということは実際にあり得る。何と言っても職務上、法と法律に向き合う裁判官の立場の問題を、下命された兵士がその命令を果たすために執る立場と同じ位置から見ることはできないのである。そこでは自明の理である総統の意志や裁判官職の授封（Vertrauensbelehnung）に対する誇り……さらには社会主義の命令に従いながらあらゆる事情を公正に判断する義務が求められる」

一九四一年一月に帝国司法大臣ギュルトナーが死去して、国務長官シュレーゲルベルガーが一時的に司法省を率いることになり、フライスラーは追加の管理業務を任されたため、自らの著作活動を大幅に制限しなくてはならなかった。

しかしギュルトナーの死の一年半後、それまで人民法廷長官を務めていた忠実なナチ党員ティーラックが帝国司法大臣に任命された。ティーラックの後釜として人民法廷長官の座を射止めたのが、他の誰にも増してこの役職に必要な条件を満たす男、ローラント・フライスラーであった。

彼は今やついに、さまざまな命令を完遂させることができ、それまで著述家の立場からドイツ司法界に推奨してきたすべての根本理念を容赦なく実現することのできる地位に就いたのだ。

第5章
裏切り者と民族の敵

一九四二年一〇月一五日から始まるフライスラー「時代」を描き出すに当たっては、今一度当時の刑法を概観しない訳にはいかない。その適用と解釈が人民法廷に委ねられていたのだから。考察の中心となるのは大逆罪および国家反逆罪に関する諸法である。秘密国家警察（ゲシュタポ）の個々の手続き規定、管轄権、ならびに影響力についても以下のページで大筋を述べることとする。

フライスラーに限らず、ナチス的思考はとりわけ次の三つの根本理念に基づいていた。すなわち裏切りの役割、民族共同体の概念、および指導者原理である。これらナチス的思考の三本柱とも言うべき理念が他のどこよりも徹底して適用されたのが人民法廷であった。この頃それはベルリン、ベルヴュー通り一五番地に移転していた。人民法廷の各部に召喚された者は全員が民族の敵と見なされた。彼らのために刑法典は大幅に加筆され、厳格化されていた。

大逆罪と国家反逆罪を例に説明しよう。刑法典第八一条により大逆罪は帝国の政体または版図の変更を狙いとする犯罪とされた。第八三条、第八四条は大逆行為を目的とする謀議について扱い、また第八六条では大逆行為の準備が犯罪であると定められた。

刑法典では当初、国家反逆罪についての規定は大逆罪と同一の条項で扱われていた。国家反逆罪の構成要件を満たすのは、ドイツ人が外国勢力と共同でドイツに対する戦争を準備しようとした場合である。第九〇条では国家反逆罪と見なされるすべての行為がリストアップされた。それは脱走の教唆に始まり、作戦計画の漏洩、スパイ活動、軍用品に関するサボタージュ活動、さらにはドイツ国防軍内での反乱教唆にまで及んでいた。

すでに一九三三年二月二八日の議事堂放火事件の帰結として成立していた、「民族と国家の保護のための大統領令」および「ドイツ民族への裏切りと反逆的策動に対する大統領令」により、それまで懲役刑止まりであった大逆罪や国家反逆罪に、今や死刑が導入されることとなった。そしてこれを徹底して厳しく適用する意志があることを示すためナチスは、（今回は全権委任法を根拠として）一九三三年一月三一日から二月二八日に犯されたすべての犯罪的裏切り行為に絞首または斬首による死刑を適用した。

議事堂放火犯として帝国大審院に召喚された例の若者マリヌス・ファン・デア・ルッベはこの法律に則って有罪を宣告され、処刑された。

ナチス権力者たちの目的ははっきりしていた。大逆行為と国家反逆行為は、裏切りを働く意図だけであっても、直ちに厳罰に処するということである。裏切り者を人民法廷で扱うか否かは、帝国検事長が決定した。検事長は、例えば裏切り行為の準備の場合は、裁判を下位の裁判所である上級ラント裁判所に委ねるか否かを決めた。しかしフライスラーはすでに早い時期から、この上級ラント裁判所を人民法廷の「出張所」程度にしか見ていなかった。

すでに一九三五年には人民法廷で扱う範囲は拡大されていた。「防衛手段の損壊」ならびに「大逆行為および国家反逆行為の通報義務違反」が今や可罰的となり、反逆罪と同様に扱われた。過酷な処罰であるにもかかわらず、帝国司法省は当初、その程度では判決によって抑止的効果は得られないと批判した。

実際に初期の人民法廷の判決は決して極端なものではなかった。例えば同法廷第一部は一九三四年に、違法文書と武器を防護警察〔都市や地方の治安を担当〕内で配布した被告人に対して、大逆行為の準備および銃器法違反により、未決監に収監されていた七ヶ月を含めて二年間の軽懲役刑を言い渡した。また同法廷第二部はヴァイマル共和国軍内で破壊的文書を広めた犯人に対して、大逆行為の準備により、一年九ヶ月の軽懲役を言い渡し、同様に未決監での七ヶ月分を量刑から差し引いた。一九三三年二月二八日の二つの大統領令がそのような犯罪の刑罰として最高三年の重懲役刑を定めている事実に鑑みると、かなり寛大な判決であった。また一九三四年一一月に人民法廷の各部は裏切り行為で軽懲役刑の判決を受けていた二人の男性に対して、その市民権まで剝奪することはしなかったのだが、これについても帝国司法省の法律家たちは見逃すことなく厳しい批判を加えた。

しかし一九三六年、党に忠実なティーラックが人民法廷長官に任命されると、判決の実践は根本的に変化することとなる。彼の見解はナチスの思惑通り、司法は政治指導部の要請に従わねばならず、第一義的に政治的な裁きの場と定義され、人民法廷はそこで支配権を奮わねばならないとするものであった。ティーラックが一九四二年にフライスラー宛て書簡（このとき前者は司法大臣、後者は人民法廷長官だった）の中で書くことになる内容は、すでにティーラックの人民法廷長官就任当初にも当てはまることであり、ナチス政治が最優先されるということを強調している。彼はこう書いた。

「他のどの裁判所にも増して人民法廷において顕在化したのは、この政治的な最高法廷の判決が国家指導部と協調するものでなくてはならないということであった。その際に裁判官たちをこの方向へと導く作業の大部分は、彼ら国家指導部に委ねられていた」

まずティーラックは配下に当たる人民法廷の裁判官たちを自ら導いた。彼にとって重要だったのは裁判官の「ドイツ的な志操」である。ある職務評定を見ると、ドイツの裁判官の理想とされる経歴がどのようなものであったかがよく分かる。

「ラント裁判所判事……は、率直で心も広く、目的意識と必要な自制心をもち、品行方正な男である。政権奪取までの苦難の時期にすでにナチ党支部で活躍し、今は党の突撃隊指導者と管区指導者を兼ねている。その勤務上および勤務外の振舞いはまったく非の打ち所のないものであり、ナチス国家を肯定的に捉える姿勢はその積極的な協力ぶりからも窺える……」

まさにドイツの裁判官のお手本である。裁判官職にこうしたタイプが求められたのは、ナチス体制の維持確立こそが肝要だったからである。党の方針に逆らうことのない忠実な法律家たちはナチスの司法、とりわけ人民法廷での裁判がスムーズに機能することを保証する存在であった。もちろん彼らの暴虐的な法解釈を正当化したのは何よりも法的基盤そのものであった。久しい以前から徐々に人民法廷の当初の担当範囲は、一連の規定を通じて大幅に広げられていった。以下に法令、犯罪行為、罰則の一覧を掲げる。人民法廷の担当範囲の拡大が一目瞭然で、それが同法廷の合法的な判決の基盤となったのである。

一九三六年六月二六日付の法律により帝国軍事法廷が再び最上位の国防軍裁判所と定められて以降は、こうした数多くの法令ゆえに人民法廷と帝国軍事法廷の間の境界画定はますます難しくなっていった。国防軍の軍人は現役、退役の別を問わず、大逆行為や国家反逆行為を犯した場合、この帝国

法令名	条項	罪名	処罰
刑法典	第80条	地域および憲法に対する大逆行為	死刑
	第81条	大逆行為の強要	死刑または重懲役刑
	第82条	大逆行為の強要	死刑、重懲役刑または軽懲役刑
	第83条	比較的軽度な大逆行為の事例	重懲役刑または軽懲役刑
	第89条	国家反逆	死刑または重懲役刑
	第90条	スパイ行為	死刑または重懲役刑
	第90a条	国家反逆的な偽造	重懲役刑
	第90b条	旧国家機密の漏洩	軽懲役刑
	第90c条	国家反逆的関係	軽懲役刑
	第90d条	国家機密の漏洩	軽懲役刑
	第90e条	不注意による国家機密の漏洩	軽懲役刑
	第90f条	中傷による民族への裏切り	重懲役刑
	第90g条	国家反逆的な不服従	死刑または重懲役刑
	第90h条	国家反逆的な証拠隠滅	重懲役刑
	第90i条	国家反逆的な贈収賄	重懲役刑
	第91条	戦争の危険の招来	死刑または重懲役刑
	第91a条	武器の供与	死刑または重懲役刑
	第91b条	利敵行為	死刑または重懲役刑

法令名	条項	罪名	処罰
刑法典	第92条	国家反逆行為の企図	重懲役刑
	第93条第1項	総統に対する襲撃	軽懲役刑
	第139条第2項	重大な事例となる 大逆行為、 国家反逆行為、 防衛力破壊についての 通報の不作為	死刑または 重懲役刑
防衛力保護条例 (1939年11月25日付)	第1条第1項 第5条	重大な事例となる 防衛力破壊 友軍を危険にさらす 行為	死刑または 重懲役刑 重懲役刑または 軽懲役刑
国民と国家の 保護のための条例 (1933年2月28日付)	第5条第2項	帝国大統領または 政府メンバーに対する 殺害の企図	死刑または 重懲役刑
反経済妨害活動法 (1936年12月1日付)	第1条	外国への資産の移転	
戦時特別刑法 (KSSVO; 1938年8月17日付)	第1条	スパイ行為	死刑
軍事産業保護条例 (1942年1月23日付)	第1条	経済的な需要または 在庫についての 虚偽申告	死刑、重懲役刑 または軽懲役刑
KSSVO、 管轄規定の補完規定 (1942年1月29日付)	第1条第5号	公然たる防衛力破壊	死刑、重懲役刑 または軽懲役刑

軍事法廷で裁かれねばならなかった。判決のバラつきをなくすため、両法廷の判決について意見交換を行うことが取り決められた。また帝国軍事法廷に派遣された将校は人民法廷の名誉メンバーにも指名された。

それにもかかわらず帝国軍事法廷と人民法廷の間には、特に一九三九年九月の開戦後は、繰り返し管轄権をめぐって問題が生じた。というのも民間人が裏切りや防衛力破壊、防衛手段の毀損などの行為を働いた場合、その人物に対する裁判が帝国軍事法廷に任されることもあり得たからである。唯一決定権をもつのは、特別な軍事上の理由から自法廷での裁判が必要である旨を帝国軍事法廷長官が宣言したか否かということである。これにより帝国軍事法廷は、特別な軍事上の必要性を強くアピールできる場合には、人民法廷から特定の裁判手続きを奪い取ることができた。

一九四〇年五月になるとようやく、防衛力破壊容疑の民間人の裁判権はまた帝国軍事法廷から取り上げられ、本来の刑事裁判所に任された。これはその後、つまり一九四三年一月以降は人民法廷が管轄することになるのだが、以前と同様、人民法廷は自らの裁量で事案を下位の裁判所に回すこともできた。ヒトラーはついに一九四四年九月二〇日、おそらくは国防軍裁判所への不信がますます募ったこともあって、国防軍軍人による犯罪も含めすべての政治的な犯罪行為は、もっぱら人民法廷ならびに特別裁判所によって裁かれねばならないとの指令を出すこととなる。

人民法廷の統計によると、「防衛力破壊」行為を扱ったケースが数の上で最も多く、その次が一九四一年一二月のヒトラー命令に基づく、いわゆる「夜と霧」裁判であり、これについては後述する。特に戦争末期で窮乏の続く郷土前線では、防衛力破壊的な「敗北主義者たち」や公然とナチスのプロパガンダに疑念を表明した国民同志が人民法廷の被告人の多数を占めた。「ドイツ国防軍に迫り来る敗北」についての不用意な発言、総統や党に対する軽はずみな冗談が死を招くこともあり得た。いたるところで密告が横行していたのだ。

人民法廷の管轄権はそもそも想定されていた大逆罪と国家反逆罪を超えて拡大されていったのだが、それとともにその管轄地域もナチス帝国の武力による版図拡張に伴って徐々に拡大されることとなった。

一九三五年一月一三日のザール協定に則って、大逆行為および国家反逆行為に関する裁判籍を人民法廷に移送することを定めた「ザールラントの裁判籍移送に関する命令」が公布された。その後、管轄権のさらなる拡大が一九三八年三月一三日のオーストリア合邦の後で行われた。それから四ヶ月も経たない一九三八年七月一日にオーストリアにおいて、大逆行為、国家反逆行為および防衛手段の毀損に関連する刑法典の諸規定が発効した。ある施行令において、オーストリアの案件は人民法廷の特定の部に一括して担当させること、およびオーストリアの名誉職裁判官を人民法廷に招くことが定められた。さらに一九四〇年三月一三日付の命令では、ウィーン上級ラント裁判所への事案の移送が定められたが、もちろんそこでも「帝国ドイツ裁判規定」に則った審理がなされねばならなかった。

ズデーテン地方のドイツ帝国への割譲を定めた一九三八年九月二九日のミュンヘン協定により、この地でもオーストリアと同様の展開となった。出された命令もほぼ同一であった。

そしてチェコのその他の地域がベーメン・メーレン（ボヘミア・モラヴィア）保護領としてドイツ帝国に併合されたとき、そこでも同様にドイツ国籍者にはドイツ刑法が導入された。非ドイツ系の住民にも一連のドイツ刑法典規定が適用された。それは特に大逆行為、国家反逆行為、総統への攻撃ならびに防衛手段の毀損に関する規定であった。メーメル地方（現在のリトアニア沿海地方）も一九三九年三月二三日付の法律を通じて、ドイツ帝国法に組み込まれた。

結局、ポーランド侵攻の完了後、ヒトラーが新たに設置した西プロイセンおよびポーゼンの両帝国大管区では現地法は段階的に失効させられていった。そして一九四〇年六月にはついに占領された東部地域でドイツの刑法典と刑事訴訟法が導入された。その際、刑法上の諸規定はそれらが導入される前に犯された犯罪に対しても、つまり遡及的に適用されねばならないとの条件がつけられていた。いずれにしても軍部の最高指揮官はすでに一九三九年九月五日付指令を通じて、可罰的行為が国防軍裁判所および特別裁判所によって裁かれねばならない場合に限り、ドイツ刑法の適用は可能であると表明していた。また別の指令によって、一九四〇年六月一五日以降「併合された東部地域」において裁判所構成法も発効することとなる。

しかし東部だけでなく西部でも侵攻中にドイツの帝国法がそのまま導入された。ベルギー、ルクセンブルク、フランスではこれを受けて設置されたばかりの裁判所が、ある種の政治的な犯罪行為の管轄権は自分たちにこそあると考え、人民法廷の権限と競合するケースも少なくなかった。占領国オランダでは、地元裁判所と併立する形でドイツの裁判所が設置されるという特殊な状況が生じた。後者はドイツ人と保護領領民による犯罪ならびに特定の政治犯罪を管轄し、オランダ法とドイツ法の双方を適用することができた。外国人が外国で犯した大逆行為、国家反逆行為もドイツ法に則って罰することができ、それは人民法廷に管轄権があったので、国家弁務官はオランダ占領地域についてはすべての大逆罪案件をまず人民法廷の検事長に回送するよう命じた。そこでどの刑法が適用されるかは帝国司法省の指示次第であった。外国の裁判所に割り当てられない場合、その案件は占領されたオランダ内のドイツの裁判所に移送され、そこでは検事長がオランダ占領地域でドイツ式の法的措置を承認した場合、ドイツ法に基づいて判決が出された。国家反逆の事案にも同様の原則が適用された。

いくつかの例を簡単に紹介したが、それらが示しているのは、人民法廷の管轄権と管轄地域の拡大がとりわけ一九三九年九月の開戦後に急激に進んだということである。国内に潜む民族の裏切り者たちから帝国を守るという本来の根本方針に、今やさまざまな新課題が加わった。それらにはいずれもただ一つの目標しかなかった。つまり絶えず拡大される版図においてナチスの要求する権力を維持し、確保するということである。

人民法廷の権限拡大に伴って被告人およびその弁護人の裁判上の権利はどんどん削られていった。ただしすでに一九三四年四月二四日の人民法廷設置法の公布時点から、人民法廷は特別裁判所であって、そこでは基本権は失効するという点は明確にされていた。

かくして人民法廷は第一審かつ最終審として（第Ⅲ章第三条第一項）判決を下し、その決定に対しては法的救済手段が一切認められなかった。これまで容疑者、被告人に与えられていた権利保障の撤廃には、この他にも看過できないものがあった。例えばかつて義務付けられていた予審の前提条件が緩和された。後になると単純な犯罪構成要件の場合だけでなく、複雑で大規模な刑事事件であっても、被告人を審理するか否か、逮捕命令を発令または維持するか否かについて、裁判長が単独で決定することができた。

逮捕命令の審査手続きは撤廃され、その代わりに監督命令によって、拘留期間がなるべく短くなるよう考慮されることとなった。また資産没収が適法となる事例も拡大され、これは無数の容疑者、被告人にとってはしばしば死を意味した。彼らに言い渡された判決が軽微であったり、いやそれどころか、人民法廷の歴史の中ではさほど多くはなかったが無罪判決を受けたりした場合ですら、その資産が没収されることがありえたのだ。

さらなる例として触れておきたいのは、少年裁判所法の手続規定ももはや適用されなくなったという点である。人民法廷の判決には、成熟度の斟酌なしに青少年が成人同様に扱われ、過酷な刑罰、場合によっては死刑さえ言い渡されたケースも少なくはなかった。

権利保障の撤廃は容疑者や被告人のみならず、彼らの弁護人にも及んだ。すでに設置法においてナチス司法は弁護の諸権利に対して大掛かりな介入を行っていた。確かに裁判所には弁護人選任義務があり、どの被告人にも弁護人を付けねばならなかった。ただし裁判長のみが弁護人選任の決定権をもち、しかも一度与えた承認をいつでも取り消すことができたのだ。しかしこの裁判長による承認の強制化により、容疑者は自身の弁護人選定において予め制約を受けることとなる。また承認された弁護人であっても、自らの弁護活動の生殺与奪権をもつ裁判長の管理下に置かれてしまう。設置法についての公式説明では、裁判長による弁護人の承認が必要ではあっても、容疑者の選任権はリストに載っている認定弁護人に限定されないとされていたのだが。

しかし事実上、その規定は自由な弁護活動の基盤を突き崩してしまった。この規定は、そうでなくともナチス政権の徹底した粛清の嵐を辛うじて生き延びてきた弁護士たちをも排除するものであった。

体制から見て信頼できないとされた弁護人、その振舞いを通じて裁判所側の不興を買った弁護人は、承認が取り消されたり、将来公認されなくなったりすることを念頭に置かなくてはならない。それにもかかわらず弁護人として入廷した者、いや入廷を許された者には、その生存を脅かすさらなる処分が待っていた。その弁護士が「民族の害虫」や「裏切り者」の弁護の際に毎回、ドイツ民族の重要性を考慮しているか否か、身分裁判所が厳しく監視の目を光らせていたのだ。例えば人民法廷弁護人が守るべき指針では、「健全な民族感情に反する非ドイツ的法解釈」は一切開陳してはならないと明確に警告されていた。

このように弁護士は裁判所、党および職能組織から三重の検閲を受けていた。結果的に容疑者や被告人にとって弁護は何の意味ももたなかった。形ばかりの空疎な茶番劇を続けさせる効果しかなかったのだ。弁護人には、公選弁護人への指名時、または自選弁護人としての承認時に、人民法廷長官の指示に従って手引書が手渡され、弁護人はこれの受領証に署名しなくてはならなかったのだが、そこに記された数々の規定を見ると、弁護人の行動がいかに細かく指図されていたかが分かる。すでに一九三六年一〇月には、それぞれ大逆罪と国家反逆罪の案件での手続きを定めた最初の指針が公表された。これら二つの指針には弁護人に対する明確な指示が列挙されていた。

弁護をさらに困難にしたのが、一九三九年六月二四日の帝国司法大臣の指令であった。それにより、弁護人に配布される起訴状の写しに秘密保持されるべき部分を収録してはならないことになったのだ。したがって弁護人は公判の直前に文書を閲読して初めてその部分の内容を知ることになるので、予め準備することができなくなったのである。審理の後で弁護士は起訴状を必ず返還しなくてはならなかった。被告人自身にはそもそも起訴状が渡されず、秘密保持すべき内容が含まれていない場合でも例外は認められなかった。被告人が収監されていない場合は、起訴状が弁護人宛に送付された旨だけが当人に通知された。被告人と弁護人の居住地がかなり離れている場合は、まず裁判官を選び、起訴状の内容を被告人に伝えるよう委託したうえで、その裁判官に起訴状を送付しなくてはならなかった。ただし多数の事例においては被告人はすでに収監されており、その場合、拘置機関が職員の立会いのもと、被告人に起訴状を閲読させた後で保管することになっていた。その場合でも秘密保持しなくてはならない部分は隠さねばならなかった。外国人被告人には起訴状の主な内容が法務官によって翻訳された。戦時下では裁判手続きが立て続けに行われ、その結果、起訴状が容疑者や弁護人に知らされてから公判が開始される期日までわずかな日数しか与えられないということも多く、これによっても弁護は妨害された。被告人が自分に対してなされた告訴を審理開始前夜に知らされることも稀ではなかった。さらに弁護人にしばしば直前の段階でようやく接見が許可されたり、起訴状を渡されて初めて閲読が許されたりしたので、告訴から公判までの期間が概ね短すぎ、弁護の準備自体がほとんど不可能となった。公選弁護人の選任は通例、裁判所に起訴状が提出された後になるので、容疑者は捜査手続きの重要な局面で弁護人なしのまま放置された。

さらに党機関も弁護人に対して、自分たちに好ましい態度を示すよう盛んに要求した。それはナチス全国指導部が一九四二年一〇月一五日付でティーラックに宛てた書簡からも窺うことができる。そこには一九四二年九月二一日から一〇月二日までウィーンで開催された人民法廷会議の期間中、二名の弁護人が初めてあらゆる点で模範的な弁論を行ったと書かれていた。このような弁護をうまく活用できるようにすべく、ウィーンでの来るべき人民法廷会議のための「オリエンテーション措置」として、ある程度規模の大きな案件で最も優秀な弁護士二名と最も劣悪な弁護士一名を公選弁護人として指名すること、この審理には出席可能なすべての弁護士を傍聴人として出席させること、その後で共同の「専門的・批判的な声明」を行わせることが提案された。ゲッベルスは「そうした実践的な形の方向付け」こそ「最も喫緊で最も持続的な」課題であると考えたのだ。

それはつまりドイツの弁護士たる者、どのように弁論するべきかを教える現物授業であり、それをドイツの法が語られ、ドイツの判決が下される法廷で行うのである。しかしこの提案を帝国司法省は拒絶した。さらなる職業教育のために政治的に有意義な人民法廷の判決言渡しをドイツの法律家たちに見せたいというゲッベルスの願いも聞き容れなかった。その代わりとして、いくつかの判決文が司法官庁およびその後はナチ党本部にも送付されるようになった。

ドイツの法律家たちのためでなく、ドイツ民族のために、まもなくドイツの広告柱にあの薄紅色の掲示物が掲げられることとなる。それは人民法廷が「裏切り者と民族の敵（害虫）」に対して死刑をもって臨むことを公示する掲示物である。民族と国家へのあらゆる敵対行為が厳格に訴追され、容赦なく処罰されることの証として、かつまた「ドイツ問題」への裏切り行為を画策するすべての者に対する紛れもない警告として。法律家の頭の中であれ、国民の意識の中であれ、数年のうちに人民法廷は、ナチスが党の設立時に思い描いていた通りの裁判所となっていく。

一九四一年末に人民法廷は六つの部を擁していた。第一部を統率したのは人民法廷長官ティーラックであった。これらの部では合計七八名の職業裁判官と七四名の職業検事がドイツ法に則った裁判業務に勤しんでいた。五名の法律家以外は全員ナチ党員であった。彼らは皆、一九三三年一月三〇日にフライスラー言うところの「地滑り的な思想転換」を起こして入党していた。また八一名の裁判員のうち、七一名がナチ組織に、残りは陸海空三つの国防軍に所属していた。つまりそこは徹頭徹尾ナチス的な裁判所であり、彼らが唯一義務を感じていたのは、総統、党、そして「ドイツ問題」に対してであった。

したがってナチスの権力者たちは、いかなる形であれ反対者を徹底的に排除し、殲滅させる拠点としての人民法廷に全幅の信頼を置くことができた。秘密国家警察（ゲシュタポ）との密接な協力もそれに貢献した。人民法廷で係争中のほぼすべての反逆事件はゲシュタポが関わったものであった。人民法廷裁判官の中には批判的な者もいたが、ゲシュタポの影響力は部分的にかなり大きく、帝国司法界と人民法廷がほとんどゲシュタポの出先機関のような様相を呈していた。逮捕者はしばしば何ヶ月も続いた警察勾留の間、最悪な虐待やいじめに晒され、その後、とりわけ戦争末期の数年間は本格的な拷問を受けた。人民法廷の裁判官たちもこうした悲惨な状況に気づかないわけではなかったが、被告人がゲシュタポの暴力的な尋問方法によって自白を強要されたとして、その自白を後から撤回した場合ですら、往々にしてまったく取り合おうとしなかった。

ゲシュタポの全能性は次のような事情にも表れている。未決監から解放された容疑者や無罪判決を受けた被告人、刑期を終え、あるいは恩赦の対象となり釈放された受刑者が、裁判所決定や刑執行・恩赦の担当機関の命令を無視する形で、ゲシュタポにより再び予防拘禁されたり、強制収容所に連行されたりしたのだ。

一九三六年一一月一一日に「司法とゲシュタポ」をテーマにベルリンで開催された会議の席で、当時司法次官であったフライスラーは、まったく異例のことだが、ゲシュタポの取締りに理解を示し、ただしそのための法的基盤の整備を訴えた。それは管轄と権限をめぐる戦いであり、司法とゲシュタポの間の権力闘争であった。ベルリンではそうした陣取り合戦や妥協点の模索が試みられていた。この会議は、「反逆者たちの策動」に有効に対処するには密接な協力こそが必要であるとする両陣営の声明で幕を閉じた。その少し後に親衛隊全国指導者ハインリヒ・ヒムラーは、反逆的策動に関連するすべての文書をゲシュタポと人民法廷各部署の間で定期的に交換し合うことを命じ、実際にこれが行われた。

ゲシュタポの影響力が日増しに強くなることで、人民法廷の法律家に限らず、次第に不満が広がっていったのだが、法実務の現場は異なっていた。保安警察長官ハイドリヒが一九三九年九月三日付で出した「戦時下における国家の内的安全性の諸原則」という通達に基づき、ゲシュタポは独自の刑事司法部を設置し、今ではそこがあらゆる種類の違法案件を自らの管轄で処理するようになった。つまりは正式の裁判手続きを排除してしまったのだ。これは不興を買い、折に触れて抗議の声も上げられたが、司法界は自分たちの本来の管轄範囲が切り崩されていくのを黙って見ている他なかった。そして自分たちの役割を死守しえた部分においても、彼らは、ヒトラー自身が突然介入してきて、例えば気に入らない判決を覆すという事態を常に考慮しておかなくてはならなかった。

その一方で人民法廷は、重要でない事案を自ら進んでゲシュタポに譲り渡すことを通じて、司法分野へのゲシュタポの進出を後押しした。例えば一九四〇年八月一四日の書簡でティーラックは、人民法廷長官の名で帝国司法大臣に宛てて、ただの追随者である小者犯罪者にいちいち「人民法廷での審理という栄誉を与える」のは間違っていると書いている。むしろそのような容疑者はしばらく強制収容所に入れておいて「まっとうな考え方ができるようにする」方がいい、裁判という時間も費用もかかる困難な道を選ぶよりはるかに目的にかなっているというのだ。

かなり不満を抱きながらもドイツ司法界を代表する人々、なかでも裁判官たちがナチスの指図に屈服したのは明白な事実だった。少なくともある程度長続きする批判の声はどこからも上がらなかった。

高名な批判者はごくわずかで、その一人がハンス・フランクだった。かつて「ドイツ国法学会」の会長を務め、自身根っからの国家社会主義者であった彼、ナチ党法務部長の職を辞したばかりの彼、ポーランド総督府総裁として容赦なき暴君的な支配権を揮った彼が、ドイツ帝国内で法の安定性がますます揺らいできている状況を嘆いたのだ。彼の考えでは、それは国家の安定性の優先と警察からの干渉に起因する。彼は再三「司法の独立」を要請し、その意義を強調した。彼は一九四二年七月の演説の中で、自身の理解する「司法の独立」を次のような力強い言葉で明確化しようとした。

「法をもたぬ国はない。我々の国も例外ではない！　裁判官をもたぬ法はない。ドイツの法も例外ではない！　高みへの真なる力を持たぬ裁判官はいない。ドイツの裁判官も例外ではない！　たえず運動の只中において、どのような相手であろうと臆さず法思想を代弁してきたこの私にとって、実に由々しきことがある。それは、我々が生きる独裁的国家には裁判官も司法の独立も不要であるなどとする謬見がそこここで繰り返し語られていることである。私は我が理念を貫徹する熱い決意をもって飽くことなく訴える。国家社会主義を体現するものとして警察国家のような理想を掲げ、返す刀でゲルマン古来の法思想を完全に切り捨てようとするならば、それこそ誤りであると」

フランクによれば、再び「ゲルマン古来の法思想」およびそれと結びついた諸原則に従わねばならない。同じ頃、彼は日記にこう記している。

「前回一九三九年のライプツィヒでの『ドイツ法の日』に私は二万五〇〇〇の会衆を前にして厳かに、かつ大々的にそれらの原則を宣言したのだが、その宣言に際しては何の邪魔も入らなかった。ところが秘密国家警察という機構が勢力を得て、絶対的な警察主導の観点が影響力を増すにつれ、そうした私の見解はますます強まる反対意見の表明と鋭い対立をなすに至っている。今や、特にここ数年、法律家に対する総統御本人のお怒りをさまざまな証言を通じて耳にする度合いが増え、国家からの司法への介入もますます強まり、警察機構と司法機関の関係が警察機構による司法の完全支配という結果に終わりつつある。その中で明確となってきたのは、私が神聖なるものと思う理念を以前のように宣言することが私個人にとってますます困難になるであろうということである。この私にもそこここであらゆる種類の妨害が及んでおり、私の考えに対する時の権力者たちの不興をいよいよまざまざと感じざるをえない。

私が今就いている地位は、仰々しく派手派手しいやり方で強弁される反司法の論拠に対して、司法の各分野でますます弱点が露呈して来ているだけに、いっそう困難なものとなった。どこかの絶対的な権威者の顔色を窺うことなく判決を下す裁判官など、近い内に一人もいなくなるだろう。当然ながらその結果、ドイツの法の発展に対する恐ろしいまでの絶望が広がることになる。親衛隊の機関誌『ダス・シュヴァルツェ・コーア（黒い軍団）』は、ますます攻撃的、暴虐的となってゆくその論法を明らかに先鋭化して、すべての司法機関と司法関係者に対する攻撃に余念がない……」

フランクは国家社会主義の法という自らの思想が、そしてそれとともに国家の存続そのものが危殆に瀕していると見なした。日記の中で彼は司法に敵対する側の考え方を批判し、もちろん暗にではあるが、その矛先をヒトラーにも向けている。

「残念ながら一部の国家指導者の間でも、権力に従わねばならない国民の側に法の不安定性を無条件に示せば、それによって権力の側はいっそう安定するという考えが主流となってきている。警察執行機関に引き渡された全権部門のきわめて恣意的な利用がますます広がり、個々の国民同志は完全に権利を剥奪されたに等しい状況である。もちろんこうした状況の根拠として挙げられているのは、戦争の必然性と国民が一丸となってひとつの目標を目指して団結する必要性であり、とりわけ民族自由化のためのプログラムの実現過程において、反対派による妨害工作を芽のうちにすべて摘み取るということである。それに対する私の考えは、ドイツ的性格はそれ自体の内にきわめて強い正邪の感覚をもっているので、この感覚が満たされさえすれば、かつてのように硬直した暴言を使うより、我らが民族の共同体としての昂揚も献身的な意欲もうまく湧き上がり、長続きしうるというものである……」

フランクとナチス指導部の間の見解の不一致は明白であった。そしてついにフランクはヒトラーから、すべての司法職を辞任するよう求められる。同時に彼は無条件の演説禁止を命じられる。例外はポーランド総督としての意見表明だけであった。日記に彼はこう書いている。

「先週初め、かつての人民法廷長官ティーラックが総統から帝国司法大臣に任命された。この男は私のみならず司法界全体と深刻な対立関係にある。それは彼こそ、人民法廷長官として初めて警察の代表たちに、検事としてプラハの刑事手続きに参加することを、配下である人民法廷検事長を除け者にしたうえで許した当人であり、のみならずその日々の態度を通じても、新たな路線に対して事あるごとに諸手を挙げて賛成した人物であるからだ。帝国司法大臣就任と同時に彼はナチス法曹家連盟の全国指導者、および私が創設したドイツ法律アカデミーの学長をも兼任することになった……。それにより総統は私が喧伝した観点にあらゆるやり方でけりをつける意思表示をしたのだ。総統がこの新帝国司法大臣ティーラックに宛てた命令で、ナチス司法の構築に際して成文法から逸脱する権限を彼に与えたこともその現れである。

だがそのような展開は私には格別意外なものではなかったので、衝撃を受けはしなかった。私がそこに見ているのは法の危機ではなく、国家の危機である。私は心の内で密かに神に願った。いつしかそのどうにも避けがたい帰結を可能な限り小さなものにして下さいと……」

一九四二年一〇月に帝国中央保安局の親衛隊中将オットー・オーレンドルフは、フランクとそのシンパたちの非難に反応した。公開の意見表明の中でフランクからの攻撃に鋭い反撃を加え、ナチスの裁判官は何よりもナチスのイデオロギーに拘束されており、法への拘束は二の次であると述べたのだ。彼はドイツに迫る脅威とそれを防ぐための措置ということを強調し、それらを考えるならば「いったん個人から眼をそらして共同体の方を向か」ざるを得ないとした。オーレンドルフによれば、法の安定性が意味するのは個人の安全ではなく共同体の安全なのであって、すべての政治活動はもっぱらこの見地から評価されねばならない。

司法、ゲシュタポ、警察の見解は相互に異なっているが、ドイツは今まさに戦時下にあり、戦争には何と言っても戦時特有の法律があるというのだ。これを背景としてオーレンドルフは、政治的・イデオロギー的に一体となった司法界という考え方を明確に支持した。その結論は、自らの義務の遂行を怠る裁判官は将来事情の如何を問わず辞めさせるべきというものであった。裁判官と法律の間の「独占的な絆」などもはや存在しない。裁判官が縛られるのは何よりもナチスのイデオロギーにである。裁判官は、このイデオロギーを自らの原理となし、それに従って裁判を実践する限りで、完全に自由で独立した法の代表なのである。彼はそう訴えた。

オーレンドルフの見解は完全にナチス指導部とヒトラーの意に沿ったものであった。ヒトラーは司法をますます露骨に批判し、変革を迫っていた。その目的はただ一つ、司法の独立の最後の砦を切り崩すことだった。

ナチス国家の全体主義的方針は、どのようなものであれ、権力の源泉を他に容認しなかった。このようにして司法制度にヒトラーが繰り返し要求し、裁判官の多くも自ら喧伝していたもの、すなわち司法と国家の完全なる共生関係がもたらされた。

先頭に立っていたのは総統で、今回彼は最高位の裁判官としての役割を演じた。法律家たちは彼に従った。今回もまた。ヒトラーは法律家たちを大して高く買っておらず、そのことを隠そうともしなかったが、彼らは進んでその点から眼を逸らした。それまでヒトラーは会食の折などによく司法全般を問題視する発言を繰り返し、判決に激昂することさえ珍しくなかった。彼は一九四二年三月末に内輪の席で、司法行政は一〇パーセントの「本物の精鋭」だけ残してあとは全員馘にしてやると罵り、またあるときは自身の法律家観をまくし立てた。ヒトラーによれば、法律家はいずれも「根っからの欠陥人間」であるか、または時とともに欠陥人間になるかのどちらかなのだ。彼が怒りを爆発させるきっかけとなったのは、オルデンブルクのラント裁判所が下した判決だった。一人の建設作業員から何年も虐待を受けて鬱病となった妻が、その虐待のせいで精神病院で亡くなったのだ。同地裁は一九四二年三月一九日にこの男を五年の重懲役刑とした。ヒトラーはこれを聞き知ると罰の軽さに激怒した。このときが初めてではなかったが、彼は国務長官シュレーゲルベルガーに電話をかけ、直ちにもっと重い処罰にするよう命じた。シュレーゲルベルガーがその事案は知らないと正直に答えると、ヒトラーは声を荒げた。これは司法全体の問題だ、数十万の兵士が前線で命を懸けて戦っているというのに、国内では一人の殺人犯が五年も国費で養ってもらえるとはと。最後にヒトラーは、刑事司法を親衛隊全国指導者に一任するぞと言って脅しをかけた。

これは数あるエピソードの一つに過ぎない。ヒトラー言うところの「破廉恥な判決」に対する感情の爆発によって、彼の側近たちはしばしば突然多忙な業務をこなさなくてはならなくなった。ヒトラーは一九四二年四月二六日に国会演説を行っている。これは帝国議会の最終日に行われた彼の閉会演説であったが、その中で彼は司法に対する満腔の怒りを表明した。このときの彼には、今こそ法と司法をテーマに思いの丈を公言し、相手に要求を突きつける潮時と思えたのだった。

「むろん私が期待するのはただ一つ、存亡が懸かる偉大な使命の実現に当たってもなお、無条件の服従と行動がなされないあらゆる場所において、ただちに介入し行動する権限を私が国民から委ねられることである。前線と内地、輸送機関と行政と司法が従うべき理念はただ一つ、すなわち勝利の達成である。当今においては誰も自らの既得権に固執することはできない。今や義務しかありえないということを誰もが弁《わきま》えねばならないのだ。それゆえ私はドイツ帝国議会に対して、私が以下の法的権利を有することを明確に確認するよう願う。それは各人をその義務の履行へと促す権利、そして我が良心的な判断に照らして自らの義務を果たしていないと思われる者については、その者が誰であるか、いかなる既得権をもつかに関わりなく、連帯解雇処分とし、もしくはその職位を剝奪する権利である……

　同様に私が期待するのは、司法のために国家があるのではなく、国家のために司法があるということをドイツ司法が理解することである。つまり形式的な法を生き永らえさせるために、ドイツもその一員である世界が滅亡してはならないのである。たとえ司法の形式的な理解がどれほどそれに背馳しようとも、ドイツは存続しなくてはならない……。私はたった今、それらの案件に介入して、時の命ずるところを明らかに理解しない裁判官については、その職を剝奪しようと思う……」

　議員たちは一斉に起立して賛同の意を表明した。これにより総統が演説の中で要求した諸権利は帝国議会によって承認された。司法界へのヒトラーの攻撃は成功したのだ。司法の独立性を守っていた最後の砦も崩れ去った。ヒトラーの演説は司法のツンフト（同職組合）に激しい怒りと大きな危惧を巻き起こしはしたが、このヒトラーの攻撃を批判して自ら辞職した裁判官・検事は帝国内に一人もいなかった。

　ヒトラーと同じように司法を毛嫌いしていたゲッベルスは、総統演説から数日経った一九四二年五月一三日の日記に、矜持をズタズタにされた司法関係者たちには次の機会に何か「ささやかなカンフル剤」を与えなくてはなるまいと書いたが、それはまったく不要であった。そんなことをするまでもなく司法関係者たちは総統に恭順だった。動揺したり、腹を立てたり、意気消沈した者もいたが、大方は「最高位の裁判官〔ヒトラー〕」に唯々諾々と従ったのだ。

一九四二年七月二二日にゲッベルスが人民法廷で演説した。ヒトラーの辛辣な批判の矛先は、なぜか人民法廷とそこの裁判官には向けられなかった。今回ゲッベルスはそれを踏襲した。演説の冒頭で彼は、演説原稿をヒトラーが承認したので今回の自分の演説は特に国政面に重点が置かれる点を強調した。彼は今なお「旧来の思考習慣」にしがみついている大勢の裁判官たちの考え方を叱責し、いくつかの人民法廷の判決をも批判した。そのような判決を言い渡した裁判官は罷免されねばならない、高位の者であっても罷免処分はありうる、としたのだ。裁判官は決定の際に法律を出発点とするより、むしろ法を侵した者は民族共同体から排除されるという基本思想に基づかねばならない。戦時下で重要なのは判決が正しいか正しくないかではない。下した決定が目的に適っているか否かのみが肝要なのだ。国家は最も有効な手段を用いて内部の敵どもに立ち向かい、最終的に殲滅しなくてはならない。確信犯か否かなどという考え方は今や完全に捨てねばならない。司法の目的の第一は罪の償いではなく、ましてや人格の改善などではない。国家の維持なのだ。出発点とすべきは法律ではなく、そのような犯罪者を排除するという決意である。そうして有無を言わさず引っ捕えることが司法の任務であって、半端な処置では物笑いの種になる。ユダヤ人を扱う場合にも司法は自らの政治的使命を忘れてはならない。奴らに温情を施すのはひどい的外れだ。こう語った後でゲッベルスはもう一度、内外の敵に立ち向かうために国家はもてるすべての手段を講じなくてはならない、それゆえ司法にとっても合目的性という考え方こそが最優先されるべきである、と繰り返した。

人民法廷長官ティーラックに期待されたのは、ゲッベルスが語った基本姿勢に対して特別な謝意を表明すること、そして方向を指し示し拍車をかけるその演説を今後も承りたいとゲッベルスに懇請することであった。ティーラックはその間に司法大臣にまで昇り詰めていたのだが、この後、自ら創始した「裁判官書簡」の中でこの新たなドイツ司法を大いに力説することとなる。

彼の裁判官書簡は、望まれる政治的な色合いに裁判官たちの判決を導くためのものだった。一九四二年一〇月一日付の初回の裁判官書簡は次のような呼び掛けで始まっていた。

「ドイツの裁判官諸君！　古きゲルマンの法解釈に従うならば、指導者はつねに最高の裁判官であった。したがって総統閣下が他の者に裁判官の職位を与えたならば、それはその者が総統から裁判権を受け、彼に対して責任を有するというだけでなく、指導者であることと裁判官であることが本質的に繋がっているということをも意味する。

それゆえ裁判官は民族の自己保存の担い手でもあるのだ。彼は民族の諸価値の守護者であり、かつ民族の没価値の破壊者である。彼は民族という生命体において疾病と見なされるさまざまな生の過程を制御する者である。強力な裁判官体制は真なる民族共同体の維持に不可欠なのである。

こうした使命を帯びた裁判官たちは政府の直接的な支援者である。この地位が裁判官を際立った存在とし、またその使命の限界をも認識させる。すなわちその使命とは、自由主義者のドクトリンが想定しているような政府の監視ではない。というのもある国家において、指導権を最良の者たちに委ねる組織が欠けているとするならば、司法は自らの活動を通じて、そうした選良の代理とはなり得ないからである……。

Der Führer hat mich nicht nur in das Amt des Reichsministers der Justiz berufen, sondern hat mir die Aufgabe gestellt, eine

starke, nationalsozialistische Rechtspflege

aufzubauen. Dies werde ich fortan mit aller Kraft vorantreiben und dieses Ziel nie aus den Augen lassen. Ich bedarf hierzu der Mitarbeit aller mir unterstellten Menschen und Einrichtungen. Diese werden alle herangezogen werden, damit die Rechtspflege, die der Führer für sein Volk mir als Ziel gesetzt hat, lebendig wird. Der Krieg läßt nicht alles sofort durchführen, aber das Kriegswichtige muß sofort durchgeführt werden, und am Tage des Sieges muß diese deutsche Rechtspflege stehen, bereit, ihre für die Zukunft des Reiches so wichtige Aufgabe zu erfüllen.

Vor allem aber wende ich mich an die Richter, die in Zukunft als tragende Säule mitten im Gebäude der deutschen Rechtspflege stehen werden. Rechtsprechen bedeutet keine Übung eines geschulten Verstandes, sondern das Ordnen von Lebensvorgängen im Volke. Ich will keine Richter sehen, deren Kunst sich darin erschöpft, das gesetzte Recht auf den ihnen unterbreiteten Sachverhalt mehr oder weniger scharfsinnig auszulegen. Das mögen Rechtsgelehrte tun, von denen das Volk kein Urteil verlangt.

Der Richter ist der beste und kann allein Anerkennung verdienen, dessen Urteile das vom Volke getragene Rechtsgefühl verkörpern. Das gesetzte Recht soll dem Richter hierbei helfen, nicht aber soll es den Richter so beherrschen, daß er darüber die Verbindung zu dem Rechtsgefühl seines Volkes verliert. Das Recht ist Leben, nicht die starre Form eines Rechtsgedankens. Rechtsgestaltung ist lebenswahre Anwendung des Rechtsgedankens, nicht die Auslegung toter Buchstaben. Ihnen zuliebe darf das wirkliche Leben nicht zurechtgebogen werden.

Jedem Richter ist es unbenommen, sich an mich zu wenden, falls er glaubt, durch das Gesetz gezwungen zu sein, ein lebensfremdes Urteil zu fällen. In einem solchen Notfall wird es meine Aufgabe sein, das Gesetz zur Verfügung zu stellen, das erforderlich ist.

Ich möchte im Urteil des Richters den deutschen Menschen erkennen, der mit seinem Volke lebt.

Berlin, den 24. August 1942

Thierack

Reichsminister der Justiz

4.一九四二年八月二四日付の新帝国司法大臣ティーラックの就任辞令

そのような裁判官集団は奴隷のごとくに法の杖を使ったりしないだろう。不安げに法の庇護を求めたりせず、法の枠内で責任感に満たされつつ、民族共同体にとって生の過程を最も良く制御する決定を見出すことだろう。

例えば戦争は平穏な時期とはまったく異なる要求を裁判官に課す。そうした変化に裁判官は順応しなくてはならない。裁判官が政府の意図と目標を知ることによってのみそれは可能となるのだ。それゆえ裁判官はつねに政府と密接な関係を保たねばならない。そうすることによってのみ、裁判官が己の重大な使命を果たすことが保証されるとともに、司法が民族の生の秩序を整えるという真の使命を忘れて自らを自己目的と見なす愚が避けられる。そこから司法を指導する意義と必要性が導き出されるのである……」

ゲッベルスとヒトラーはご満悦であった。人民法廷長官として立派にアピールしたティーラックは、司法大臣ばかりか「ドイツ法律アカデミー」総裁と「ナチス法曹家連盟会長」にも任命された。ティーラックは総統だけでなく党官房長マルティン・ボルマンに対しても従属的立場であった。ヒトラーは「司法の特別な全権に関する命令」でそれを定めていた。そこにはこう書かれている。

「大ドイツ帝国の任務を遂行するためには、強力な司法が必要である。それゆえ私は帝国司法大臣に対して、我が指令と指示に従い、帝国大臣兼帝国官房長官および党官房長と協議のうえで、国家社会主義的司法を構築すること、そのために必要なあらゆる措置を講じることを委ね、その全権を付与する。その際に同人は既存法から逸脱することができる」

ティーラックの帝国司法大臣任命とともに司法省内ではさらなる人事の刷新が行われた。長年国務長官を務めたシュレーゲルベルガーは一〇万ライヒスマルクを得て引退し、その後任としてクルト・ローテンベルガー博士が任命された。

フライスラーについては最初「ドイツ法律アカデミー」総裁に就任させる予定であった。ヒトラーはフランクの考えに対するフライスラーの共感を知っていたのだ。しかしヒトラーは、彼にティーラックの後任として人民法廷長官の座に就くよう提案した。

最終局面を迎える人民法廷で今、ローラント・フライスラーがトップに就任した。彼こそは他の誰よりも多彩なやり方と能力を駆使してナチス司法に協力した人物である。あるときは弁護士として、あるいは講演者として。さらに党員、著述家、国務長官として。つねに第一線で、いやむしろ「国内戦線」の第一列でと言うべきだろうか？　その彼が今、人民法廷の長官に指名されたのだ。これをもって彼のキャリアの最終ステップが始まり、それとともに人民法廷の最も残忍な時期が開幕する。

第6章 政治の一兵卒

一九四二年一〇月一五日に新長官はペンを取りヒトラーにこう書いた。

「我が総統閣下!

我が指導者であらせられる閣下にご報告申し上げます。先般閣下より拝領致しました職務に就任し、ようやく当職も業務に馴染みつつあります。

お寄せいただいたご信頼にお応えすべく、人民法廷の裁判官および構成員一同の指導者として、帝国の安寧とドイツ民族の内的統合のため忠実に、かつ全精力を傾け、垂範して業務に当たる所存でございます。最高司法官でありドイツ民族の裁判官であらせられる我が総統閣下に対しまして、閣下の最高政治法廷の運営を仰せつかりましたことを我が誇りとし、ここに感謝申し上げます。

人民法廷はつねに、閣下が御自ら判断なさるとしたらどうであろうかと拝察したうえで、判決を行うべく尽力いたします。

我が総統閣下に幸あらんことを! 衷心より、閣下の政治の一兵卒

ローラント・フライスラー」

フライスラーはほぼ一〇年にわたって、司法界で矢面に立ち続け、ナチスの勃興と成功に立ち会い、権力の恩恵に与り、キャリアを積んだ。帝国司法大臣になれなかったことを彼は心秘かに個人的な敗北と考えていた。それにもかかわらず、彼はすぐに人民法廷長官への昇進と折り合いをつけようとした。誰もが知るように責任感に溢れ、努力を惜しまず、ほとんど狂信的とも言える態度で。

任命の直後にフライスラーは、総統との謁見を求めた。就任を自ら報告したかったのだ。しかしフライスラーの希望を聞いて口添えを約束したティーラックは、この謁見のために何もしてくれなかった。フライスラーの野心を見抜いていたからだった。ヒトラーと直接コンタクトを取れる者がいるとすれば、それは帝国司法大臣である自分だけだ。ティーラックはそう考えていた。

ティーラックとフライスラー。二人は互いに敬意を抱いてはいたが、さほど気が合うというわけではなかった。もちろん二人とも高い地位に就いていたので、しかるべき付き合いは必要だった。総統に書簡を認めた翌日の一九四二年一〇月一六日、フライスラーは司法大臣ティーラックにも手紙を書いている。

「当方、ようやく自分の職務に慣れてまいりました。私が考える人民法廷の業務とは、望むらくは裁判所に方向性を指し示す自らの裁判官業務を通じて、ドイツ国民および帝国内の異民族によるあらゆる種類の大逆・国家反逆行為を、その特性、規模、危険性という点まで含めて把握し、ことごとく撲滅するということに尽きます……」

自分の「方向性を示す裁判官業務」がもっぱら政治的視点に基づくものであり、決して純然たる法律家としての考量によるものでないことを彼は自覚していた。すでに任官前に彼は、私信の中で一九一九年の帝国防衛大臣グスタフ・ノスケの言葉を引用していた。「やはり誰かしらがブラッドハウンド〔警察犬や軍用犬に使われる犬種〕にならねばならない」そしてフライスラーはこの役目を引き受ける気が満々だった。

すでに数週間前の一九四二年九月九日にティーラックは、自らの後継者フライスラーに宛てた書簡の中で、具体例を挙げながら人民法廷の意義を縷々説明し、彼を信頼し、支援を惜しまないと約束していた。

「他のどの裁判所にも増して人民法廷で明確になったのは、この最高政治法廷の判決は国家指導部の方針と協調しなくてはならないという点です。その際、裁判官たちをこの方向に導く役割は大部分、貴職に委ねられることになるでしょう。それゆえ貴職はすべての起訴状を提出させるとともに、その中から必要な案件を選び、判決を任される裁判官と説得力のある打ち解けた会話をして、何が国家にとって必要かを相手に分からせなくてはなりません。今一度申しますが、裁判官に命じるのではなく、説得するようなやり方でなくてはなりません。というのも、裁判官は自らの責任で判決を下さねばならないからです。もちろんこうした指導は必要最低限に止めなくてはなりません。過剰な影響力の行使は裁判官に無責任な判決を出させることにつながりますし、責任感の強い裁判官には耐え難い負担に感じられてしまいます。必要な事案では裁判官が自ら貴職のもとに出向く、不必要な事案では貴職が裁判官にもそれを感じさせる。そういう具合に仕向けなくてはなりません。

一般的に人民法廷裁判官は、国家指導部の理念や意図を第一に考え、自分の判決に委ねられた者の運命など二の次にすることに慣れなくてはなりません。というのも人民法廷の被告人たちは、その背後に隠れて帝国と戦う巨悪のちっぽけな現象形態に過ぎないからです。とりわけ戦時下ではそう見なすことができます……」

同時に帝国司法大臣はいくつか例も挙げている。

「(一) ユダヤ人、それも指導的立場のユダヤ人が国家反逆罪の廉で起訴されている場合は、単なる同罪幇助も含め、その背景としてユダヤ民族の憎しみとドイツ民族を殲滅せんとする意志が潜んでおります。したがって通例それは大逆行為であり、死刑を宣告されねばなりません。

(二) 一九四一年六月二二日〔ドイツ軍によるソ連邦奇襲攻撃「バルバロッサ作戦」の開始日〕以降、ドイツ人が帝国内で共産主義のための扇動活動をしたり、共産主義の観点から国民に影響を及ぼそうと試みたりした場合、それは大逆行為の準備罪に該当するのみならず、ソヴィエト連邦に対する利敵行為でもあります。

(三) ベーメン（ボヘミア）・メーレン（モラヴィア）地方でチェコ人がロンドンラジオ局に影響され、単なる扇動行為であれ、ドイツ帝国に対して再三、国家転覆行為を働いた場合、それは大逆行為の準備罪に該当するのみならず、やはり利敵行為でもあります……」

書簡の結びでティーラックは親愛なる党同志フライスラーに対して支援を約束している。

「万一、どのような方針を貴職が守るべきか、どのような政治的役割が必要かということについてご不明な点がありましたら、心置きなく当方にご質問ください。必要なご説明はいつでも提

OS 11391
257

Beglaubigte Abschrift!

In Namen des Deutschen Volkes

ernenne ich

den Staatssekretär

Dr. Roland F r e i s l e r

zum Präsidenten des Volksgerichtshofs.

Ich vollziehe diese Urkunde in der Erwartung, daß der Ernannte getreu seinem Diensteide seine Amtspflichten gewissenhaft erfüllt und das Vertrauen rechtfertigt, das ihm durch diese Ernennung bewiesen wird. Zugleich sichere ich ihm meinen besonderen Schutz zu.

Führer-Hauptquartier, den 20. August 1942

D e r F ü h r e r

(Großes Reichs-siegel) gez. Adolf Hitler

ggz. Dr. Thierack

ggz. Dr. Lammers

Die Übereinstimmung vorstehender Abschrift mit der Urschrift wird hiermit beglaubigt.

Führer-Hauptquartier, den 20. August 1942
Der Reichsminister und Chef der Reichskanzlei

Dr Lammers

5.辞令の写し

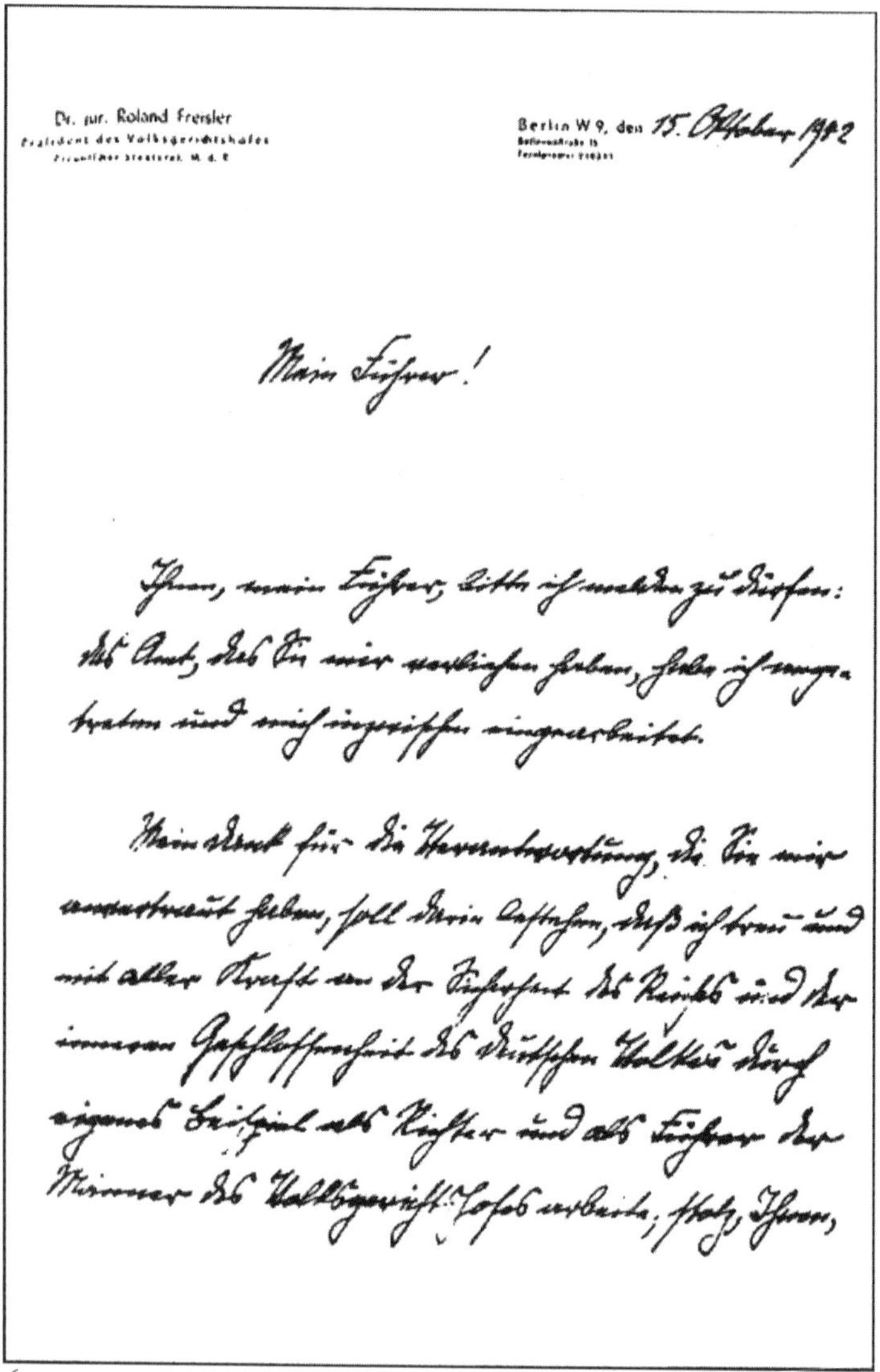

Dr. jur. Roland Freisler
Präsident des Volksgerichtshofes
Preußischer Staatsrat, M. d. R.

Berlin W 9, den 15. Oktober 1942
Bellevuestraße 15

Mein Führer!

Ihnen, mein Führer, bitte ich melden zu dürfen: das Amt, das Sie mir verliehen haben, habe ich angetreten und mich inzwischen eingearbeitet.

Mein Dank für die Verantwortung, die Sie mir anvertraut haben, soll darin bestehen, daß ich treu und mit aller Kraft an der Sicherheit des Reichs und der inneren Geschlossenheit des deutschen Volkes durch eigenes Beispiel als Richter und als Führer der Männer des Volksgerichtshofes arbeite, stolz, Ihnen,

6.就任時にローラント・フライスラーがヒトラーに宛てて書いた書簡：「衷心より、閣下の政治の一兵卒」

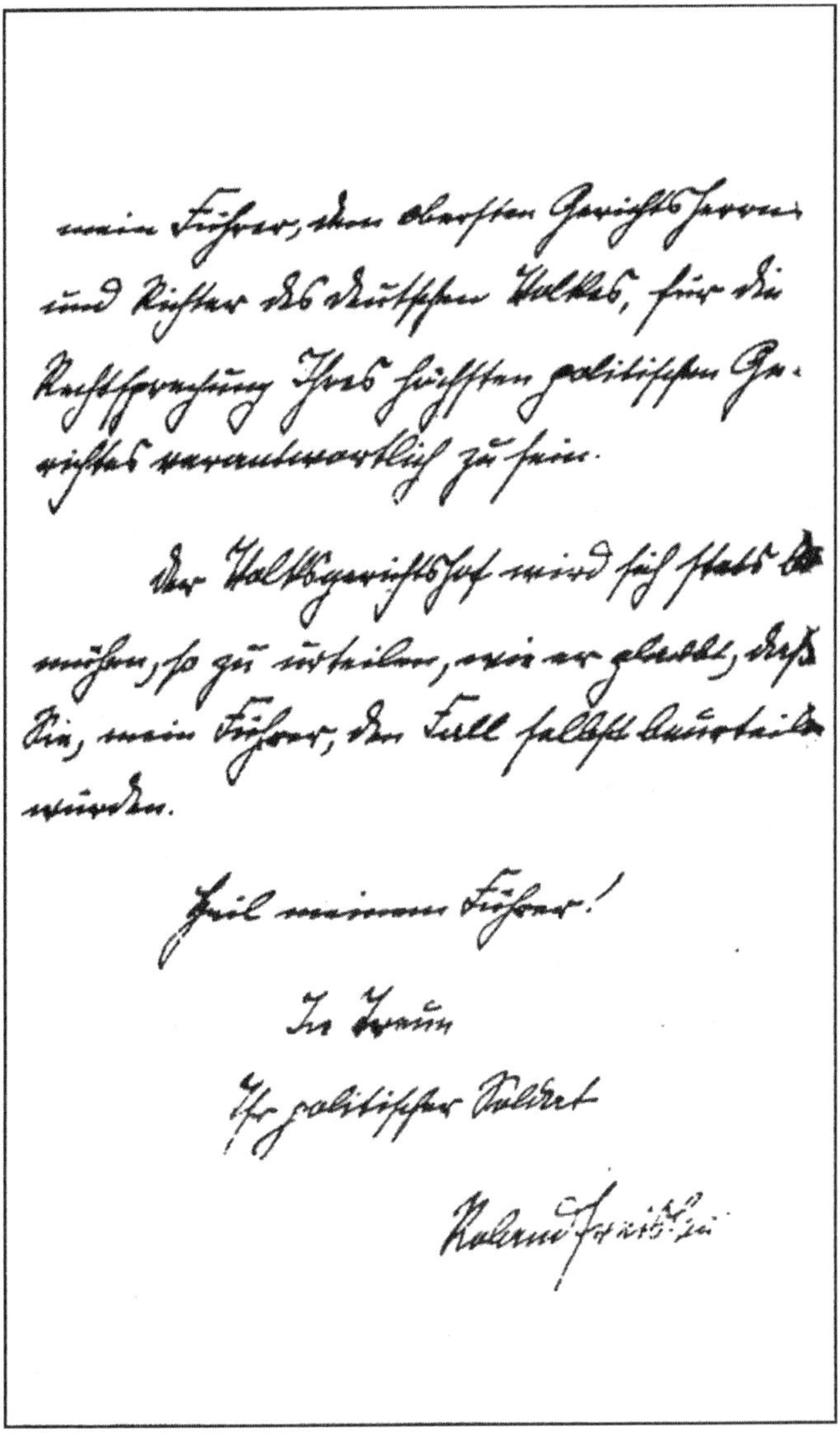
mein Führer, den obersten Gerichtsherrn und Richter des deutschen Volkes, für die Rechtsprechung Ihres höchsten politischen Gerichtes verantwortlich zu sein.

Der Volksgerichtshof wird sich stets bemühen, so zu urteilen, wie er glaubt, daß Sie, mein Führer, den Fall selbst beurteilen würden.

Heil meinem Führer!

In Treue

Ihr politischer Soldat

Roland Freisler

供致します……」

ティーラックは自分の後任者がひょっとすると不慣れでまごつくかも知れないと考えたようだが、そんな心配の必要はまったくなかった。それはフライスラー就任後に明らかとなる。フライスラーは全力を尽くして与えられた任務に取り組んだ。そのモットー「法は民族に資するものなり」は今や彼の司法活動の根本原理となった。重要なのは民族、帝国、指導者（総統）そしてドイツの勝利のためであった。誰であれ、これらに逆らう者には、法の厳しい鉄槌が下された。そして総統とドイツの勝利のための戦いにおいては、いかなる判決も厳しすぎることはない。フライスラーはそれを確信していた。

「犯人蔵匿隠避・証拠隠滅罪」、「背信行為」、「防衛力破壊」といった法律用語が次々に作られ、それらがたいてい罪のない軽はずみな発言をしただけの者を誰でも手当たり次第に政治的な敵と断じて、「民族の名において」抹殺する手段とされた。

有罪となった「防衛力破壊者」や「敗北主義者」を監獄送りとするのは、久しい以前から時間の無駄と見なされていた。その代わりに求められたのは、彼らを例えば軍需産業に労働力として投入することであった。簡略化を理由として、正規の裁判手続きは次第に省かれるようになった。この傾向は特に「下等人種」、例えばポーランド人やユダヤ人の場合に多かった。彼らはそうでなくとも法の埒外の存在とされ、正規の裁判手続きを請求する権利などそもそももっていなかったのだが。

ティーラックが発表するナチス裁判官書簡を読めば、ドイツの裁判官たちは判決の新たな指針を定期的に知ることができた。そして職務熱心なナチスの裁判官たちはこの帝国司法大臣の指示を首尾一貫して実地に移すべく、たえず心を砕いていた。

一九四三年一月二九日に防衛力破壊の事案はすべて人民法廷に移送された。人民法廷はその裁量により法律家を下位の裁判所、例えば上級ラント裁判所に派遣することができたのだが、そこでの人民法廷裁判官の権限の大きさについては疑問の余地はなかった。ベルリンだけでも扱われた事案数は一九四三年に二四一件に上った。裁判官たちは、特にスターリングラード以後、たいていの場合に死刑を言い渡した。一九四三年一月から一九四四年一月にかけて「防衛力破壊」を理由に合計一一二四件の死刑が宣告され、即時執行された。

処刑された者のほとんどは「敗北主義者」とされ、死刑宣告を受けた人々であった。彼らは不用意かつ軽はずみに総統や国軍、戦況について、内心の疑念や批判を公言してしまったのだ。

フライスラーと彼の人民法廷裁判官たちの眼に彼らは、マルクス主義者や共産主義者、さらには世界ユダヤ主義の手先として映った。いずれの場合でも兵士の美徳などまったく意に介さない祖国喪失者と見なされた。「発言が内輪でなされたものか」それとも「公の場でのものか」の区別はされたが、結局そうした理論上の議論が人民法廷の実際の判決に影響を及ぼすことはなかった。

例えば一九四三年九月八日に人民法廷は被告人フリッツ・グレーベに対して、「公然たる防衛力破壊」の廉で死刑を宣告した。判決理由はタイプライターでわずか一ページ足らずだったが、そこでは同被告人が一九四三年七月二七日に一人の顔見知りの男性に次のように発言したことが挙げられ、それによって判決が正当化されている。

「……もうお終いだ。この国の政府は退陣しなくてはならない。イタリアのように。人殺しはもうこりごりだ……ゲーリングとゲッベルスなんかとっくに資産を外国に移している……」

判決は「公」の概念についても触れている。

「被告人はすべてを自白したが、さほど悪いことをしたと考えてはいない。自宅でもするような話を親友一人に話しただけだったと言うのだ。

自宅でもそう話していたのであれば、なおさら悪い！　ただ彼が、あれは公の場での発言でなかったと言いたいのなら、それは思い違いである。ナチズムはドイツ国民すべてが政治と取り組むことを望んでおり、それゆえ政治的な意図で言われたことは、原則としてすべて公に言われたものと見なされねばならないという理由からしても、すでに誤っているのだ。だれでも、そのような発言を耳にした国民同志がそれを党や国の担当部署に通報し、それによって発言はさらに広まっていくであろうことを想定する必要がある。犯罪者には相手に守秘義務を求める権利などない」

「犯罪者」フリッツ・グレーベは自身の発言ゆえに死刑を宣告された。密告した彼の知人は死刑という処分に驚愕したかもしれない。しかしその知人は国民同志として当然の義務を果たしただけなのではないだろうか？

グレーベ判決にはティーラックでさえ不賛成だった。判決二日後の一九四三年九月一一日に彼はフライスラーに書簡を書いて、法廷第一部が「公」概念に対して行った解釈は行き過ぎであると批判している。

「もしも政治的な意図で発言したことが、原則的にすべて公の発言と見なされるとしたら、戦時特別刑法（KSSVO）第五条にわざわざ列挙されている『公』の構成要件は何の意味もなさなくなります。同部が今後そのような解釈をしないようになるとよいのですが……」

しかしフライスラーの考えは変わらなかった。一九四三年九月二八日に彼は「親愛なる帝国大臣殿」に次のように返信している。

「貴殿は、いつ政治的な会話がなされたかについての当法廷の解釈を『行き過ぎ』としておられます。あの後でわたくしは再び、人民法廷が判断しなくてはならないきわめて深刻な事例を担当しました。

それを経た今もなおわたくしには、グレーベ判決において示された解釈が我が帝国の構造に関するナチス的見解と相容れないとは思えないのです。むしろわたくしは、あの解釈はそうしたナチス的な考え方からきわめて自然な形で導かれたものであると考えております。あの解釈こそ……帝国の安全上の必要にも配慮したものです……

わたくしは、そうした事例はいずれも利敵行為と見なすこともできると確信しております。ですからわたくしはいつでもまず始めに、利敵行為を理由として下す処罰でも、公正な判決を行うことで同じように我が帝国の安全は確保されるだろうかという点を吟味するのです……」

しかし「公正な判決」など論外であった。人民法廷の法律家たちは、往々にして法律解説者たちの間で主流となっている解釈や帝国司法省局長たちが作成した公式コンメンタール（逐条解説書）から外れて、特別に苛烈な独自方針に従っていたのだ。テロ法廷では司法による独自解釈がますます頻繁に生み出されていった。その音頭取りは他ならぬフライスラーだった。

人民法廷の独走ぶりを示す例をもう一つ挙げよう。判決を出す過程では「扇動者」とただの「噂好き」の間の線引きに配慮することが求められていた。また戦時特別刑法（ＫＳＳＶＯ）の備考欄で帝国司法省は、必ずしも「すべての政治的な雑談」が防衛力破壊行為とは限らないことを強調していた。しかし人民法廷は、今ではあらゆる現実との関連を喪失し、そこが下す決定はこの場合も呵責ないものとなっていた。不平不満はほぼ例外なく扇動的と見なされた。防衛力破壊行為の「内的側面」の認定も人民法廷裁判官たちには何ら造作のないことだった。どの解説書でも少なくとも未必の故意の認定が必要であるとしていた。犯人は自身の破壊的発言が「民族の防衛意志を麻痺させ、または挫く」ことができるとある程度自覚していることが必要なのだ。しかし人民法廷の判決実践ではそうした認定の必要性は否定された。ドイツ軍の戦闘機は連合国軍の爆撃機の高度まで高く飛べないとか、スターリングラードの後でこの戦争は負け、連合国と講和を結ぶために総統は退かねばならないだろうといった主張をした者には、死刑が待っていた。

無数の判決にフライスラーの署名が残されている。人民法廷第一部の長であった彼は並外れた熱意をもって「指針となるべき裁判官業務」に当たった。世論にアピールできる裁判はたいてい彼が担当した。それは格好の舞台であって、彼は好んでその舞台にヒトラーの「政治の一兵卒」の役柄で登場した。そのとき法廷は国内前線の難攻不落の城砦へと姿を変えた。

彼が担当した大きな事件の一つが、ミュンヘン大学でクルト・フーバー教授やハンスとゾフィーのショル兄妹を中心に結成された反政府青年グループ「白バラ」に対する裁判であった。

一九四三年二月一八日。六〇〇キロメートル離れたベルリンでは、帝国宣伝相ゲッベルスがスポーツ宮殿でドイツ国民に対して最後の予備兵たちの動員を呼び掛けていた。彼が群衆に向かって「総力戦を望むか？」と問うと人々は声を合わせて「ヤー（然り）！」と応じた。この日、ゾフィーとハンスのショル兄妹はミュンヘン大学に向かっていた。二人はビラの入ったトランクを持っていた。ビラにはヒトラー政権の数々の犯罪を糾弾する言葉が綴られ、ドイツ民族がユダヤ人虐殺によって拭い去ることのできない罪を背負ったと断言されていた。そしてそのようなことを出来《しゅったい》させた民族全体の無関心に対する問いかけがなされていた。ビラの結びでは、ありとあらゆる方法で受動的な抵抗を行い、サボタージュ活動をすることでナチズムを打倒しようとの呼び掛けがなされていた。

二人はこのビラを大学の通路に置いて、その結果、数百名の学生が講義室を出たときにそれを読むことができた。ゾフィーは残ったビラを校舎の三階から吹き抜けの一階まで投げ落とした。しかしその様子を用務員が目撃していたのだ。彼は玄関扉を閉めると直ちにゲシュタポに通報した。ショル兄妹は逮捕され、監獄に入れられ、そこで尋問が開始された。その後「白バラ」の他のメンバーたちも次々と逮捕された。例えば二人の友人であり同志だったクリストフ・プローブスト、ヴィリ・グラーフ、アレクサンダー・シュモレル、そしてフーバー教授。

一九四三年二月二一日午後、容疑者たちに起訴状が渡された。そのわずか翌日にミュンヘンで裁判が始まった。被告人と弁護人には裁判に備える準備期間はまったく与えられなかった。ミュンヘンの司法宮殿（裁判所）ではフライスラーが裁判長を務めた。国家反逆および防衛力破壊を行う意図をもって大逆・利敵行為を準備した廉で、若き学生たちは人民法廷裁判官の前に立たされた。

彼らは最後となったビラでこう書いていた。

「ドイツの青年たちがついには起ち上がり、復讐とともに贖罪を行い、拷問者を粉砕し、新たな精神的ヨーロッパを築き上げることがなければ、ドイツの名は永久に汚辱の内に止まるであろう。学友諸君！　我々の動向をドイツ民族が注視している！　我々に期待をかけているのだ。一八一三年にナポレオンの暴虐を撃破した如く、この一九四三年もナチスの暴虐を精神の力をもって打破するであろうと。東部ではベレジナとスターリングラードが炎上している！　わが民族はナチズムによるヨーロッパの隷属化に抗して立ち上がり、信念に基づく自由と名誉の新たなる突破を目指すのだ」

今彼らはフライスラーの前に立っていた。裁判中、フライスラーは自身の激情を抑えていて、いつになく控え目で集中しているように見えた。審理の途中で一度、ゾフィー・ショルが強調するように言った。「私たちが話したり考えたりしたことは大勢の人たちの考えなんです。ただみんなそれを口に出す勇気がないだけで」。フライスラーはこれを黙って聴いていた。彼の前に立つ被告人三名それぞれに、いつも通り最終陳述が許された。ゾフィー・ショルはこの権利を放棄した。クリストフ・プロープストは子供たちのために自分の命乞いをした。ハンス・ショルは友人クリストフ・プロープストのために一言言おうとしたが、すぐフライスラーに遮られた。「自分自身の話がないのなら、いい加減にして黙っておれ」。そして下された判決は「死刑！」だった。その日のうちにミュンヘンのシュターデルハイム刑務所で死刑が執行された。最初に処刑されたのはゾフィー・ショルだった。後に処刑人は「あんな風に死に臨んだ者はそれまで見たことがなかった」と述懐している。ハンス・ショルは断頭台に頭を載せられる前に大きな声を張り上げたので、部屋中に響き渡った。彼が残した最後の言葉、それは「自由万歳！」だった。

ドイツ、一九四三年二月。ドイツ第六軍の北部部隊がスターリングラードを目前に降伏した。アウシュヴィッツその他のナチス強制収容所では数十万の「劣等人種」が殺戮された。帝国内では満一五歳となったすべての生徒が空軍補助員として召集され、ベルリンでは国民俳優ハインツ・リューマンが監督した映画『ゾフィーエンルント』が封切られた。

わずか数日前にスポーツ宮殿で割れるような大喝采を浴びながら「さあ国民よ立ち上がれ、嵐よ吹き荒れよ」という言葉で演説を締めくくったヨーゼフ・ゲッベルスは、今回は帝国文化院の院長という身分だったが、やはり貴賓として招かれていた。彼はここではドイツの映画製作者に向けて、「今後はもっと家族映画」を作るよう要求した。

ドイツ、一九四三年二月。目を眩まされた民族。加害者、同調者、日和見主義者、そして被害者からなる民族。

一九四三年四月一九日にフライスラーは再びミュンヘンを訪れた。証人の報告によると、その月曜日、ミュンヘン司法宮殿の会議室二一六号室は国防軍、党、ゲシュタポの関係者で溢れ返っていた。九時きっかりにフライスラーと検事総長の隣にはミュンヘン大管区指導者ヴァーグナーの姿もあった。九時上級ラント裁判所長と検事総長の隣にはミュンヘン大管区指導者ヴァーグナーの姿もあった。九時きっかりにフライスラーと彼の陪席裁判官たちが入室した。フーバー教授の弁護は教授の希望通り、法律顧問官のローダーが引き受けていたが、ローダーの最初で最後の職務行為は、起立して、自分はフーバー作成のビラの中に書かれている総統閣下への口汚い侮辱を今初めて知ったと表明することだけだった。さらに彼は、それを考慮するならば弁護の継続は不可能であるので解任を願いたいと申し出た。フライスラーは、今度は他の総勢一三名の被告人の担当である残りの五名の弁護士の内の一人を公選弁護人とした。しかしこの弁護士が自分は文書資料を読んでいないと抗議すると、フライスラーから侮辱的なあしらいを受けた。「余計な心配をするな。意味のあることならばすべてこちらで読み上げる。貴君は読み上げる内容が真実に基づくものであることをそのまま信用すれば良い」。

被告人に聴取する間、フライスラーはまるで「喜劇役者」のように振る舞ったという。両腕を派手に動かし、指で小刻みに机を叩き、叫んだり怒り狂ったりしたのだ。共同被告人の女子大生が「フーバー教授」と言ったときなど、フライスラーはすかさず怒鳴りつけた。「フーバー教授？ フーバー博士？ そんなのどこにいる？ ここにいるのは被告人のフーバーだけだ。こいつはドイツ人であるに値しない。ただのクズだ！」。

人民法廷の裁判官たちには長官の審理運営はすでに知れ渡っていた。特に彼が率いる第一部の構成員はフライスラーが被告人に対して抱く深い嫌悪と露骨な軽侮を熟知していた。審理の際に支配権を揮うのはただ一人、フライスラーのみであることをみなが弁えていた。ミュンヘンでのこの月曜日も例外ではなかった。裁判官も陪席裁判官も端役に甘んじていた。ひとり長官のみが言葉を発し、裁判の進行を決めた。

検事は主たる三名の被告人、フーバー、グラーフ、シュモレルに対して死刑を求刑した。嫌疑は「極めて困難な闘いの最中での反逆（背後からのひと突き）未遂」であった。次に公選弁護人が、教授は世間の常識に疎い理想家であり、また高名な学者でもあるとして酌量を求め、門下の若き友人たちについては無私無欲の行動だったことを強調した。しかしそれも徒労に終わった。

フーバー教授は若き学生グラーフ、シュモレルとともに死刑を宣告された。他の被告人たちは懲役刑で済んだが、その一部は重懲役だった。

ベルリンの国家保安本部の各部署との間でますます協力を深めていく人民法廷の訴追からは、誰ひとり逃れられなかった。容疑者がどれほど有名であったとしても。例を二つ挙げよう。

一九四三年三月のベルリン客演の際に、高名なコンサートピアニストであったカール－ローベルト・クライテンはヒトラー・ドイツに対して否定的な意見を述べ、政府首脳はもうじき「首から上の分だけ背が低くなる〔斬首される〕」だろうと予言した。クライテンは密告されて人民法廷に召喚され、一九四三年九月三日、公の場での防衛力破壊の廉で同法廷第一部から死刑を宣告された。判決にはこう書かれていた。

「被告人は、なるほど職業上の業績には見るべきものがあるが、我々の現在の闘いにおいては、我々の勝利を危うくする存在である。当部は同人を死刑とせざるをえない。なぜなら我が民族は、強き心で、一致団結して、何ものにも惑わされることなく我らが勝利を目指して進軍を続けるからだ」

当時ベルリンの「一二時新聞」のコラムニストで、戦後は「国際フリューショッペン」というテレビ座談会の座長としてドイツで最も有名なテレビジャーナリストの一人であったヴェルナー・ヘーファーは当時、この判決について、かなりナチスのプロパガンダ寄りのコメントを出している。

「罪を犯したひとりのアーティストに対して、道を踏み誤った最下層の国民同志よりも容易に許しが与えられる。そのようなことに対して今は誰も理解を寄せてはならない……」

かつてゲッベルスの高級週間新聞「ダス・ライヒ」でも働いていたヘーファーのこのコメントに対して、戦後は誰も理解を寄せようとしなかった。彼の雇用主であった西ドイツ放送は、自らの過去から手痛いしっぺ返しを喰らった花形ジャーナリストの彼を早々と引退させた。もちろん正規の年金給付付きで。ヘーファーはかつて自らがナチスに心酔したという事実によって仕事を失ったのだ。しかしそれはどちらかといえば稀なケースである。

もう一つ例を挙げよう。作家エーリヒ・マリア・レマルクの妹、エルフリーデ・ショルツ。彼女はフライスラー裁判長の人民法廷により死刑を宣告された。ナチス政権を批判したとされたのだ。兄は自著が焚書の対象となった直後にスイスに亡命し、ドイツの市民権を剝奪された後、そこからさらに米国に移住した。彼の書いた『西部戦線異状なし』は世界のほとんどすべての言語に翻訳された。彼は戦争はどれも恐るべき結果をもたらすものだとする警告を発して当局から睨まれることになったのだが、本人に責任を取らせることができなかったので、ナチスはその代わりに妹に対して意趣返しをしたというわけだ。

ドイツ、一九四三年。フライスラーが人民法廷長官に就任してからすでに一六ヶ月が経った一二月四日に、国家保安本部は内部報告書で「防衛力破壊事案」に対する「より厳格な闘い」の必要性を指摘し、これと関連して諸手続きを人民法廷に集中させることにも言及した。もともとフライスラー長官時代の人民法廷は、ティーラックが長官を務めた時期よりも密接にゲシュタポと連携して業務を行っていた。その結果、非常に多くのケースがそもそも訴訟にまで至らないという事態となった。つまり密告され容疑をかけられた人物は裁判所での審理なしに強制収容所に移送されたのだ。フライスラーの元で人民法廷の裁判官たちは、それまでの数年間よりもさらに過酷な判決を言い渡した。人民法廷の法律家たちがいかに熱心に業務を遂行したかは、例えば以下の数字からも分かる。

一九三八年一二月には合計一二三〇名だった人民法廷の未決囚は、一九四三年四月には四一二八名に増加していた。同法廷が創設された一九三四年に行われた審理が五七回であったのに対し、一九四三年に人民法廷裁判官たちが「民族の敵たち」を相手に行った裁判は何と一二五八回を数えた。

人民法廷の六つの部の活動は、特別裁判所と戦時裁判所を含めた他の裁判所を上回っていた。それらの裁判所の判決をフライスラーはしばしば「寛大」すぎると批判した。人民法廷ほど多く「血の判決（死刑）」を連発した裁判所はなかった。職務熱心だったフライスラーは人民法廷の効率を証明するものとして、半期ごとに活動概要書を公表し、それを帝国司法大臣に送付した。一九四三年一月一一日付の概要書は一九四二年一月一日から一二月三一日までの一年間の報告であるが、そこからは以下のことが分かる。わずか一年間に有罪判決を受けた者が二五七三名おり、内一一九二が死刑、一〇七名が無罪、残りは終身刑もしくはその他の禁固刑であった。フライスラーが単独で裁判長を務めた一九四三年の上半期を見てみると、一七三〇件の有罪判決が出され、その内八〇四件で死刑が言い渡された。無罪判決はわずか九五件であった。概要書には項目一五として、「他の方法で処理された事案（容疑者）」すなわち強制収容所に移送されたり、ゲシュタポに再移管されたりした四人のことが記されている。人民法廷の登録によるとそうした事案は一九四二年に四九五件を数え、フライスラーが担当した一九四三年は上半期だけで五六一件あった。

最も熱心に有罪判決を出したのはフライスラーの第一部である。そこは最も重要な事案が扱われ、また最も世間の関心を呼ぶ裁判が行われた部門であるが、言い渡された死刑の数もここが最も多かった。すでに一九四三年に着任した直後からフライスラーは人民法廷の裁判に決定的な影響を及ぼし始めた。自分の担当する第一部に対して「人民法廷のすべての裁判に自分が参加できるようにするため」のあらゆる方策を指示したのだ。したがって被告人は誰でもフライスラーの恐るべき判決に服すことを覚悟しなくてはならなかった。こうした権力の濫用は帝国司法大臣が一一月二二日にこの悪しき慣用を廃止するよう求めるまで続いた。廃止の代償としてフライスラーは、自分の部にドイツの知識人や経済界の大物たちの可罰行為を裁く権限を獲得し、これによって以前にも増して強大な影響力を得るに至った。

人民法廷が最も頻繁に扱ったのは防衛力破壊の事案であった。

一九四一年一二月にヒトラーが発した「夜と霧」命令に基づく一連のいわゆる「夜と霧」裁判は、

頻度の点では第二位であった。この命令の裏には、ドイツ軍が北部および西部ヨーロッパの大部分を占領した後で、ドイツ占領軍の個人や組織を標的とする襲撃やサボタージュ行為が頻発していたという事情があった。ヒトラーはテロやサボタージュ行為に加担した者を例外なく死刑とするよう命じた。国防軍最高司令部総長カイテルは、これについて一九四一年末のある命令の中で触れている。


「占領地域で帝国もしくは占領軍に対する襲撃が起きた場合、犯人にはこれまでとは異なる措置を講ずるべきだということは、総統閣下が長い熟考の末に到達された決意である。

総統閣下のお考えは、そのような犯罪では、自由刑ではたとえ終身刑であっても生ぬるいというものである。効果的かつ持続的に怖気づかせるには、死刑か、または親族や住民に犯人の運命を知らせない措置を取るしかない。

この目的にはドイツへの移送が役立つ」


つまり犯人たちは「夜と霧」に紛れて連行され、殺害された。問題はどの裁判所に死刑を宣告させるかである。

管轄権をめぐるせめぎ合いの中でフライスラーも名乗りを上げ、「夜と霧」事案が人民法廷の領分に帰属する場合はそれを人民法廷で裁くことは可能であるとした。「政治の一兵卒」は就任時に総統に約束したのと同様に、今回も積極的な協力を申し出たのだった。

人民法廷による最初の「夜と霧」裁判は一九四二年八月に始まった。その数は年末までに一〇〇〇件を超えた。八〇〇件以上をフライスラーは人民法廷の負担が重すぎるとして、特別裁判所や上級ラント裁判所に移管し、残りは彼と彼の第一部が自ら担当した。被告人が一〇〇人以上となる大型訴訟もあった。ふつう例外なく死刑が言い渡された。死刑があまりにも多すぎて刑務所の中には処刑が追いつかないところもあった。それゆえ連合軍による空襲で交通網はますます寸断されてはいたが、死刑囚は例えばベルリンの刑務所から他の大管区の刑務所へと護送され、そこで処刑部隊が血腥い職務を遂行することとなった。親族には決して通知されず、死刑囚の遺書は捨てられた。国防軍司法府も関与していたこの「夜と霧」裁判は「国家機密」事項とされていた。同司法府は占領地域で下されたすべての死刑判決が二四時間以内に執行されるよう配慮した。

めったになかったがそれらの裁判で無罪となった者も、その後ゲシュタポの手に引き渡された。だがそれは確実に死を意味した。ほとんどの者が強制収容所に移送され、そこで殺害されたのだ。

国家の敵に対して無数の法律や条例が作られ見通しのきかない密林のような様相を呈していた中で、管轄権をめぐる諍いやさまざまな定義、解釈に関して対立意見があったにもかかわらず、警察、ゲシュタポ、党、司法からなる「国内戦線」は少なくとも対外的にはいささかも揺らぐことはなかった。

それでも司法の各部署は、特別な地位に基づいて、自らの要求を再三発信した。司法の役割を高めるためにティーラックは、すでに一九四二年一〇月一二日に通達を出している。その中で彼は、裁判官たちに国家官僚の中でも特別な地位を認めていた。ナチスドイツにおいて裁判官は官僚ではない、裁判官は裁判官と見なされねばならないと言うのだ。

その裏にはもちろんティーラックの意図が隠されていた。司法全体をさらに緊密にナチスと連携させるという意図が。

彼はすでに帝国司法大臣に任命された直後から、ヒトラー本人用に特定の「総統向け情報」を作成することを始めていた。その中で彼は「極秘事項」として、裁判と判決、特に人民法廷のそれらについて報告を上げていたのだ。

ティーラックの意図は、戦時の今こそ司法全体を厳格なるナチス路線に乗せることだった。これは彼には難なく成功するように思えた。帝国のどこを見ても法律家たちの間から大した抵抗は起きていなかったのだ。「総統閣下が命じ、我々は従う……」という戦闘を呼びかける標語をもじって「ティーラックが命じ、我々は従う……」という意識が主流となっていた。

一方フライスラーはひたすら自らの目標を追求していたが、それをティーラックは見過ごさなかった。その結果、ティーラックはフライスラーに対する昔の疑念を再確認することになった。彼は、民衆にアピールする裁判をフライスラーが一手に引き受け、裁判長としてしばしば芝居がかったパフォーマンスを披露している事実も記している。ティーラックは、フライスラーの審理方法をあまりにもがさつで不必要に相手を痛めつけるものだと感じていた。とはいえティーラックは後任の人民法廷長官フライスラーに対して、彼こそ人民法廷を効率的に率いる立役者であることを認めないわけにはいかなかった。ティーラックは、彼の判決はたしかに過酷なものであるかもしれないが、国家の窮境にふさわしいものであり、それゆえきわめて模範的であると評した。なにしろ帝国中でサボタージュや防衛力破壊を行う者、敗北主義者や利敵行為に走る者が現れてきているのだから。ティーラックもフライスラー同様に確信していた。ドイツは戦時下にあるのだから厳しい刑事司法は必要であり、賛成者に非ざる者は反対者、すなわち民族の敵であって、その限りで司法の取り扱うべき対象なのであると。

フライスラーもこの見解を共有していた。一九四三年一〇月の書簡ではこう書いている。「自分が一面的な司法実践を行っているという事実は私も重々承知しております。しかしそれはひとえにある政治的な目的、つまり自分のもてる力をすべて傾注して、一九一八年の繰り返しを避けるという目的のためなのです」。

またしても、裏切りとサボタージュによる国内前線の瓦解というフライスラーの例のトラウマである。一九四四年二月四日の書簡で彼は、ドイツ人の国民的アイデンティティ、今まさに必要な「健全な」ナショナリズムに対する疑念を表明している。自らも中心となって提唱した立法の厳正化に絡める形で彼はこう書いた。

「私の考えでは、そのような法律は決して公布されなかったでしょう、もし我々ドイツ人が実際に心の奥底から互いに連帯した国民であり、フランス人やイギリス人において認められるような国民の矜持をもっていたならば。

たまに冷静に思索を巡らせ、徹底して考えるための時間ができると、私はいつも我々が一九三三年から一九三九年までの数年間にあれほどまでの進歩を遂げ、一九三九年以降はあのような輝かしい軍事的な成果を上げることができたことに驚きを禁じ得ません。それらの成果は一致団結しているとは言い難い我々の民意にもかかわらず、克ち取られたものなのですから。

こうした理由ゆえに警戒がいよいよ必要となるのです。それは一九一八年の二の舞になることに対する警戒です。たとえそれが意味する戦いが結果的に我々を瓦礫の下に葬ることになろうとも、我々は警戒を怠ってはなりません」

フライスラーは帝国の津々浦々をめぐる視察の旅で戦災の瓦礫の山を自らの眼で見ることができた。爪跡が連合軍の爆撃の凄まじさを物語っていた。それは人民法廷の裁判運営にも影を落とした。参審員や弁護人が開廷に間に合わず、裁判が遅れて始まるケースもまれではなかった。特に弁護側にとっては、こうした遅延の結果、依頼者である被告人と告訴について話し合う時間がわずかしか残されないということになった。いずれにせよ一九四三年二月九日付の書簡の中で、検事長ラウツはフライスラーに対して、そもそも弁護人を立てるかどうかの決定はもっぱら裁判官に委ねるよう提案している。その後、毎回というわけではないが、ますます頻繁にこの提案通りのやり方が行われた。すでに一九四二年末には死刑囚が司祭による教誨を受けることすら禁じられた。被告人はモノ扱いされる無力な存在でしかなかった。

新たな指針に基づいて、今や人民法廷の裁判官たちは全員例外なくナチ党員となっていたのであるが、連合軍の爆撃によってドイツ帝国がますます瓦礫の山へと崩壊しつつある中でも、彼らは容赦なくその職責を果たし続けた。長官フライスラーの意向そのままに。彼は一九四四年一二月一日になってもなお、人民法廷の判決を「我らが民族の継続的な自己浄化」と位置づけ、テロ法廷の使命を以下のように要約している。

「人民法廷は揺らぐことのない政治的安定を確保するために欠かせない、我らが大ドイツ帝国の最高法廷である。それゆえ我らが帝国を裏切りから守り、我らが民族を戦闘力の破壊から護ることは、生命と自由をめぐる現今の我々の闘いにおいて、我ら人民法廷の使命なのである。我々は迷うことなくこの使命を見据えるのだ。

総統閣下に付き従う国家社会主義者として、我々はこれを行う。絶えず前方、我らが総統閣下のおられる場所を仰ぎ見ながら。国民と帝国の指導者であられる閣下は同時にドイツの裁判官でもあらせられる。それゆえ我々は閣下の意を汲み、その代理人のごとく裁くのだ。

ゆえに我々は、判決の拠り所とすべき行動基準、共同体倫理に適った政治的公準を国家社会主義的な共同体感覚の中から直接汲み上げねばならない」

フライスラーはこの共同体感覚への疑念を次第に頻繁に口にするようになるのだが、公の場で漏言することは決してなかった。その反対に彼はナチスのプロパガンダ様式に則って、国民の連帯を訴えた。

「連帯によって我らが民族は幸福となりうる！　これによってのみ我らが民族は結束へと至るのだ。とりわけ裁判官として連帯の在り処と進むべき方向を拠り所とする者は、理論と仮定の迷宮に迷い込むことも、疑心暗鬼となって弱さや寄る辺なさに足を掬われることもあり得ない。そのような者は有能であり続け、我らが民族の短縮縦隊における力強い行軍者であり続ける。もしそれが司法の従うべき指針であるならば、我らが民族も知っている。民族同志が責任を問われる場合、つまり名誉と自由、生命が問題となる場合には、「オカルト学」の遊戯法則などではなく民族魂の内的法則、つまり我々すべての良識感覚によって判定がなされるということを。総統閣下が我々に求めておられること、我々にあれほど何度もお話しになったこと、我々に絶えず垂範しておられること、それはつまり我々の生命自体の法であり、我々はこの法に則って任務に就いたのである。

我々は確信している。我々がそのような考えの元に判決を下したならば、良識人は誰でも我々の判決を理解し、諾《うべな》うであろう。いやそれではまだ足りない。さらにその判決を自らの判定と感受するであろう。これを通じて我々は我らが民族の持続的な自己浄化という役割を手に入れるのだ……。

我々の最も危険な敵、それは敗北主義であり、この敵の根本法則はその伝染性である！　我々はあの一九一八年に火傷して火の怖さを知った子供たちである！……

我ら戦う民族に迫る危険を事前に回避すること、背中へのひと刺しに対して備えること、それは決して密告などではない、国民の当然の義務なのである！

我々を疑いの眼で見る者たちすべてにこの点を説明しなくてはならない……。

敗北主義者たちに対する我々の判決は彼らの弱さ、臆病さ、不十分さゆえに厳しいものとならざるを得ないが、それは健全なる者、強き者が誰一人弱さに感染してはならないからである。外地の前線においても、臆病風に吹かれた者がこっそり身を潜めた場所から、戦友たちの多大な犠牲によりようやく引きずり出されるようなことがあれば、その臆病者は己の弱さを弁解できない。その隠れ場所が彼にとっての名誉なき墓所となるのだ。

そして弱さというものはまさしく伝染する！

我々、大ドイツ帝国の人民法廷はその職務において、国家社会主義的な信念に支えられ、我らが政治的世界観の活力に鼓舞されて、国の内外を問わず義務へと警告する者であり、連帯と強靭さへと呼びかける者、我らが民族の力を守護する者なのである」

フライスラー言うところの「民族魂の法」は、過酷な判決の中に体現されるべきものであり、それらの判決は「良識ある国民同志」ならばだれでも信拠しうるものとして作成されねばならなかった。そのためにフライスラーは、ドイツ司法においてはまったく斬新な判決文の作り方を編み出した。すでに判決文には犯罪行為自体（例えば大逆・国家反逆行為、防衛力破壊、利敵行為など）も処罰も盛り込まれず、大まかな激昂した言葉で犯人の概要のみが記されるようになっていた。その際にフライスラーは犯人をきわめて恥ずべき卑劣な人物、それどころか稀代の大犯罪者のごとくに描写し、その当然の帰結として、被告人が犯した取るに足らない違反行為ですら、前代未聞の脱法行為と決めつけることとなった。法律の侵犯がどの法的区分に該当するかということも示されず、しばしば手続き規定を無視する形となった。

その代わりに犯行の「恐ろしさ」と犯人の「傲慢さ」が綴られた。それに基づいて内容上「妥当な刑罰」を導き出すためであった。「民族の名において……」。

判決では国家社会主義が錦の御旗とされ、これを批判することはドイツ民族への攻撃と見なされた。フライスラーは倦むことなく、国家社会主義こそドイツ民族に唯一ふさわしい生存様式であると唱え続けた。そこには彼にとってドイツ人の卓越した特性と思われるすべての徳目、すなわち忠誠心、勇気、雄々しさが含まれていた。これらの徳目によってのみ被告人は評価されねばならなかった。判決理由の中で彼はしばしばゲルマンの箴言を引き合いに出した。「行為が人を裁く」とか「裏切り者は狼の餌食〔犯罪者は住む場所を与えられず、死刑の場合は埋葬もされない〕」といった類である。

フライスラーはすべてのドイツ人が国家社会主義に「喜んで」帰依すると考えたのだが、それと並んで彼は特に「総統」を手放しで称賛した。フライスラーが出した判決では、ヒトラーは深謀遠慮の家長、国民を第一に考える卓越した指導的政治家、やむなく戦争へと強いられたがその指導力により勝利を確たるものとする天才的司令官として讃えられた。総統、党、国防軍に対する疑念は裏切り行為に他ならず、恐るべき犯罪として烙印を押され、このうえなく厳しい罰が下された。

「大ドイツ帝国」や「最終勝利」といった大言壮語にもかかわらず、フライスラーは国防軍の劣勢を知っており、空爆の恐るべき影響を目の当たりにしていたし、迫り来る大破局の最初の兆候をも嗅ぎ取っていた。しかしその判決では、彼にとって明らかなものとなりつつあったこうした胸塞ぐ展開についての弱音は曖気《おくび》にも出さなかった。その反対に、最終勝利を確信して総統に絶大の信頼を置こうとしない者は「民族の名において」殲滅されねばならなかった。

情け容赦のない判決の裏で、彼は内心の疑念とも戦っていたのだろうか？　それは一種の自罰行為だったのだろうか？　彼の外部世界、取り巻き連中、そして特に被告人たちがフライスラーの二律背反する心中を悟ることはなかった。

フライスラーの判決様式は冷酷な心情刑法〔被告人の悪しき意思や心根を理由として処罰すること〕の露骨かつ不吉な形の表現であるが、人間を徹頭徹尾、蔑視するものであった。そしてこの様式が派閥を生んだ。少なくとも人民法廷において。多くの裁判官たちは、長官の語法に倣って判決文を起草すべく大いに努めた。むろんフライスラーの能率と完成度に匹敵する者は一人もいなかった。彼は判決文の起草を文書担当裁判官に任せず、裁判官会議の終了直後に自ら判決文を口述筆記させた。死刑理由をわずか数ページで済ますことも珍しくなかった。またあれほど多くの死刑判決を口述筆記させた者は彼を措いて他に一人もいなかった。

裁判官会議以外に彼は長官業務もこなし、会談を主催し、講演も行った。プライベートな時間はほとんどなかった。すでに五歳と七歳になっていた息子のローラントとハーラルトの相手をする暇もほとんど残っていなかった。息子たちや妻マリオンと過ごす機会もますます減っていった。この頃は義務が優先され、私生活は二の次だった。民族と祖国、総統閣下と党の危難が誰の目にも明らかとなった今ではなおさらだった。重要なのは「最終勝利」でありドイツだった。フライスラーの任務は敵の打倒と殲滅であった。彼は「政治の一兵卒」であり、法廷が彼にとっての前線だった。

フライスラーは法廷を政治的な舞台として利用した。審理のスムーズな進行を確保するため、彼は担当の参審員に事案に対する自らの見解を事前説明するようにしていた。通例、この時点で判決は決まったも同然だった。自分の眼の前に立つ被告人たちに対する彼の態度は、もっぱら彼らの態度に左右された。犯罪構成要件を軽視しようとする相手には皮肉と憎しみと軽蔑が浴びせられた。彼は独裁的に、かつ法律に縛られることなく審理を進行させた。被告人を怒鳴りつけ、その大音声で相手の発言をかき消すこともまれではなかった。被告人には最後まで話をさせず、悪し様に罵った。彼は被告人たちを怖気づかせようとし、大勢の聴衆の前で笑いものにしたのだ。弁護人も彼によってだんまり役へと貶められた。証拠申請はあっさり却下された。立証状況が変わったとしても裁判所は異なる決定をしないという点がしばしばその根拠とされた。その代わりに彼は身振りや明快な発言を通じて、どのような申請を自分が期待しているかをあからさまに見せつけた。彼の陪席裁判官たちも副次的な役割を果たしたにすぎなかった。

判決には部内で協議する必要はなかった。部のメンバーが異なる意見を出すようなことがあると、フライスラーは熱弁をふるい、下手に触れれば手が切れるような鋭さで応酬したので、ほとんどの者は黙ってフライスラーの意見に与する方を選んだ。ただ国防軍の将官クラスの士官が栄誉職の陪席法官として参加した場合のみ、フライスラーは質疑を許可した。その場合でも「協議」の終わりに採用されたのは、ほとんどいつもフライスラーが予め決めていた判決文であった。フライスラーが裁判所なのだ。彼の裁判官席の前に立たされた者はすでに敗者と見なされた。人民法廷の判決は「我らが民族の継続的な自己浄化」であるという彼の根本思想に違わず、フライスラーは死刑判決を連発した。

人民法廷が一九四二年に言い渡したほぼ一二〇〇件の死刑の内、半分以上の約六五〇件がフライスラーの第一部によって下されたものであった。翌一九四三年でも一六六二件の死刑の内、約半数の七七九件がこの第一部によるものだった。さらにおよそ二一〇〇件の死刑が宣告された一九四四年でも、第一部の下したものは八六六件あった。

人民法廷の他の裁判官たちが異なる見解やより穏健な意見を述べると、フライスラーは侮蔑的な罵倒を浴びせ、そうした裁判官を「時代遅れの旧学派の代理人」と呼んだ。第四部の判決を不服としたフライスラーはその部長に抗議文を書き送り、判決の厳格化を迫った。この苦情が無視されると、フライスラーは次に防衛力破壊案件そのものをこの第四部には扱わせないようにしてしまった。いずれにしろ長官であった彼は「特別異議」の申立てによって、人民法廷の各部が出した気に入らない決定を覆して自分自身の判決に変えることができた。一九四四年だけでフライスラー率いる「特別部」は七五件の死刑判決を言い渡した。もともと軽懲役刑だったものが死刑に変えられたことの背後には、しばしばフライスラーの精力的な働きかけがあったのだ。

屈することを知らぬ「政治の一兵卒」フライスラーの。彼は数千の人々を死へと送り込んだ。まさしく法服を纏った殺人鬼であった。

彼の容赦なき判決実践の名残は今日、コブレンツにある連邦公文書館の「殺人（処刑）記録簿」で見ることができる。数千件の死刑。それぞれの文書が野蛮な司法を、そして情け容赦ない裁判官たちの存在を、もの静かに指し示している。かつて「民族の名において」行われたことの証人として。

第7章 民族の名において

公正な判決の宣告ではなく敵の殲滅、それが人民法廷の使命であった。真紅の法服を纏った裁判官たち。その誰にもまして長官フライスラーは徹底した狂信主義をもって自らの使命を実践していった。これは公然たる秘密であった。

ドイツの人々は知っていた。彼らは人民法廷の死刑判決の公示を、あの返り血を浴びたかのように赤い貼紙を眼にしていたのだ。見ようと思えば誰にでも見ることができた。それなのにほとんど誰一人見ようとしなかった。連合軍の優勢にもかかわらず「最終勝利」をなおも信じていた党支持者たちも、国中のお祭り騒ぎの中で目前に迫る破滅のシグナルを聞き逃したヒトラー心酔者たちも。彼らはあいかわらず歓声を上げ、練り歩き、密告を続けていた。総統や国防軍、帝国に対する微かな疑念をこれまで通り、ぐっと呑み込み、抑え込んで歩き続けていた日和見主義者や同調者も同じだった。ヒトラー・ドイツ人。協力した者、傍観していた者、そして目を背けた者たちからなる民族。

これら以外の人々、反対派や体制批判者たちは、すでにとうの昔に逮捕され、殺害され、国外に亡命していた。あるいは強制収容所で自らの死を待っていた。とすればいったい誰に人民法廷の血に飢えた裁判官たちを押し留めることができただろうか？　誰に抗議の声を上げることができただろうか？　誰に被害者の痛みを共に苦しむことができただろうか？

フライスラーがしきりに熱弁をふるって喧伝した「民族の自己浄化」、それが十全に機能したのだった。

人民法廷の死刑判決は「民族の名において公示」され、民族の名のもとで実際に執行された。ドイツの国民同志は血に飢えた司法の共犯者と化していた。加害者と共犯者からなる民族。では被害者は？

以下に紹介する文書は物言わぬ証人である。数千件の死刑判決の中から本書のために一〇件を選んだ。いずれもフライスラーの人民法廷第一部が下したものである。司法の実践においては同法廷のその他五つの部との間に何ら違いは認められない。人民法廷が言い渡した五二四三件の死刑判決の代表例として以下に紹介する一〇例は、それ自体が「判決理由」を兼ねるものでもあるのだが、ささやかで罪のない「体制批判」に対する当時の狂信的な不寛容さを証し立てている。何気ない一言や露骨とも言いがたいジョークが、それだけですでに死に値する大罪と見なされたのだった。

判決文に見られる粛清的な言説は決してフライスラーの「悪魔的性格」に由来するものでもなければ、特殊な人物の怒りに我を忘れた暴言でもない。それは非人間的な司法を、暴君的な体制を、そして眼を眩まされた民族を体現する言説なのである。

判決文１　「市民としての名誉は永遠に毀損された」

ドイツ民族の名において！

鉱山労働者ディートリヒ・テムベルゲン（カンプ-リントフォルト在住、一八八七年一一月二一日、ウトフォルト近郊ベアル生まれ。現在本件により未決勾留中）に対する、大逆行為準備等を容疑とする刑事訴訟において、人民法廷第一部は一九四三年一月七日の公判に基づき以下を認定する。

裁判官
人民法廷長官
フライスラー博士（裁判長）

ラント裁判所長官　クライン博士
総労働指導者　ミュラー
親衛隊少将　警察長官　ボーレク
市評議員　カイザー

検事長代理人
ラント裁判所判事　フォン・ツェシャウ

法廷文書担当官
上級司法書記官　ペルツ

被告人は戦争の最中、帝国の敵に利する行為を行った。路面電車内で英国のビラを片手に、国民は革命を起こすべきだと公言したのだ。被告人はこれにより死刑宣告を受け、市民としての名誉を永遠に失った。本件の訴訟費用は同人の負担とする。
この複写物の内容の正しさは確認済みであり、本判決が執行可能であることは証明されている。

理由
被告人は毎朝、路面電車でリントフォルトから通勤していた。六時発の電車である。一九四二年七月後半に隣のメアス市が英軍の激しい空襲を受けた翌朝も、被告はいつも通り比較的空いていた車両に乗り込んだ。そこには女性車掌の国民同志Vがいた。
被告人は鞄から英国のビラを何枚か取り出し、それを示しながら「ここに書いてあることはすべて正しい」と言った。そこで車掌が「そんなものは捨てなさい、電車の中ですることではないでしょう」とたしなめると、被告は「あんたは腹一杯食べているか?」と訊いた。同女が「私だって自分の配給分しかないけれど、何とか食いつないでいるわ」と答えると、被告は「俺は空腹を抱えてベッドに入る。戦争でいい目を見るのはああいう太った連中だけだ。民衆は手を取り合って革命を起こすべきなんだ。そうすりゃ平和な世の中になって、太った奴らは血が流れるまで自分で自分の頭を殴ることになるだろうよ」。車掌が「じゃ、あなたはロシア軍が来たらもっとたくさん食べられるとでも思っているの?」と尋ねると被告は頷いた。そこで車掌は言った。「あの連中が来たら私たちはみんな紐を渡されて、それで自分の首を吊ることになるでしょうよ」。

国民同志Vが警察署で話した内容と証人として当法廷において行った証言はほぼ同一で、その話しぶりもきわめて落ち着いていた。同女は信頼に足る人物であるという印象を与えた。

事件の顚末は同女の証言からすでに明らかである。

同女の証言は乗客として乗り合わせた国民同志Oの証言からも裏付けられている。その信頼できる証言によると乗客Oはその場面の冒頭に居合わせた。Oは被告人がビラ（同女は慎重に「ビラのように見える紙」と表現した）を取り出すのを見て、「晩飯を腹一杯食べたら、朝には何も食べるものがない」と言うのを聞いた。Oが降車したときも、被告はまだ喚いていたという。

この証言に頼らずとも国民同志Vの証言は被告人自身の供述からも裏付けられる。被告人は警察での初回事情聴取ですべてを否認し、ただ乗り合わせた乗客と給与明細の話をしただけだと述べたのであるが、二度目の事情聴取で女性証人Vと対面させられた際には早くも「証人の述べたことは否定しないが、自分がそう言ったかどうかは覚えていない」と説明した。さらに裁判所での審訊では「自分が『戦争でいい目を見るのはああいった太った連中だけで、民衆は手を取り合って革命を起こすべきだ、ロシア軍が来たらもっとたくさん食べられるようになる』と言ったかどうか、よく思い出せない」と述べた。さらに人民法廷での被告人はことさらぶざまで馬鹿げた供述に終始したが、以下の三点だけは認めている。

一、「ビラ」について話したこと。ただし被告人は給与明細（!）のことだったと主張。

二、「太った連中」について話したこと。ただし被告人は政府ではなく工場主たちのことを指して言ったと主張。

三、民衆が手を取り合って革命を起こすべきだと言ったこと。

この供述は国民同志Vの証言内容と一致するものであると、正当に認定することができる。

弁護人は被告人はただの不平家にすぎないと述べた。しかし当法廷はこれに同意できない。敵国のビラを手に持って、民衆は革命を起こすべきだと公言する者は、極めて危険な形で国内前線を切り崩す者に他ならない。ドイツの兵士たちが過酷な戦いの中で命を懸けて戦っているというのに。この類の輩は我らが軍に対して背後への一刺しを喰らわす。一九一七年／一八年が示すように、それは危険極まりないものである。たとえ第一の、第二の、あるいは無数のそうした背後への一刺しがいまだ標的に届いていないにせよ。このことは誰でも知っている。やや知能に問題のあるこの被告とて同じである！　つまり被告は不平家などではなく、戦いの最中にある民族にとって、危険極まる敵なのである。爆弾とビラを一緒に投下したときに英国人が狙ったまさにその通りのことをこの男は行った。すなわち民族の破壊、総力戦における国防力の弱体化、そして利敵行為（刑法典第91b条）である。

被告人の行動は帝国にごくわずかな損害しかもたらし得ないという主張もあるが、それは論外である。というのも被告人の行動は、運命の天秤において「我らが民族の敗北」と記された天秤皿に投げ込まれた一個の分銅なのだ。それゆえ被告人は戦いの最中にあるドイツ民族の中から排除されねばならない。当法廷は同人に死刑を言い渡す。

我らが兵士たちに対する裏切り者として、被告人は永遠に名誉を剝奪された者となった。

署名　フライスラー博士　クライン博士

一九四三年二月二五日、「人民法廷検事長」の事務担当官の一人である主席検事ドゥルルマン博士は、文書小包を書留便で、ベルヴューー通りの人民法廷からヴィルヘルム通りの帝国司法省に送った。名宛人は上級参事官ウルリヒ気付、帝国司法大臣であった。検事長の起訴状、意見書付きの恩赦嘆願書および判決文の複写二通の他にドゥルルマンの書状も同封されていた。

「同封物として、人民法廷第一部の一九四三年一月七日付判決の関連文書をお送り致します。上記の者に対する起訴に関して死刑および市民としての名誉権の永続的な喪失を言い渡したものです。犯罪人は現在ベルリンのプレッツェンゼー刑務所に収監されております。当職が問い合わせたどの部局も赦免に賛成してはおりません。

この犯罪人は、故郷の近郊が敵国の空襲に見舞われた後で、手に持った英国のビラを指差しながら破壊的プロパガンダを公言したのみならず、革命を起こし、それによって戦争を終わらせることをアピールしました。そのような破壊活動の危険性に鑑み、また他者への抑止効果という理由からも、当職は死刑の執行が必要であると考えます。

またそれゆえ恩赦権の行使につきましては、これを行わないよう、ご提案申し上げます」

一九四三年三月三〇日に帝国大臣ティーラックはこの提案を受け入れた。大臣も今は「司直の正義に委ねる」べき時であると考えたのだ。

「一九四三年一月七日に人民法廷によって死刑を宣告されたディートリヒ・テムベルゲンの刑

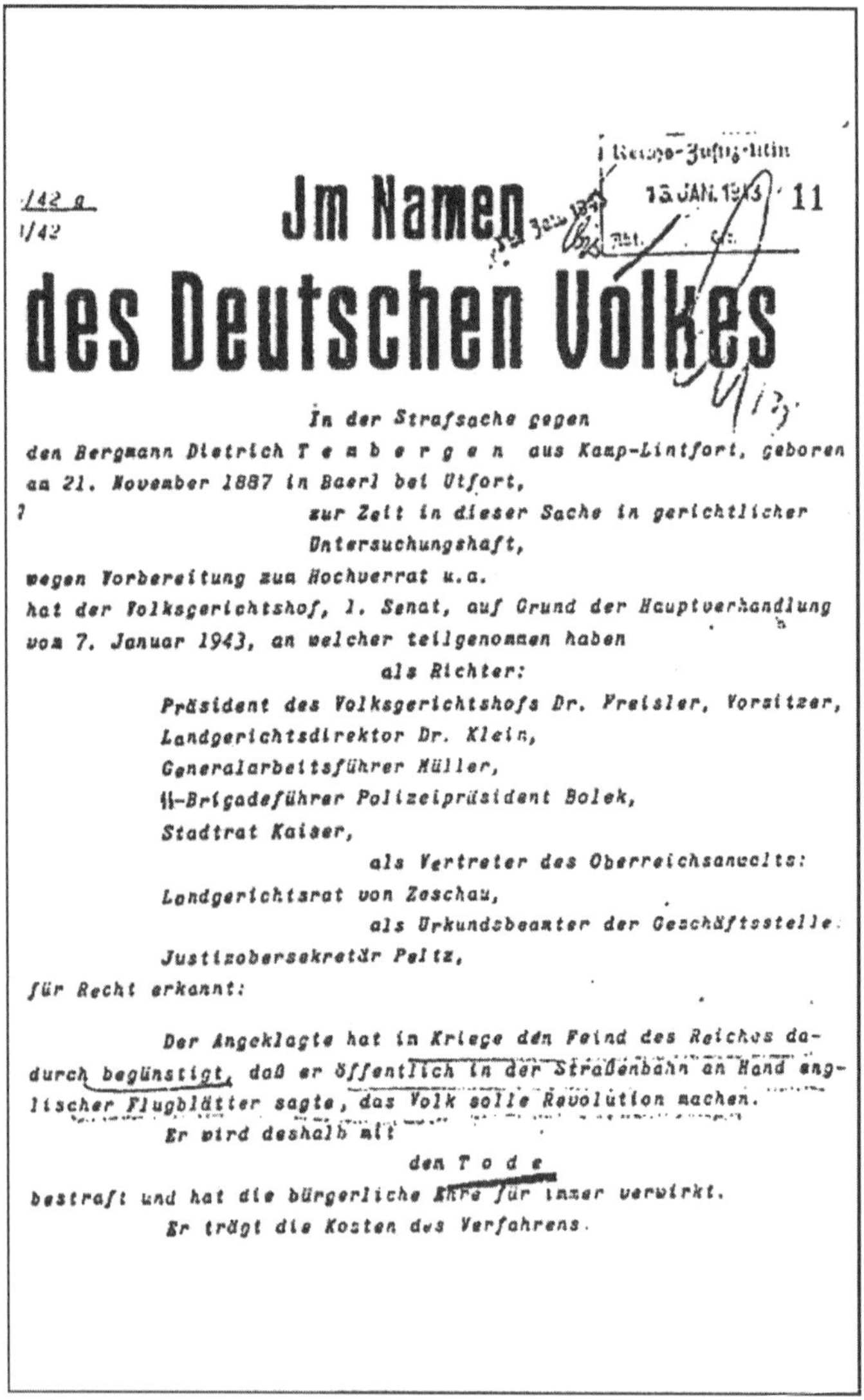

142 a
1/42

Reichs-Justizamt
13. JAN. 1943 11

Jm Namen des Deutschen Volkes

In der Strafsache gegen

den Bergmann Dietrich T e m b e r g e n aus Kamp-Lintfort, geboren am 21. November 1887 in Baerl bei Utfort,

zur Zeit in dieser Sache in gerichtlicher Untersuchungshaft,

wegen Vorbereitung zum Hochverrat u.a.

hat der Volksgerichtshof, 1. Senat, auf Grund der Hauptverhandlung vom 7. Januar 1943, an welcher teilgenommen haben

als Richter:

Präsident des Volksgerichtshofs Dr. Freisler, Vorsitzer,
Landgerichtsdirektor Dr. Klein,
Generalarbeitsführer Müller,
ᛋᛋ-Brigadeführer Polizeipräsident Bolek,
Stadtrat Kaiser,

als Vertreter des Oberreichsanwalts:

Landgerichtsrat von Zeschau,

als Urkundsbeamter der Geschäftsstelle:

Justizobersekretär Peltz,

für Recht erkannt:

Der Angeklagte hat im Kriege den Feind des Reiches dadurch begünstigt, daß er öffentlich in der Straßenbahn an Hand englischer Flugblätter sagte, das Volk solle Revolution machen.

Er wird deshalb mit

den T o d e

bestraft und hat die bürgerliche Ehre für immer verwirkt.

Er trägt die Kosten des Verfahrens.

7.ディートリヒ・テムベルゲンに対する死刑判決

事事件において、当職は総統閣下からの授権に基づき、恩赦権を行使せず、司直の正義に委ねることを決定する……」

この九日後に鉱山労働者ディートリヒ・テムベルゲンはプレッツェンゼー刑務所の独房から連れ出され、処刑された。事務官ドゥルルマン博士の代理人として同僚のパリジウスが、一九四三年四月一〇日付の短信で帝国司法省に、刑がつつがなく執行された旨を報告した。

「カンプーリントフォルト在住の鉱山労働者ディートリヒ・テムベルゲンに対して一九四三年一月七日の人民法廷第一部による判決で言い渡された死刑は、一九四三年四月八日に規定通り執行されました。処刑は何の問題もなく執り行われました。執行人が死刑囚の名を読み上げてから執行完了の報告をするまでに要した時間は一四秒でした」

翌日、ドイツの新聞数紙の最下段にささやかな通知が掲載された。

「利敵行為の廉で人民法廷によって死刑を宣告されていたディートリヒ・テムベルゲン（五五歳）は四月八日付で処刑された。テムベルゲンは公然とドイツ民族の抵抗意志を骨抜きにしようと試みた……」

判決2　「我らが敵の破壊工作を喧伝する者」

ドイツ民族の名において！

工場長ヴィルヘルム・アリッヒ（ローゲッツ近郊ヴィーゼンタール［マークデブルク県］在住、一八八六年八月二八日、ノルトハウゼン生まれ。現在本件により未決勾留中）に対する、防衛力破壊を容疑とする刑事訴訟において、人民法廷第一部は一九四三年九月二九日の公判に基づき以下を認定する。

裁判官
人民法廷長官
　フライスラー博士（裁判長）
宮廷裁判所裁判官
　レーゼ
突撃隊旅団長
　ハウアー
国防軍最高司令部事務次官
　ヘルツリープ博士
地区指導者
　フリードリヒ

上級検事代表
首席検事
　ホイゲル博士

ヴィルヘルム・アリッヒはムッソリーニが国民に裏切られた直後に、総統閣下についても「辞任しないとな。ドイツ国民をこんなに苦しめたんだ。一生掛けても償い切れないだろう。誰も手を下したくないのなら、ここに連れて来い。俺がやってやる！」と放言した。
　我らが敵の破壊工作を喧伝する者として、被告は自らを不名誉なる存在へと貶めたのである。

ゆえに当法廷は被告に死刑を宣告する。

理由
ヴィルヘルム・アリッヒはビジネスマンで、どうやら民族としての我々の共同生活には関心がないようだ。被告は給与と売上に応じた歩合で毎月少なくとも七〇〇ライヒスマルクも貰える身分でありながら、ナチス国民厚生団〔NSV：一種の社会福祉組織〕にさえ加入しておらず、つねに仕事優先であった。
　ムッソリーニへのイタリア国民の裏切り行為の直後、彼は業務でローゲッツの郡貯蓄金庫の支店に出向いた。彼は支店長の国民同志オレンドルフに「ムッソリーニは辞任した」と言うと、壁に架けてあった総統の絵を指して、「こいつも辞任しなきゃな。ドイツ国民をこんなに苦しめたんだ。一生掛けても償い切れないだろう。誰もこいつを撃ち殺したくないのなら、ここに連れて来い。俺がやってやる!!!」と語った。その際に被告は最初のうちは平静だったが、次第にますます興奮していった。

アリッヒはこれを否認している。しかしこれまで三度行われた聴取で当人は毎回異なった説明をしている。例えば本日の法廷で彼は、自分があのとき話したのは、ムッソリーニがその退陣によってドイツ国民に取り返しのつかないほど大きな不幸をもたらしたということだったと述べた。さらに自分は総統について、決して辞任しないだろう、むしろ拳銃自殺するのではないかと言ったと主張した。しかしまずこのムッソリーニの件についての発言は論外であり、きわめて信憑性に乏しい。さらに同人は警察では、自分はそもそも総統の話はしていないと断言していたのだ！　説明を二転三転させる者は、それによって自らの嘘を自白するようなものだ。一方、国民同志オレンドルフもこれまでに三度、つまり管区指導者の前、警察署、そして本日当法廷で証言しているが、その事情説明は毎回まったく同じ、つまり前記の内容であった。この人物は並外れて堅実かつ良心的で信頼できる印象を与えた。彼は明らかになるべく話を誇張しないよう努めていた。人民法廷は同人の事情説明が正しいものであることを露ほども疑っていない。

弁護人はアリッヒの精神鑑定を要請した。一九二三年にアリッヒは梅毒に感染しており、翌一九二四年には自動車事故に遭っているので、現在、刑法上の責任を問うことができない可能性があると言うのだ。

しかるに、

一、その二つの事情はアリッヒが二〇年間にわたって立派に職業生活を送ることを妨げなかった。

二、それらの事情はその後彼が別件で処罰されることを妨げなかった。つまりその際に彼は責任能力があると見なされたのだ。

三、アリッヒは主審理の場で、あるときは全面否認して、あるときは涙ながらに拝み込むようにして自己弁護に努めた。そこから判断するに人民法廷としては、被告が健全至極な五感をもち、責任能力を有していることを一瞬たりとも疑うことはできなかった。この件について当法廷は、その点を確認するために専門家の鑑定を仰ぐ必要を認めない。たとえある種の激しやすさの遠因が被告の梅毒罹患にあったとしても、これほどまでに恐ろしい罪を犯した者に対してそれらを免責事由として採用し、酌量すべき情状と見なすとしたら、ドイツ帝国はいったいどうなることであろう?

弁護人は専門家の他に性格証人の聴取も要請しているが、この犯罪は性格証人であっても何ら役に立ち得ない性質のものであって、この件でまさに当てはまるのは「行為が人を裁く」〔故意、過失、偶然の如何を問わず、結果として行われた行為に基づいて処罰を下す〕ということである。

アリッヒは「自分には総統を撃ち殺すことができる、あいつをここに連れて来い、俺がやってやる」と語った。そのような者は、我々すべての眼に、その言説を通じて永遠に不名誉な存在に堕した者と映る。なぜなら彼は最悪な方法で自らを我らが敵の破壊工作の喧伝者とし、しかもそれを明確に自覚していた(刑法典第91b条)からである。

自分は総統に手をかけることができるなどと吹聴する者は、それによって自らに有罪判決を言い渡したことになる。

それゆえ同人はまさしく我々の只中から消え去らねばならない。

当法廷は同人に死刑を言い渡す。

被告アリッヒは有罪判決を下されたのであるから、本件の訴訟費用も負担しなくてはならない。

署名　フライスラー博士　レーゼ

判決3「最悪の煽動的演説により……」

ドイツ民族の名において！

理髪師ベルンハルト・フィルシング（ニュルンベルク在住、一八九四年一〇月一〇日、オーバーテラース生まれ。現在本件により未決勾留中）に対する、防衛力破壊を容疑とする刑事訴訟において、人民法廷第一部は一九四三年九月三〇日の公判に基づき以下を認定する。

裁判官
人民法廷長官
フライスラー博士（裁判長）
宮廷裁判所裁判官　レーゼ
突撃隊少将　ハウアー

親衛隊少将　ハイダー
突撃隊上級大佐　ヘル
検事長代理
検事　ブルッフハウス博士

ベルンハルト・フィルシングは、数ヶ月におよび自らの理髪店内で、客、兵士その他の国民同志に対して最悪の煽動的発言を繰り返し、意図的に相手を敗北主義に染まらせようと試みた。

これにより被告人は自らを我らが敵どもを利する破壊的煽動者とした。

当部は被告人を永遠に名誉を失った者とし、同人に死刑を宣告する。

理由
ベルンハルト・フィルシングはめまぐるしい変転の人生を送ってきた男である。〔第一次〕世界大戦中には二級鉄十字勲章を授与されている。一九二五年に党同志となるも一九二六年には一時ナチ党を離脱し、その後一九三〇年に再入党した。戦時中に被告人はさまざまな浮き沈みの中でまっとうに働いた。今次の大戦には衛生兵曹として再び従軍し、一九三九年から一九四三年春にかけてポーランド、フランス、ロシアを転戦した。
しかし今や被告人はまったくの別人である。兵士であるにもかかわらず、同人は悪質な発言により八ヶ月の軽懲役刑の処分を受け、ナチ党から除名された。
被告人は今年の春から秋にかけて、つまり逮捕されるまで、自らの理髪店をプロパガンダのための舞台とし、顧客として来店した兵士その他の党同志を前にして、計画的に敗北主義的煽動行為を繰り返した。

三名の兵士が本日、それを証言した。

一番手は上級伍長のシラーで、こう証言した。フィルシングはシュヴァインフルトとレーゲンスブルクへの空襲に触れて、最近両市に三時間にも及ぶ、これまでで最大の空襲があったが、きっとまた新聞には軽微な物的損害にとどまったという記事しか載らないだろうと述べた。また、ニュルンベルクの市長は空襲の二週間も前から同市を離れていたし、他の受勲しているお偉方も全員逃げ出していた、とか、ロシアに対して我々はただポカンと口を開けて、軍刀で威嚇するだけだった、キエフでは自分はもちろん殺されたウクライナ人たちを探した、ロシア文化はドイツ文化よりはるかに高度だ、兵士にそれが分からないのは兵士が各都市にとって招かれざる客であったからにすぎない、スターリンは偉大な政治家で、再び六〇〇万の中国人と二〇〇万のイラン人を武器産業の労働力として調達し、それにより八〇〇万のロシア兵を対ドイツ攻撃に回せるようにした、……ナチスのとんでもない誤解はもうじき大いなる打撃をもたらさずにはおかないだろう、共産主義者たちはすでにそれを待っている、我々はもはやこの戦争に勝利できまいなどとも語ったという。

次に軍曹メーデラーが歩み出て証言した。七月二三日に彼はフィルシングの理髪店で一等兵ゲーベリンと会った。フィルシングは店内に一般市民がいたときにも同じように、ロシア文化は少なくとも我々の文化と同等かそれ以上のもので、ロシアの戦車は我々のより優れている、ロシアの技術者もそうだ、と述べた。ドイツの「ティーガー〔虎〕」はロシア戦車の猿真似だとまで言われて、すぐに軍曹メーデラーは反論した。しかしそれに対してフィルシングは、あんたは歩兵だから塹壕の穴から穴に逃げ込むのに忙しくて、たぶんロシアのことなど何も見ていないんだろう、と応酬した。

最後は上等兵ネーナーの証言だった。彼の目の前でフィルシングは店内の一般市民に向かって次のことを言った。民族共同体なんか知らん、他人がくたばろうがそんなのはどうでもいい、ドイツが六週間後にどうなるか考えてもみろ、イタリアじゃもう革命が起きているんだぞ、「ティーガー」はロシア戦車の猿真似にすぎない、俺たちの敵の軍備はこれからさらに増強される、事態はこれからもっと悪くなる、ゲッベルスはラインラントで激しい非難を浴びた、あいつは数ヶ月前に報復攻撃を宣言したが、もうそんなことは無理に決まっている。

疑いの余地はない。三名の兵士たちが冷静に証言したことは正しい。フィルシング自身、確かにそういう言葉は使ったが、自分の真意は少し違っていたということを何度も強調している……しかし被告人の言葉は明白である。人民法廷に提出されたこれら三件の文書から、それが顧客と接する際のフィルシングのいつもの話し方であることは歴然としている。これにより被告人は自らを我らが敵どもの敗北主義的煽動者とした（戦時特別刑法［KSSVO］第五条、刑法典第九一b条）。さらに同人は自分は民族共同体に入りたいとは思わないと言い、それによって永遠に名誉を喪失し、いわば自分自身に対して死刑を宣告した。チャーチルの目論見を頓挫させるべく、我々が第二の一九一八年を体験するのを回避すべく、そして同様の破壊工作を行うすべての者にいかなる代償が待ち受けているかをはっきり自覚させるべく、当法廷は被告人に死刑を宣告せざるを得ない。

有罪判決を受けたフィルシングは本件の訴訟費用も負担しなくてはならない。

署名　フライスラー博士　　レーゼ

判決文４　「我らが内的安全の保護のために……」

ドイツ民族の名において！

郵便局員ゲオルク・ユルコフスキー（ベルリン－ヴァイセンゼー在住、一八九一年七月三一日、ベルリン生まれ。現在本件により未決勾留中）に対する、防衛力破壊を容疑とする刑事訴訟において、人民法廷第一部は一九四三年一〇月一四日の公判に基づき以下を認定する。

裁判官
人民法廷長官
フライスラー博士（裁判長）
宮廷裁判所裁判官　レーゼ
大管区本部指導者　アーメルス市長
地区指導者　ケルヒ
管区指導者　ライネッケ

検事長代理として

首席検事　ドーマン

ゲオルク・ユルコフスキーは八月初めにダンツィヒ〔現在はポーランドのグダニスク〕の路上で破壊的、敗北主義的発言を行った。特に「総統はムッソリーニと同じ運命をたどることになる、一月にはもう生きていないだろう」と語った。

被告人はこれにより永遠に名誉を失った。我らが敵どもを利する破壊的煽動者である同人に当法廷は死刑を宣告する。

理由

ゲオルク・ユルコフスキーは鉄道輸送部門担当の郵便局員で、八月三日にやはり同部門のベルリン在住の郵便局員シェーンヘルとともにダンツィヒに来ていた。一〇時半ごろの列車で被告人はベルリンに戻ろうとしていた。一〇時にはシェーンヘルとシュトックトゥルム〔囚人塔〕の近くを駅方向に歩いていた。たまたま二人の後ろにいた国民同志ローゼマリー・グランデは会話を聞いた。ユルコフスキーがシェーンヘルに向かって、ヘルマン・ゲーリングはイタリアに六つ目の地所を所有していて、外国資産で私腹を肥やしていると言っていた。同女は二人に追いつきユルコフスキーに話しかけた。シェーンヘルは知り合いの女がユルコフスキーに声をかけたと考えて少し先に歩いて行ったので、その後の仔細を聞いていない。国民同志グランデはユルコフスキーに、「そういうことはべらべら話さないで胸にしまっておいた方がいいわよ」と言った。ユルコフスキーの返事は「お嬢さん、二ヶ月も経ったらあんたの考えも変わるだろうよ。今あんたに言えるのは、統領《ドゥーチェ》〔指導者ムッソリーニのこと〕が逮捕されたから、次はヒトラーの番だってことだけさ。こいつも一月にはもうあの世に行ってるだろうね」というものだった。この発言に内心大きな衝撃を受けた国民同志グランデは、ユルコフスキーに侮られないように、私はゲシュタポに務めているのよ、と嘘をついた。するとユルコフスキーは「おや、ゲシュタポかい。それならあんたの方が俺より詳しいな。でも近いうちにあんたらは立場上、俺たちよりうんとまずいことになるだろうよ」と答えた。

国民同志グランデは警官を探し、ようやく見つけると、路面電車の停車場に立っていたユルコフスキーとシェーンヘルを突き出した。ユルコフスキーは警官を連れてきた同女を見るや急いで逃げようとした。しかし被告人は通行人たちに取り押さえられ、派出所に連行された。そこで国民同志グランデとともに座っているときに、被告人は同女に向かって「欲しいものなら何でもくれてやる、ほらこの腕時計はどうだ？　代わりに黙っていてくれよ」。国民同志ローゼマリー・グランデはそうしたやりとりの一切をすでに警察で話し、本日ここでも証人としてまったく淀みなくきっぱりと証言した。同女は立派な印象を与えた。当法廷は同女の証言がいっさい過不足のない事実であると確信している。その証言には思い違いの余地がない。ユルコフスキーが主張するような路上の騒音による影響の可能性など皆無である。

ユルコフスキーはそのような発言をしたことを否認している。自分は話しかけられたとき確かに、二ヶ月後には国民同志グランデも何か体験するだろうよと言った。ただ口に出してはいないが、そのとき自分の念頭にあったのは我々の報復攻撃のことだったと言い張っている。さらにその前に同僚シェーンヘルと話していたのは、一度古城を観に行きたかった（本日被告人はそれはフランケン地方のノイハウス城であるとした）が、ちょうどそこに帝国元帥が滞在中なのでだめだったという話だったと述べた。国民同志グランデがゲシュタポ勤務（実際は国家地方長官府の職員）と嘘をついたときにも、自分は同女に脅しをかけるような発言はしていないとした。しかし被告人ユルコフスキーが逃走を図ったことこそが同人の良心の呵責を物語っている。それについて被告人は、列車に遅れないか心配だったからと釈明しているが、説得力に欠ける。本日証人として供述したシェーンヘルもそれを聞いて驚いたと述べている。派出所でもう列車に間に合わない時間になって腕時計の提供を申し出たことについても、面倒なことを避けたかったとするユルコフスキーの説明にはまったく説得力がない。良心の痛みを彼が感じていたことは明白である。その点を度外視しても、国民同志グランデの証言はしっかりしており、同女の言う通りのことが起きたと人民法廷は確信している。証人シェーンヘルとその証言は必要ではない。同人は本人も言う通り、大した内容を聞いていないのだから。ユルコフスキーと一緒に歩いていたときも車両に邪魔をされて被告人と離れることがときどきあったうえ、そもそも被告人の話にあまり関心がなかったので、よく聞いていなかったのだ。国民同志グランデがユルコフスキーに声をかけたときもシェーンヘルは二人の少し前を歩いていた。

悪を見逃さず勇気をもって正しく対処したことについて、国民同志ローゼマリー・グランデに感謝しなくてはならない。それによって同女は今日ドイツの国民同志が取るべき行動を取ったのであり、敗北主義に染まった危険な破壊的煽動者の化けの皮を剥がしたのである。しかもその者は総統閣下への誓いをかくも恥ずべきやり方で破った人物であった（戦時特別刑法第五条、刑法典第九一b条）。戦争四年目の年末にそのような行動を取る者は、あらゆる名誉を失った存在である。したがって我々の内的な絆を守るため、当法廷は被告人を永遠に名誉を剝奪された者とし、死刑を宣告する。

有罪判決を受けたユルコフスキーは本件の訴訟費用も負担しなくてはならない。

署名　フライスラー博士　レーゼ

判決文5「とこしえに名誉を失いし民族の裏切り者……」

郵便局員ゲオルク・ユルコフスキーが死刑を宣告された日には、バーデンの司祭マックス・ヨーゼフ・メッツガー博士もフライスラーの前に立たされた。

メッツガーは数多くの宗派組織の設立に主体的に関わり、特に「ウナ・サンクタ〔一つの聖なる〕」教会運動への関与で知られている。ウプサラのスウェーデン大司教に宛てた声明書の一つで彼は、カムフラージュした形で戦後ドイツを想定した民主主義政体を構想し、これを理由として秘密国家警察に逮捕された。公判において司祭は、カトリック教会とプロテスタント教会の統合を目的とするウナ・サンクタ教会運動を説明しようとしたが、怒り狂ったフライスラーの次の言葉によってさえぎられた。「ウナ・サンクタ、ウナ・サンクタ、ウナ・サンティッシマ〔一つの至聖なる〕、ウナ（……）、我々こそがそれなのだ。それ以上の究極の目標などあるものか！」

メッツガーにも死刑が言い渡された。それはこの一九四三年一〇月一四日にフライスラーが下した二つ目の死刑判決であった。

フライスラーの眼から見るならば、マックス・ヨーゼフ・メッツガーは民族の裏切り者となることによって自らの生命を無駄に捨てたのだ。判決文は以下の通りである。

ドイツ民族の名において！

カトリックの聖職者マックス・ヨーゼフ・メッツガー博士（ベルリン在住、一八八七年二月三日ショップハイム［バーデン］生まれ、現在警察にて拘禁中）に対する、大逆行為準備等を容疑とする刑事訴訟において、人民法廷第一部は一九四三年一〇月一四日の公判に基づき以下を認定する。

裁判官
人民法廷長官
フライスラー博士（裁判長）
宮廷裁判所裁判官　レーゼ
大管区本部指導者　アーメルス市長
地区指導者　ケルヒ
管区指導者　ライネッケ

検事長代理として
首席検事　ドゥルルマン博士

我が国の敗北を確信するカトリック司教区司祭マックス・ヨーゼフ・メッツガー博士は、戦争四年目に一通の「声明書」をスウェーデンに送付しようとした。ナチ党員たちを誹謗し、敵性思想に他ならぬ平和主義的・民主主義的な連邦「政府」の樹立を準備するためであった。
とこしえに名誉を失いし民族の裏切り者として、当法廷は被告人に死刑を宣告する。

理由

マックス・ヨーゼフ・メッツガーはカトリックの司教区司祭で、すでに一九一七年、戦中にもかかわらずオーストリアのとある世界平和団体の活動に参加したことがある。つまり被告人はドイツにおいてエルツベルガー〔ドイツ側代表として第一次世界大戦の停戦協定に調印した人物〕の方針を忠実に守り、我らが前線の意気を挫く手助けをしたのだ。

被告人は今なおこれと手を切ることができなかった。ドイツは破綻するだろうと自ら発言している。そして総統閣下に退陣を要請する手紙を書くことを考えたという。被告人は総統さえ退陣すれば講和が可能になると考えたのだ!!! もっとも同人は以下の理由でそれを思いとどまった。

一、自分の手紙が総統に届けられることはあるまいと考えた。
二、いずれにしても自分の要請は成果を上げないだろうと思った。
三、これを実行することで自身が逮捕されることを危惧した。

そうする代わりに被告人は一通の「声明書」を書き、それを元スウェーデン人で現在はドイツ国籍のイルムガルト・フォン・ギーセンに託して、以前ウナ・サンクタ活動を通じて知り合ったスウェーデンのプロテスタント大司教アイデムに届けてもらおうと試みた。
「ノルトラント（北欧諸国連合）は民主主義を旨とする自由諸国（ノルウェー、スウェーデ

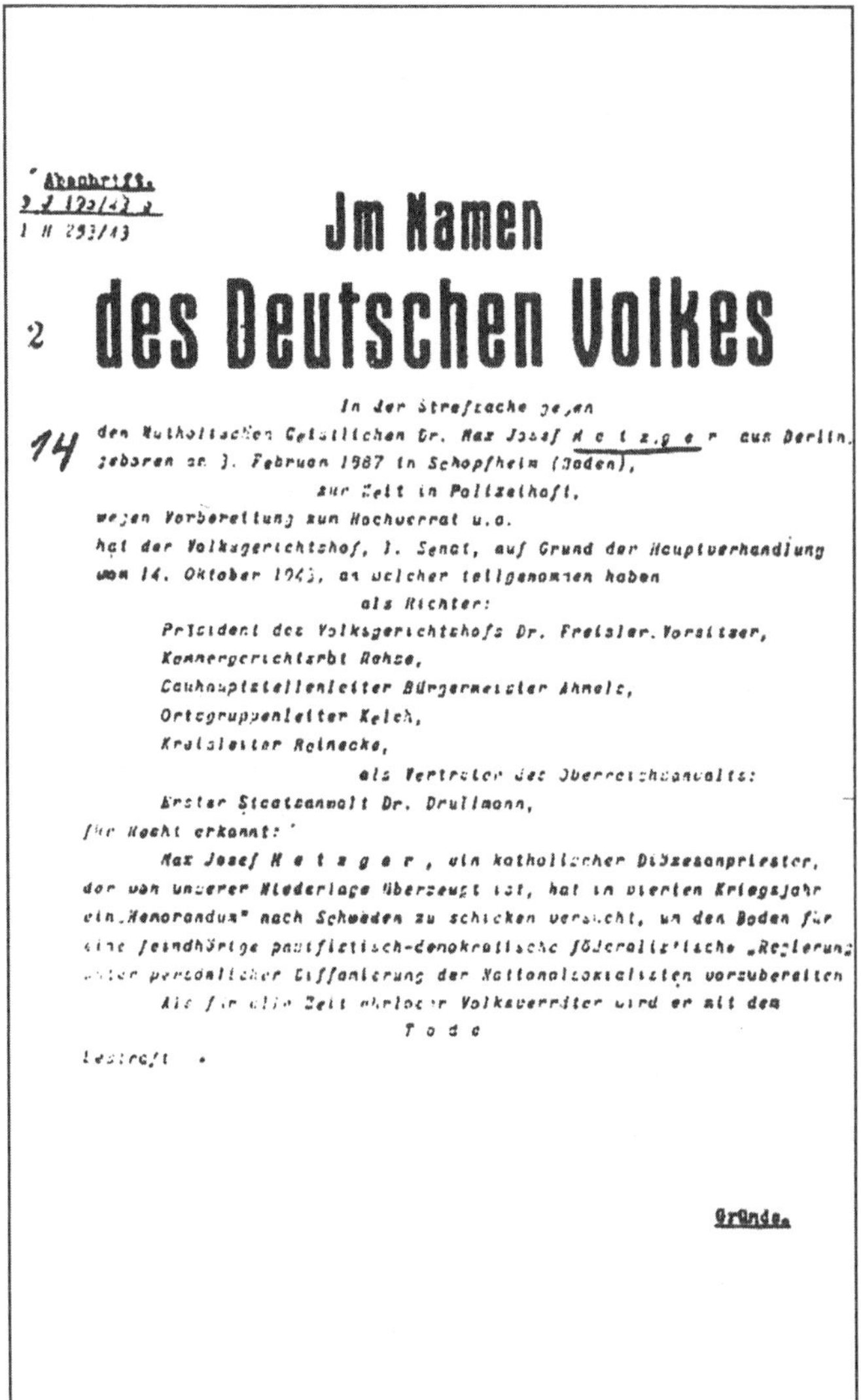

Abschrift.
9 J 193/43 g
1 H 293/43

Jm Namen

2 des Deutschen Volkes

In der Strafsache gegen

14 den katholischen Geistlichen Dr. Max Josef M e t z g e r aus Berlin,
geboren am 3. Februar 1887 in Schopfheim (Baden),
zur Zeit in Polizeihaft,
wegen Vorbereitung zum Hochverrat u.a.
hat der Volksgerichtshof, 1. Senat, auf Grund der Hauptverhandlung
vom 14. Oktober 1943, an welcher teilgenommen haben
als Richter:
Präsident des Volksgerichtshofs Dr. Freisler, Vorsitzer,
Kammergerichtsrat Rehse,
Gauhauptstellenleiter Bürgermeister Ahmels,
Ortsgruppenleiter Kelch,
Kreisleiter Reinecke,
als Vertreter des Oberreichsanwalts:
Erster Staatsanwalt Dr. Drullmann,
für Recht erkannt:
Max Josef M e t z g e r , ein katholischer Diözesanpriester,
der von unserer Niederlage überzeugt ist, hat im vierten Kriegsjahr
ein „Memorandum" nach Schweden zu schicken versucht, um den Boden für
eine feindhörige pazifistisch-demokratische föderalistische „Regierung
unter persönlicher Diffamierung der Nationalsozialisten vorzubereiten.
Als für alle Zeit ehrloser Volksverräter wird er mit dem
T o d e
bestraft.

Gründe.

8.ヨーゼフ・メッツガー博士に対する死刑判決

ン、フィンランド、デンマーク、アイスランド）の連合体である。それぞれの自由国家は内政、文化、社会福祉および行政に関しては、ノルトラント憲法の枠内で自立している。外政は諸国連合の指導部が共同で当たる。ノルトラントの内政、外政は憲法に則って定められ、倫理的な正しさと誠実さ、ならびに社会正義に基づく真の平和政策とする。

対内的な平和政策の基盤となるのは、永遠なる道徳律の尊重、すべての市民の平等なる基本権の承認と保護、進歩的な社会政策（市民全員に対する雇用、報酬、生活の確保、すべての鉱山、発電所、鉄道の国営化ならびに原野、森林、湖沼の大土地所有地の国有化、弱者に優しい社会福祉的な課税政策）、公正な国籍・人種政策（各国のクリア〔初期の古代ローマを構成した三部族の中の政治・軍事の単位〕による自治、例えば教育を目的とする公的資金に関して）である。

対外的な平和政策は異民族の生存権を十二分に承認・尊重するものとし、また「ヨーロッパ合衆国」の不偏不党な下部機関として諸国間の平和維持を引き受ける超国家的な防衛軍のため、自発的に自国軍備の縮小を支持し実現する（国内秩序維持のための警察軍を除く）。

憲法に則ってすべてのノルトラント人に個人の尊厳と法的安定性の不可侵、良心、言語、文化の自由ならびに信仰の自由、表現の自由、さらに公益によって定められ法律で確定された範囲内での個人財産とその使用の自由が保障される。

国家の不幸や国民の虐待に対して明らかな共同責任を負うすべてのノルトラント人は、下劣な犯罪によって有罪となったすべての者とまったく同様に、二〇年間にわたってあらゆる公民権（選挙権、被選挙権）を剝奪される。その人格面での、および憲法に照らしての信頼性が確認もしくは証明されるまで、この共同責任は反国家的、反社会的政党のすべての幹部党員およびその政党の軍事的な自衛組織について認定される。これに関して作成された国民リストは公開される。

ノルトラントの立法権は、最終的な憲法が制定されるまで、国民の普通自由選挙に基づくノルトラント国民議会に委ねられる。この議会は、すべての身分の指導的代表者ならびにノルトラント平和団によって初めて選出される知的・文化的・宗教的諸団体の卓越した個人、すべての国家グループ、およびかつての諸政党から選ばれる優秀な個人の連合によって構成される。いずれの人物も、とりわけその確信と姿勢のゆえに旧体制側から個人的不利益を被らねばならなかった経験を踏まえ、新たな平和政策の道徳的・社会的・政治的諸原則の護持を自国民と世界を前にして表明した者とする。この政治綱領は終戦とともに革命が起き、法の継続性がもはや保たれない場合のために作成されたものである」

メッツガーが信奉するこの声明書では、本人の言う通り、ノルトラントをドイツに、ノルトラント人をドイツ人に、スウェーデン、ノルウェー、デンマーク、フィンランド、アイスランドをプロイセン、バイエルン、ザクセン、ヴュルテンベルク、バーデンのドイツ諸州に、また反国家的・反社会的諸政党をナチスとその支部に、それぞれ読み換えねばならない。つまりこれはドイツの政治体制の構想であって、被告人はこの体制を民主主義・平和主義的で、防衛力を有せず、我らが敵どものテロ軍隊に屈するもの、統一国家でも連邦国家でもなく、単なる諸国連合であるものとしたいのだ。これは要するに我らが敵どもの下劣極まる願望夢の実現にすぎない！ メッツガーの言い分によれば、彼が構想したのは、ドイツが崩壊した後で大司教アイデム（メッツガーはこの人物を親独派と見ている）にこのような考え方を敵陣営で広めてもらい、それによって敵国ドイツの現政府ではなく、そのような新政府を「救う」ことだという。

これはきわめて恐るべき考えであって、被告人のように骨の髄まで敗北主義に染まった者しか思いつくまい。これは恥ずべき裏切り者の考えであって、被告人のように心の奥底から我らがナチスドイツを憎悪する者しか思いつかない、きわめて反逆的な考えである。なぜならそれが出発点とし、目標点ともしているのは、我らが種族に固有の生存形式たるナチズムの代わりに、すでに克服された非国民的「理念」を主導理念とすることだからである。理由のいかんを問わず、とりわけ戦時下にこのような出来損ないの文書を世界に向けて発信する者は、これが我らが敵の手中に渡ることで結果的に我々の抵抗力を弱体化させ、かつ我らが敵どもの力を強大化させることに加担する者である。敵がこれを我々に対するプロパガンダの目的で利用するであろうことは、火を見るよりも明らかだからである。敵はドイツにあたかも一定の勢力があるかのように言い立てるであろう。その勢力とは、ドイツの敗北を考え、敗戦後に敵にうまく取り入ろうとする者たちであり、無力な非ドイツ的政権を樹立することで、我らが敵どもによる圧政の中でお先棒担ぎの役をもらおうとする輩たちである。

確かにメッツガーによれば、彼はこの声明書がドイツ崩壊前に敵の手に渡ることはないと確信しており、親独で思慮深い人物と思われた大司教アイデムがこの「声明書」の理念をドイツ崩壊後に、しかるべきやり方で敵の影響力ある人物、例えばイギリスの有力聖職者らに渡してくれるだろうと信頼していたという。そしてこの聖職者たちが助けてくれると思っていたというのだ。イギリスの有力聖職者？　例えば今モスクワに向けて旅立った者のことだろうか？　しかし人民法廷は確信している。メッツガーのような男であれば、十分に考え及んでいたであろう。そのような文書がひとたび世に出たなら、しかも外国で公表されたならば、それがいかなる道筋をたどるかはもはや自分では制御できなくなることに。思索型の人間がそうした可能性に思い至らなかったとは到底信じがたい。同人はそれにもかかわらず文書を国外にもたらそうとしたのだ！

したがってその行為は我らが敵どもに対する利敵行為（刑法典第九一b条）に他ならない。

しかしドイツ崩壊前にこの文書が、それを反ドイツのために利用するであろう者たちの手に渡ることはないと、本当にメッツガーが確信していた場合であっても、それによって人民法廷の判決が左右されることはないだろう。なぜならメッツガーの行動様式は全体としてきわめて恐るべきものであるため、法律的に大逆行為と呼びうるのか（メッツガーは自分は暴力行為は一度も考えていなかったと述べている）、それとも利敵行為とするべきか（メッツガーは自分はドイツが崩壊した時点に影響を及ぼすことしか考えていなかったと述べている）、さらにその行動様式は敗北主義であるのか（メッツガーは誰にも破壊的な影響を与えるつもりはなかったと述べている）ということはまったく問題にならない。どれも該当しないのだ。なぜなら国民同志は誰でも知っているからである。我々の戦いの前線から一人のドイツ人がそのように離脱することが恐るべき不祥事であること、命を賭して戦う我らが民族への裏切り行為であること、そしてそのような裏切りは死をもって償わねばならないことを。それは大逆行為につながる裏切り、敗北主義につながる裏切り、利敵行為につながる裏切りであって、我らが健全なる民族感情が死をもって償うべきと見なす裏切りである（刑法典第2条）。したがってメッツガーはこのような民族に対する下劣な裏切りゆえに、たとえ自分の文書が戦争の最中に、それを我々に対して利用しようとする者の手に渡る可能性を考えていなかったとしても、やはり死刑を宣告されねばならないのである。

メッツガーは本日の公判において次のような釈明を試みた。自分は悪い事態を予想し、それにきちんと備えるために行動したにすぎない。そして件の大司教も、自分が事前に弁護人に預け、弁護人がさきほど読み上げてくれた書簡の中で、自分のことを理想主義者ではあるが、決して犯罪者ではないと断言してくれていると。しかしこれはまさにまったくの別世界、我々には理解しえない世界の話なのだ。そして我々のこの大ドイツ帝国においては、誰でもこの国で通用している諸原則、すなわちナチス的見解によってのみ判断がなされる。被告人の思考世界はここからは天と地ほどもかけ離れているため、ナチスの考え方に基づいてそれを論ずること自体そもそも不可能なのである。メッツガーの行動様式の根底にあるのはそのような思考であり、それをドイツの裁判所が考慮することはできないし、許されることではない。また我々はそうする意志ももたない。誰もがドイツの、ナチスの尺度で測られることを受け入れなくてはならない。そしてその尺度からすれば、あのような行動をとる者は、明らかに自らの民族に対する裏切り者なのである。

ゆえにその行動を通じて自らを永遠の名誉喪失者に貶めたメッツガーに対しては、死刑を宣告せざるを得ない。

有罪判決を受けた以上、メッツガーは本件の訴訟費用も負担しなくてはならない。

署名　フライスラー博士　レーゼ

赦免申請が却下された後の一九四四年四月一六日に司祭マックス・ヨーゼフ・メッツガーは断頭台の露と消えた。後にはある請求書が未払いのまま残された。それは二九三日分の収監費用と死刑の執行費用の支払いを求める請求書であった。

一九四四年八月八日にメッツガーの遺族は未払いの「請求書」の支払いを行った。

判決文6 「罵声と恥辱に塗れて我々の只中から……」

挫けることなく、より良き未来に対する希望を胸に、フランクフルトのヨハンナ・キルヒナーは一九四四年六月九日、ベルリンのプレッツェンゼー刑務所で処刑台へと至る最後の道を歩いていた。フライスラーを裁判長とする人民法廷は、この社会主義者に死刑を宣告するのにわずか三〇分しか要しなかった。

ヨハンナ・キルヒナーは何をしたというのか？ 彼女は、ナチスのテロに抗して立ち上がった人々や無実のまま苦しむ人たちに手助けをしただけだ。社会民主主義的な考え方の旧家の生まれであったこと、そして一四歳にしてすでに社会主義労働運動の一員であったこと、それらが彼女の性格を形作り、その姿勢を決定した。彼女は地元の政治家でドイツ社会党院内会派代表だったカール・キルヒナーと結婚し、夫の傍で党労組会談の書記として働いた。

一九三三年にナチスが政権の座に就いても彼女は、さらに厳しい抑圧に晒された人々に対する支援活動をいささかも縮小することはなかった。彼女はますます精力的に、被迫害者や反ファシスト活動家たちの亡命の可能性を探り、彼らをゲシュタポの魔手から救おうとした。

開戦までの期間、ヨハンナ・キルヒナーはフランスのフォルバックに暮らし、反ヒトラー派のドイツ人たちの戦いに積極的に関わり、国際旅団のドイツ人戦士たちの中に親しい友を得た。開戦後に彼女は一時収監されたが、フランス人抵抗活動家たちの助けでグール強制収容所を脱出することができた。しかしその後彼女はゲシュタポの身柄引渡し要求に基づき、ヴィシー政権によってドイツ側に引き渡された。

すでに一度、一九四三年五月に彼女は人民法廷に召喚されている。判決は一〇年間の重懲役刑であった。そのときは非常に「寛大な」処分だった。陪席裁判官にフランクフルト出身の者がいて、同郷である彼女の側につき、その「違法行為」は人助けをしたいという善意から出たものであると擁護したからである。刑期のほぼ一年をヨハンナ・キルヒナーはコトブス刑務所で過ごした。

しかしそこでこの判決は突然破棄され、抵抗活動家である彼女の審理が改めて開始された。一九四四年四月二一日、彼女の運命が最終的に決した。人民法廷はヨハンナ・キルヒナーに死刑を宣告したのだ。

ドイツ民族の名において！

元SPD〔ドイツ社会党〕職員ヨハンナ・シュミット（元の婚姻姓キルヒナー、旧姓シュトゥンツ、フランクフルト／マイン市内で住所不定、前滞在地はフランス、サヴォア県エクス・レ・バン市、一八八九年四月二四日フランクフルト／マイン生まれ、現在本件により勾留中）に対する大逆行為準備を容疑とする刑事訴訟において、人民法廷第一部は一九四四年四月二一日の公判に基づき以下を認定する。

裁判官
人民法廷長官
フライスラー博士（裁判長）
人民法廷参事官

……

……

……［判読不能］

検事長代理として

検事　フランツケ博士

昔からの社会民主主義者ヨハンナ・キルヒナー女史は亡命中、民族に対する裏切り者であるマッツ・ブラウン、エーミール・キルシュマンらとともに長期間、亡命者たちの間で、および我らが帝国内で、大逆行為に該当する転覆活動を行い、最悪かつ最低なマルクス主義反逆プロパガンダを大々的に広め、国家反逆罪に該当する方法で、文化的、経済的、政治的、軍事的なスパイ情報を大量に入手し拡散した。しかもその際、情報源として実の娘さえ利用していた。

罵声を浴びせられ、恥辱に塗れ、すでに数年前に我らが帝国によって我々の只中から排斥された被告人に対し、当法廷は永遠に名誉を喪失した者として死刑を宣告する。

理由

ヨハンナ・シュミット女史はすでに一九〇七年よりSPD党員であり、ここ数年は我らがナチス国民改革が行われる前まで、秘書としてフランクフルトのSPD事務所に勤務していたのだが、一九三三年にザール地方に転居した。本人の弁によると、これは亡命のためではなく、フランクフルトではここしばらくは失業状態になるだろうと考えたからだという。ザールブリュッケンで被告人は、志を同じくするユハチュ女史のレストランでビュッフェ担当の職を得た。ザールの人々が団結して自らの血と民族を選び、ザール地方が再びドイツ帝国に帰属すると、同女は住民たちの歓喜の輪には加わらず、今度は当時フランス領であったフォルバックに移り、そこでザール亡命者委員会の職を得た。悪名高き民族の裏切り者マッツ・ブラウンとエーミール・キルシュマンが運営する組織である。もちろんこの二人は間もなく、さらに遠方に逃げることになる。ブラウンはパリ、キルシュマンはアルザスのミュールハウゼンに。一方シュミット女史は今や秘書としてそこでの業務を取り仕切っていた。パリから滅多に戻らないブラウンのきわめて緩い監督下で、そして週に二、三回ミュールハウゼンからやって来るキルシュマンのやや厳しい監督の下に。

この委員会がいかなる精神に基づいて結成されたものなのかは、そこが国際労働組合連盟と国際赤色救援会から運営資金を得ていたことからもうかがい知ることができよう！ さらにこの委員会が自らの支援任務をどのように捉えていたかは、キルシュマンとシュミット女史、二人の給料だけで全資金の二〇ないし二五パーセントを占めていたことからも分かるだろう！

支援活動の一環として委員会、つまりシュミット女史は、亡命者について「経歴書」と「推薦状」を発行し、滞在許可証の入手に努め、支援金を提供した。しかしその活動はこうした一種の亡命者向け赤色救援活動に留まることはなかった。

むしろ同委員会は、そしてその秘書であったシュミット女史は、常軌を逸した規模で我らがドイツ帝国に対して、反逆的なまでに破壊的な煽動プロパガンダの流布を開始した。彼らは毎号約五〇〇部の雑誌「ザール新報」を発行し、謄写版の原紙切りはシュミット女史が自ら担当した！さらにこの難民委員会はプラハの社会民主主義移民グループの「社会主義アクツィオーン」や

「ソパーデ」その他の煽動雑誌をそれぞれ一〇〇部ないし二〇〇部配布した。自分たちの雑誌を配る際にいっしょに同封したのだ。シュミット女史自身、それらの雑誌の主な内容はドイツの惨状を伝える記事だったと述べている。そしてこれらすべての破壊的な毒物の発送準備にはシュミット女史も関わったのである！　しかし同女はその反逆的活動をドイツ帝国国境の外に留めてはおかなかった。いやそれどころかスイスの地から故郷フランクフルト・アム・マインにドイツ社会党を再び蘇らせる計画まで進めていたのだ！　しかも被告人は移住によって我らがドイツの諸問題に口を挟む権利も、それに協力する権利も、ことごとく失っていたにもかかわらず‼

こうした組織的煽動と並んで、民族に対する名誉心を欠く個人的な裏切り行為もあった。それは例えば次のようなものである。スペインで身柄を拘束された反逆者フォン・プットカーマーは、イタリア経由でドイツに引き渡されるはずだった。しかし彼はイタリアからスイスへの逃亡に成功する。そしてスイス国境で、この目的のためにわざわざ出向いて来ていたシュミット女史に出迎えられ、スイスのとあるサナトリウムに収容されたのだ！

しかしここまで述べてきた悪行をさらに上回る裏切り行為を被告人は行った。キルシュマンはその煽動的な機関誌のために、文化、経済、政治、軍事の各分野での報道ネタを求めていた。そこで彼はシュミット女史を始め、フォルバックの難民支援協会の面々にそうしたネタの収集を依頼したのだ。シュミット女史は集まったネタを取りまとめ、キルシュマンに渡す役割だった。同女は指示通りこれを行った。そのために大がかりな活動を展開し、毎回貴重な情報源となってくれた、例えばハーリヒ、フォン・ヒュネッケンス、ニーバーガル、キルンなどといった情報提供者たちと会って話を聞き、そうして入手したネタをキルシュマンに送付したのだ。その中には、具体的に名前を挙げて、かつての共産主義者がゲシュタポ責任者の椅子に収まっているとする情報もあった。これは我が帝国の安全のためには内密にすべき情報である。さらにそれらのネタの中には、フンスリュック山地の労働奉仕施設についてや「エルベスコップフ丘陵で起きている」事態についてのもの〔当時この地域には強制収容所が点在し、被占領国の政治犯などに過酷な労働が課せられた〕も含まれていた。彼女は軍事情報を入手することもあった。軍事はキルシュマンから依頼された特殊任務で、これは例えばザールラウテルン市〔ザールルイのナチス時代の名称〕に新たな部隊が到着したかどうか、どの部隊がザールブリュッケンに駐留しているかを報告することだった。これにも女史は力を注いだ。そして我々の見解では、それらはいずれも、とりわけナチスによる権力掌握後の数年間においては、開戦へと至るその後の時期にも増して我々の国土防衛のために厳秘とされねばならない事柄であった。当時の我が国は我らが国防軍の体制樹立後に比べて、いまだなお弱体であったからである。

シュミット女史の堕落がいかに酷いものであったかを物語るのが、いっしょに長期休暇を過ごしたいとの口実のもと、同女が二人の娘をドイツから当時はフランス領アルザスだったホーヴァルスに連れ出したことである。それは政治、社会、文化、経済、および軍事の各分野にわたる情報を地元の人々から聞き出すためであった。いや「情報を聞き出す」という表現より、キルシュマンが同女宛の書簡で、また同女がキルシュマン宛の返信で多用した「情報を絞り取る」と言うべきであろう。被告人はキルシュマンがそれらの情報を活用することに異存はなかったが、すぐには公表しないように頼んだ。用心のためだった。

キルシュマンはこのようにして得た情報を、ジャーナリストとして練り上げてから自らの情報提供事業に使用するのを常としていた。これを通してフランス当局もこうした情報に触れることができたのである。当然シュミット女史もこのことを知っていた。この行動により同女は国逆者となった。これをもって完全な名誉喪失への転落が完了する。この転落は被告人の移住とともに始まり、その後とどまるところを知らなかった。なぜなら民族と国家を離れて根無し草となった人間には、もはや自らの裏切り者としての転落人生を止めることはできないからである。

　このような大逆・国逆行為（刑法典第八三条、第八九条）に比べれば、シュミット女史自身が自発的に行ったと言う、開戦ほぼ一年前の民族反逆者キルシュマンの元での情報収集その他の活動や、その後同女がある家庭で得た仕事などはまったくの瑣事にすぎない。さらに被告人の判定にとっては、開戦時に被告人がドイツ系ということでフランス人たちによって強制収容所に入れられたという事実も、まったく意味をもたない。もっとも被告人は一九四〇年にドイツに帰ろうとあれこれ手を尽くしたと述べている。それは自分の行為を悔いたからであり、戦争が始まってドイツの民族共同体に復帰できるのではと考えたからだという。たとえ被告人が実際にそれを求めて努力したとしても、それは本心からのものではなかった。なぜなら同女は逮捕され、国境線まで連れて来られる前、一年ほどエクス・レ・バンでまったく不自由なしに暮らしていたからである。もし本心から悔いており、ドイツに帰りたい思いがそれほど強かったなら、その一年の間、いつでも簡単に国境を越えてフランス被占領地区に入り、そこからドイツに帰ることはできたはずである。それだけではない！　たとえ真に後悔していたとしても、このケースで人民法廷がそれを考慮することはないだろう。自国民に対する正真正銘の裏切り行為に後悔の余地などないからである。いずれにせよそのような裏切りの場合、後悔など後の祭りである。なぜなら裏切りとはまさに、行為が行為者を裁く類の犯罪であるからだ。

　我らが帝国はシュミット女史をすでに一九三七年初め、罵声を浴びせ恥辱に塗れさせて、我々の只中から排除した。さらに市民権剝奪により被告人はあらゆる名誉をすでに喪失していた。それゆえ、逃れられぬ証拠を突きつけられ、警察において、そして本日当法廷において、上に述べ

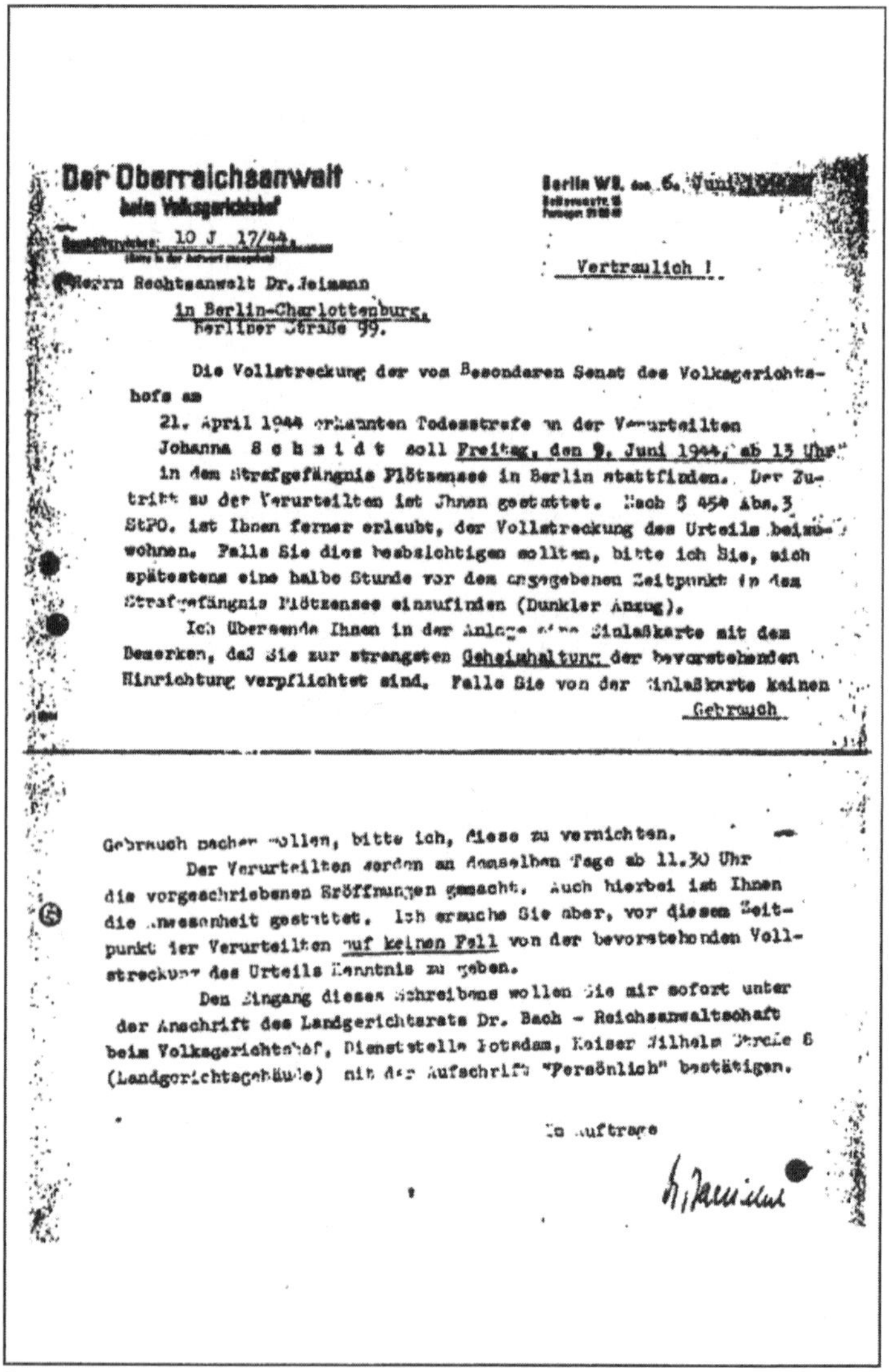
Der Oberreichsanwalt
beim Volksgerichtshof

Geschäftszeichen: 10 J 17/44.

Berlin W 9, den 6. Juni

Vertraulich !

Herrn Rechtsanwalt Dr. Heimann
in Berlin-Charlottenburg,
Berliner Straße 99.

Die Vollstreckung der vom Besonderen Senat des Volksgerichtshofs am
21. April 1944 erkannten Todesstrafe an der Verurteilten Johanna S c h m i d t soll Freitag, den 9. Juni 1944, ab 13 Uhr in dem Strafgefängnis Plötzensee in Berlin stattfinden. Der Zutritt zu der Verurteilten ist Ihnen gestattet. Nach § 454 Abs. 3 StPO. ist Ihnen ferner erlaubt, der Vollstreckung des Urteils beizuwohnen. Falls Sie dies beabsichtigen sollten, bitte ich Sie, sich spätestens eine halbe Stunde vor dem angegebenen Zeitpunkt in dem Strafgefängnis Plötzensee einzufinden (Dunkler Anzug).

Ich übersende Ihnen in der Anlage eine Einlaßkarte mit dem Bemerken, daß Sie zur strengsten Geheimhaltung der bevorstehenden Hinrichtung verpflichtet sind. Falls Sie von der Einlaßkarte keinen Gebrauch machen wollen, bitte ich, diese zu vernichten.

Der Verurteilten werden an demselben Tage ab 11.30 Uhr die vorgeschriebenen Eröffnungen gemacht. Auch hierbei ist Ihnen die Anwesenheit gestattet. Ich ersuche Sie aber, vor diesem Zeitpunkt der Verurteilten auf keinen Fall von der bevorstehenden Vollstreckung des Urteils Kenntnis zu geben.

Den Eingang dieses Schreibens wollen Sie mir sofort unter der Anschrift des Landgerichtsrats Dr. Bach - Reichsanwaltschaft beim Volksgerichtshof, Dienststelle Potsdam, Kaiser Wilhelm Straße 6 (Landgerichtsgebäude) mit der Aufschrift "Persönlich" bestätigen.

Im Auftrage

9.ヨハンナ・シュミットに対する死刑の執行:「極秘事項……そして黒の衣服は……」

たすべてを白状した被告人に当人民法廷が採りうる選択肢はただ一つ、その裏切りに対して死刑を言い渡すことである。なぜなら帝国の自尊心と我らが民族の清浄化への欲求、さらに帝国と人民の保護を第一に考えるならば、これ以外の刑罰はあり得ないからである。

有罪判決が下されたシュミット女史は本件の訴訟費用も負担しなくてはならない。

署名　フライスラー博士

判決文7　「敗北主義により永遠に名誉を喪失して……」

ドイツ民族の名において！

博物館学芸員で教授のヴァルター・アルント博士（ベルリン在住、一八九一年一月八日ランデスフート［シレジア］生まれ、現在本件により勾留中）に対する防衛力破壊を容疑とする刑事訴訟に関して、人民法廷第一部は一九四四年四月二七日に送達された一九四四年四月四日付の検事長の起訴状に基づき、一九四四年五月一一日の公判において以下を認定する。

裁判官
人民法廷長官　フライスラー博士（裁判長）
宮廷裁判所裁判官　レーゼ

親衛隊中佐　ヴィットマー
突撃隊大将　ヘル
地区指導者　ケルヒ
検事長代理として
検事　クルト

ヴァルター・アルントは危険な敗北主義者である。同人は開戦四年目から五年目にかけての時期に国民同志に向かって、「ドイツ帝国はもうおしまいだ。私たちには戦争責任がある。あと残された問題はどこまでこの責任が問われるかだけだ」と言った。
この敗北主義により被告人は永遠に名誉を喪失した者となった。同人に対して当法廷は死刑を宣告する。

理由
ヴァルター・アルントはベルリンのフンボルト大学付属動物学博物館の学芸員で、教授の肩書をもつ人物である。
被告人はその人生において一再ならず特別な功績を挙げたことを訴えた。例えば先の世界大戦では、衛生兵として自身の担当する負傷者の世話を最後まで看ていたために敵の捕虜となってしまった。博物館が空襲を受けて火災になったときも怯むことなく消火活動に当たり、博物館を救ったという。また同人は自身の専門研究分野でも多大の学術的業績を挙げているという。
しかしそうした功績の数々も、被告人を罪人とするに至ったその敗北主義に比べれば、何ら意味をもたない。

なんとなればアルントの知己である動物学者のシュティッヒェル国民同志が、一九四三年七月二八日に二人でしばし散策したときのアルントの発言内容を証言しているからである。アルントは、もう第三帝国はおしまいだ、あと残された問題は責任者の処罰と、その処罰が指導部の上から始まって下のどこまで及ぶかだけだと言ったという。また被告人は、国会議事堂放火事件を共産主義者の仕業としたペテン（！）以来、自分にはこうなる事が分かっていた、あんな大嘘が長続きするはずがないからな、とも語った。アルントは驚いているシュティッヒェルに、「おやおや、この話、誰からも聞いた事がなかったのかい」と言ったという。

アルントはこれを否認せず、それについてはもう記憶にないとだけ述べた。あのような自身の発言を思い出せないとは。そんなことがあり得るとしたら、それはそのような物言いが日常茶飯となっていて、そのため個々の場面が思い出せなくなっているということに他ならない。さらに似たような発言を過去に何度も繰り返していた者でないならば、このように非難されたとき、覚えていないとは言わず、否認するものである。しかしそれとは別に、国民同志シュティッヒェル博士の証言態度は非常に冷静で落ちついており、博士が真実を述べていることは確実なのである。ところでこの敗北主義の事案はアルントが犯した唯一のものではない。

彼の若い頃の女友だちハネリーゼ・メールハウゼン国民同志が証言した内容によると、戦争五年目の九月四日、彼女が自分の母親と一緒に駅のプラットホームにいたとき、ランデスフートに戻って来ていた被告人と偶然再会した。挨拶の後でアルントは、その前夜のベルリン空襲は最悪の空襲だったと説明し（彼は手荷物を安全なランデスフートに置いておくためにちょうどベルリンから戻ったところだった）、「他の奴らのせいで全員が苦しまなくてはならないとはね、まったく何てこった」とも言った。彼女が「でも私たちに戦争の責任はないわ」と返事をすると、被告人は「当然僕たちにも責任はあるさ、だから巻き込まれたんだ」と述べ、それから話題は戦況に及んだ。するとまたアルントが言った。「ドイツ軍はどこでも撤退を重ねているようだよ」。メールハウゼンの母親が「私たちが敵陣深くまで勝ち進んでいるってことを忘れないでね」と口を挟むと、被告人は「そんなの最初の頃だけですよ」と言ってあっさり否定した。そして駄目を押すように、「イタリアではムッソリーニが三日で片付けられたけど、ここドイツでも同じことが起きる。君も見ることになるよ。あとひと月もしたらここでも党は滅びるはずだ」と言った。メールハウゼン女史（娘）は「でもファシズムとナチズムは少し違うと思うわ」と指摘した。それに対し被告人は「一九三八年一一月に会ったときのこと、まだ覚えている？」と訊いた。そして「あのときの犯罪〔十一月九日のナチスによる組織的なユダヤ人迫害「水晶の夜」事件。現在は「ポグロムの夜」と呼ばれる〕の後で僕はすぐ、新しい世界大戦が始まることを悟ったんだ」。このきわめて敗北主義的な発言についてもアルントは否認していない。こちらもよく覚えていないと述べているのである。メールハウゼン女史は彼の発言に悩み苦しんだが、結局はドイツ女性としての義務を優先した。若い頃の恋人のことなので気が重かったが、郡指導者のもとに出向いて一部始終を通報したのだ。

　公判中の女史の態度には、アルントに不利な証言をしなくてはならない辛さがにじみ出ていた。女史は明らかに一言たりとも真実以外の言葉を述べてはいない。

　つまりヴァルター・アルントは、戦争四年目と五年目の年初めに二人の異なる国民同志を前にして、敗北主義的な発言を行ったのである。被告人はそれを苛立ちのせいにして弁解しようとした。シュティッヒェル博士との会話の前には、ドイツの二つの自然誌博物館が空襲によって破壊され、もう一つの会話の直前にはムッソリーニが失脚したと言うのだ。だが博物館が破壊されて大きな衝撃を受けたというのなら、むしろ被告人は戦闘意欲を掻き立てられたはずである。さらにムッソリーニに対する民衆の裏切りのときこそ、まさしくすべての国民同志、中でも責任がとりわけ重い精神的指導者である国民同志は、その堅忍不抜さが問われるべきときなのである。まさに真価を発揮すべきときにやりそこなったことを、たまたまそのときは間が悪かったなどと言って弁解することはできない。さらにアルントがメールハウゼン女史とその母親に対し、自分が取った態度の理由とした「苛立ち」であるが、その誘因たるや、その前夜の空襲で彼の住まいの近所では家屋が多数全壊したものの、彼の住まい自体は漆喰が剝がれ落ち、窓ガラスが粉々に割れたという程度の話だったのだ。これでは被告人の言い分は通らない。それではあのような辛すぎる夜に家財道具をことごとく失ったばかりか、愛する家族の生命まで奪われたかもしれない健気な国民同志は、いったい何を語ればいいのか?

そして指導者としての責任をもつ男子にそのような言い訳がどうしてできるのだろうか？ そんな言い訳を認めるわけにはいかない。当人民法廷はアルントをまさしく他の敗北主義者たちと同列に扱わざるを得ない（戦時特別刑法第五条）。その勇気を挫く破壊的言辞で我らが戦う民族の背後を襲い、それによって自らを永遠に名誉を喪失した者とした敗北主義者たちと。我らが祖国の確実なる勝利、そしてその不屈の戦闘力をあらゆる奸計から守るためにも、被告人には死刑が宣告されねばならない。

有罪判決が下されたアルントは本件の訴訟費用も負担しなくてはならない。

レーゼ　　　フライスラー博士

判決文8　「勝利のための我々の力を蚕食し……」

ドイツ民族の名において！

カトリック司祭ヨーゼフ・ミュラー（マリーエンブルク郡／ハノーバー、グロースデュンゲン在住、一八九三年八月一九日、シュリュヒテルン郡ザールミュンスター生まれ、現在本件により勾留中）に対する防衛力破壊を容疑とする刑事訴訟に関して、人民法廷第一部は一九四四年七月一一日に送達された一九四四年四月四日付の検事長の起訴状に基づき、一九四四年七月二八日の公判において以下を認定する。

裁判官
人民法廷長官　フライスラー博士（裁判長）
宮廷裁判所裁判官　レーゼ
区域指導者　アーメルス
市会議員　カイザー
区域指導者　バルテンス
検事長の代理として：
区裁判所裁判官　クレープス

カトリックの司祭ヨーゼフ・ミュラーは二名の国民同志に向かって次のように述べた。「瀕死の重傷を負った男がいた。死ぬ前にもう一度、自分の死の原因を作った連中の顔を拝みたいと頼んだ。するとその男の右側に我らが総統閣下の絵が、左側には国家元帥の絵が並べられた。今際の際でそれを見た男は、これでキリスト様のように死ねると言い残した」。被告人はこの発言ならびにその他の破壊的言辞を通じて、勝利を目指し総動員されるべき我らの力を蚕食した。

これにより被告人は永遠に名誉を喪失した者となった。本法廷は同人に死刑を宣告する。

理由

ヒルデスハイム近郊グロースデュンゲンの電気技師、ヘルマン・ニーホフ国民同志は証人として以下の証言を行った。彼は一九四三年八月初めに、グロースデュンゲンの新任カトリック司祭ヨーゼフ・ミュラーのもとを仕事で訪れたという。

その折に話題が戦況に及んだ。ミュラーは状況は厳しいとして、この戦争はあっさり負けるかも知れない、昔兵隊だった自分としては、若い戦争世代がかつての自分たちのように打ちひしがれて帰郷する羽目になったら、胸が痛むと語った。そこで彼、ニーホフは負けたらどうなりますかと尋ね、それに対してミュラーは、戦争の結末がどうあろうとも、とにかく関税障壁はなくなるだろうと答えた。これに飽き足らなかったニーホフは、もし負けたらボリシェヴィズムがやって来るんじゃないでしょうかと指摘した。ミュラーの返事は「ボリシェヴィズムは来ないさ、失血死状態なんだから」だった。ニーホフはこれを聞いて一言、「ドイツの男たちもかわいそうに。そうなったら復興のためにロシアに連れて行かれるでしょうね」と言った。それを受けてミュラーは、「確かに我々はかつてあの連中にそういうお手本を見せてやったからね」と語った。

さらにその後二人の会話がイタリア情勢に及んだとき、ミュラーはファシズムを景気のような現象と呼び、敗戦後にはナチズムも同じ道をたどるだろう、以前だって多くの国民は、失業とインフレで急速に力をもったナチズムに期待を寄せただけなんだと言った。

ニーホフは、そのすぐ後にヨーゼフ・ミュラーが自分の病気の父親を訪ねて来たと述べた。彼はミュラーの見解をもっと聞きたいと思って、二人の話の輪に加わった。しかしミュラーは戦争の話はしたがらなかったという。そこでニーホフが今度は自分の方から、ジョークを披露したいと言った。「二人の農夫が死んで聖ペテロのところに来ると、天国と地獄のどちらにするかと言われた。農夫はまず地獄を見てみたいと言った。すると歓迎の声がして、そこには食べ物に飲み物に女たちまで……」。そこまで言うとミュラーに遮られた。「そのジョークなら知ってる。それよりこういうのはどうだ。一人の重傷者が死にかけていて、自分の死の原因を作った連中の顔を拝みたいと頼んだ。すると総統閣下と国家元帥の絵が運ばれて来て、寝ている男の右と左に並べられた。それを見た重傷者は、これでキリスト様のように死ねると言い残し……」。そこで電話が鳴ってニーホフは部屋を出た。戻って来るとミュラーはすでに帰っていたという。

ミュラー自身もこの第二の事案についてニーホフと同じように説明したが、自分が言ったのは「こういうジョークはどうだ」ではなく、「こういう譬え話はどうだ」だったと主張した。

ミュラーは第一の事案をいくつかの主要な点で否定した。同人によると、状況は厳しい、若い兵士たちが第一次世界大戦の戦士たちのように打ちひしがれて帰郷する羽目になったら胸が痛い、とは確かに言った。戦争の結果として関税障壁がなくなるだろうということは言ったかもしれない。ボリシェヴィズムは来ない、失血死状態だとも。しかしロシア復興のためにドイツの男たちを駆り出すことのお手本を我々がかつてボリシェヴィキたちに見せた、とは言わなかった。

その反対に自分は、だって今ここには東方の労働者たちがいるのだし、と言ったのだとした。それを言うことで暗に、我々の男たちをボリシェヴィキに差し出すなんてことがまったく論外であることを言いたかったのだという。ファシズムについてはほぼ証言されたような内容を話したものの、ナチズムに関して言ったことはまったく違っている、自分はナチズム問題について世界観上の意見を言うことはできないと述べた。ただその後に現政権の権力の事実上の源はインフレと失業、それから他の連中の無能ぶりだと思うと付け加えた。以上が被告人の主張である。

この事案についてのミュラーの説明からして、当人がいかなる精神の持ち主であるかが分かる。ナチズムを露骨に景気の現象などと呼ぶように、何でも矮小化せずにはおかない心性がすべてを物語っている。敗戦になってもボリシェヴィズムはやって来ないとか、戦争の結果、関税障壁はなくなるだろうという発言も同じである。

何を言おうが我々の確信は揺るがない。真実はミュラーが白状した程度にとどまらず、まさにニーホフの証言通りなのである。この証人の姿を見て、その声を聞きさえすれば、誰しもその証言が判断基準となし得るものであることを納得できよう。証人は被告人を陥れようなどという我欲とはまったく無縁の人物であり、明らかにその類まれな誠実さのゆえに、ミュラーに不利となる証言をする度に、慎重な姿勢を崩さなかった。これまで証言内容を詳細に再現してきたわけであるが、ニーホフの証言ぶりは実に毅然としたものであった。証人は決してミュラーの告発をせがんだわけではない。その反対にミュラーの言葉によって引き起こされた内心の葛藤ゆえに、このことは当面通報しないという被告人との約束をあえて破って、彼は政治指導者に面会を求めたのである。

それゆえニーホフの証言内容は真正である。

第二の事案はこの第一の事案よりもはるかに深刻である。それについてのミュラーとニーホフの説明は主要なすべての点で一致している。

ニーホフはミュラーの「ジョーク」または「譬え話」を、その兵士は同時に処刑される二人の罪人に囲まれてキリストのように死ぬのだと理解している。実に自然な解釈である。

これに対しミュラーは、自分はその比喩の中で犠牲の考えを表現しようとしたのであって、それ以外のことはまったく念頭になかった、それにあれは証人のニーホフ国民同志にではなく、その病気の父親に向かって話したことだとした。

しかしそれは真実ではない。その理由は以下の通りである。

一、もし被告人の言う通りだとすると、被告人はその「比喩」をニーホフの父親に説明していなくてはならなかった。しかしそうしなかったと彼自身認めている。

二、比喩によれば、兵士は自分の死の原因を作った連中の顔を見たいと言った。しかし証言によるとそれらの絵は瀕死の床にある男の前ではなく横、しかもその左右両隣に置かれた。それでは男は絵を見ることができない。瀕死の男の最期の願いと絵の設置位置の間の矛盾。これには理由があるに違いない。つまり明らかにゴルゴダ伝説〔キリストの磔刑〕の構図が意図されたのだ。

三、その後で瀕死の兵士は「これでキリスト様のように死んでいける」と答える。もしキリストの死に絡めて犠牲の考えを表現したいと思っただけなら、このような磔刑の構図は不要であるし、そこに至るいきさつを「ジョーク」または「譬え話」にして描写する際の手の込んだやり方も、まったく余分である。この比喩の意味については自然な解釈こそが唯一可能な解釈である。それと比べるならば、先ほど被告人ミュラーが述べた解釈はまったくの絵空事に過ぎない。

四、第一の事案でのミュラーの態度は、同人には民族および帝国に敵対的な発言を行う可能性があるとの印象を与えた。すでに確認したように被告人は第一次世界大戦で立派に義務を果たし、表彰まで されている。しかしこのことはそうした発言の可能性と必ずしも矛盾しない。同人が、戦う兵士たちのことを考えると敗北という結末は辛いと思ったことも同じである。弁護人は、被告人が司祭として至聖であるべきものを政治的破壊活動のために利用するはずがないという旨を述べたが、そのことも被告人の敵対的な発言の可能性と必ずしも矛盾しないのである。なぜなら、そのような破壊活動が彼には自らの使命と思えなかったとは誰も言えないからである。世界観として彼は明らかに（第一の事案を参照されたい）ナチズムを信奉していなかった。

こうした点を踏まえると、ミュラーはその「ジョーク」「譬え話」「比喩」を自然な意味で使ったということなのだ。そうであれば同人は司祭の権威を利用して最も下劣で最も危険な攻撃を、我らが総統閣下に従う我々の信念にしかけたことになる。その攻撃とは、我らが民族の命運を握るこの大きな戦いの中で、自らの権利を自覚しつつ死力を尽くそうとする我々の意欲を殺ぎかねないものなのである。しかも一度だけではなかった。最初の事案での被告人の発言も同一の方向性をもつ（戦時特別刑法第五条）。しかも同人は我々がこの上なく困難な闘いに挑んでいる最中にそれを行っている。

かような態度は司祭の権威の無責任な悪用に止《とど》まらない。民族と総統閣下と帝国に対する裏切りなのである。そのような裏切りは名誉を永遠に失墜させる。
我々の道徳性という名の戦力に向けられたそのような攻撃に対しては、同様の裏切り行為を画策する者どもへの戒めという意味でも、死刑を宣告する以外の選択肢はあり得ない。
有罪判決が下されたミュラーは本件の訴訟費用も負担しなくてはならない。

署名　フライスラー博士　レーゼ

判決文9　「永遠に名誉を喪失した女性……」

ドイツ民族の名において！

クレーン車運転手の妻エマ・ヘルターホフ（旧姓マース、エルクハイム・ユーバー・メミンゲン在住、一九〇四年五月二八日、ホンベルク［ニーダーライン］生まれ、現在本件により裁判所の未決監に収容中）に対する防衛力破壊を容疑とする刑事訴訟に関して人民法廷特別部は、一九四四年一一月八日の公判に基づき以下を認定する。

裁判官
人民法廷長官　フライスラー博士（裁判長）
人民法廷裁判官　グロイリヒ博士

退役地方警察少将　マイスナー
親衛隊中将　アウミュラー
帝国本部指導者ギーゼ
検事長代理として
地裁上席検事　ヴァイスブロート博士

エマ・ヘルターホフ夫人は開戦四年目の年に兵士たちに向かって、あなたたちは前線で武器を放り投げて死んだふりをすればいいのにと語った。
つまり同女は我々の防衛力を破壊せんと試み、それによって我らが敵対者に与する、永遠に名誉を喪失した女となった。それゆえ当法廷は被告人に死刑を宣告する。

理由
エマ・ヘルターホフ夫人は子供が四人いる四〇代の女性であり、本人の言によれば夫とはすでに四年前から別居中である。
同女が住むホムブルク・アム・ニーダーラインが空襲を受けたとき、その財産、つまり家具や衣類その他はいずれも無事だったものの、メミンゲン地方への移住を余儀なくされた。住んでいた家が損壊して居住不能となったからである。同女は開戦四年目の一月、身を寄せていたゴル家のダイニングキッチンに座り、ゴル夫人と『ねえ怒らないで（Mensch-ärgere-Dich-nicht）』というボードゲームに興じていた。部屋にはちょうど帝国勤労奉仕隊を除隊したばかりのゴル夫人の息子と二人の若者の他に、擲弾兵のアルノルト・へーリング国民同胞がいた。へーリングは初めての休暇で同家を訪れていたのだ。話題が戦争のことに及ぶと同女は、国民同胞アルノルト・ヘーリングとハンス・ゴルの一致した証言によれば、「あなたたちは馬鹿よ。もし私が戦地に出ていたら、武器を放り投げて死んだふりをするのに」という意味の発言をした。二人の証人が予審手続きでさらに証言したのは、同女が我らの総統閣下をひどく罵り、一人は兵士、もう一人は民間人であったこの二人の若者にも同じことを言った後、「もし私の夫が前線に送られたとしても、そうするでしょうね」と付け加えたということである。総統閣下に対する罵倒と最後に付け加えられた言葉について、ヘルターホフ夫人は否認している。ただし同女が言ったということは十分にあり得る。さもなければ二人の国民同胞があのような証言をするはずがないからである。しかしこれを確認するために二人の国民同胞を当地まで遠路はるばる呼び寄せ、旅費を負担させるまでもない。なぜならヘルターホフ夫人自身が発言の核心について認めているからであり、同女が兵士および間もなく兵士となるべき若者に対して、かくも不埒な行動をするよう唆したという事実がまさにその核心部分に含まれているからである。ヘルターホフ夫人は公判の終わりに再度、自分の夫に言及したことについては否認したが、行動を唆すような形で兵士に自らの主張を述べた点については、もはや否定しなかった。

弁護人は被告人が単純素朴なタイプであることを強調した。しかしそのようなことをして良いかどうかという問題は、性格の純朴さや学の有る無しとは無関係で、志操や忠誠心がまともであるか否かの問題なのである。

被告人のような口を利く者は、たとえ一度だけであろうと、自らの品位を貶め、それによって我らが敵たちに与する、永遠に名誉を喪失した者となる。そしてその発言やそれに類する言辞を通じて、前線と故国をともに破壊せんとし、一九一七年、一九一八年の二の舞としようとするのだ。そのようにして防衛力破壊的（戦時特別刑法第五条）に、我らが敵対者の手先（刑法典第九一b条）となる者を我々は我々の真只中に放置するわけにはいかない。なぜならそのような者の行動は、戦う我らが民族と我らの勝利、すなわち我らの生命と自由にとって、恐るべき脅威となり得るからである。そのような場合に申し分のない形で犯罪行為が認定されたならば、必要な刑罰を定めるに当たっては、ドイツ国の安寧を最優先させることが重要である。このような考えから、第一次世界大戦の轍を踏まないために必要な刑罰は死刑以外にはあり得ないのである。

当法廷はエマ・ヘルターホフを有罪とする。よって同女は訴訟費用を負担しなくてはならない。

署名　フライスラー博士　グロイリヒ博士

ドイツ防衛の必要性を先延ばしすることなど論外であったので、帝国司法大臣ティーラックは、判決後一六日で早くも死刑の執行を命じた。この事案では新聞紙上での公示と張り紙による掲示は行わないよう、大臣ははっきり指示している。市井の素朴な女性で四人の子供たちの母親ということでは、当局が世論を味方につけるのは難しい。ティーラックはフライスラーの判決を支持していた。過酷な時代であるし、過酷な処罰も致し方ない。しかし潜在的な防衛力破壊者に対する戒めとするのに、同女の事案はふさわしくなかった。この女性が世間の共感や同情を集めてしまう可能性があったのだ。

それゆえこの事案は非公開の死刑執行とすることが求められた。人民法廷検事長は、被告人ヘルターホフの弁護士であるイルゼ・シュメルツアイゼン-ゼルヴァエス女史にもその旨を伝えた。この人物は例の自発的な女性弁護士で、このわずか九日後には若きマルゴート・フォン・シャーデの裁判（彼女の運命は本書冒頭に示した通りである）で改めてナチス法廷の加担者として入廷することになる。弁護士は一二月五日付の人民法廷検事長宛の短信で、「ヘルターホフの刑執行について」という書状を受領した旨を書いている。彼女にとっては急ぐ理由などまったくなかった。すべてがドイツの弁護士にとっては日々の日課となっていた。

ついに一九四四年一二月八日、検事長は死刑が滞りなく執行されたことを報告した。

「一一時三四分に死刑囚は両手を後ろ手に縛られ、二名の刑吏に促されて前に歩み出た。ベルリン出身の執行吏レットガーと三名の助手たちはすでに準備を整えていた。他にこの場にいたのは、刑吏の地区医学参事官シュミット博士であった。引き出された人物と死刑囚が同一人であることが確認された後、執行部長が執刑吏に刑の執行を命じた。死刑囚は静かに落ち着いた様子で、抵抗することなく断頭台に屈み込まされ、執刑吏がギロチンによる断首を行い、それから刑の執行完了を報告した。死刑囚が前に連れ出されてから完了報告までにかかった時間は八秒であった」

判決文10 「七月二〇日の裏切り者たちとの共通項……」

ドイツ民族の名において！

エーレンガルト・フランク-シュルツ（ベルリン-ヴィルマースドルフ在住、旧姓ベッサー、一八八五年三月二三日、マクデブルク生まれ、現在本件により裁判所未決監にて勾留中）に対する、防衛力破壊を容疑とする刑事訴訟に関して、人民法廷第一部は一九四四年一一月二日に送達された検事長の起訴状に基づき、一九四四年一一月六日の公判において以下を認定する。

裁判官
人民法廷長官　フライスラー博士（裁判長）
ラント裁判所長官　シュティーア
親衛隊少将・武装親衛隊少将　チャールマン
突撃隊少将　ハウアー
市評議員　カイザー
検事長代理人
主席検事　ヤーガー

女性被告人フランク-シュルツは、思い上がりも甚だしく、何年間か外国に支配される方が「今の暴力支配」よりまだましだと主張した。

すなわち被告人は七月二〇日〔ヒトラー暗殺未遂事件〕の反逆者たちと同じことをしたのである。これにより同女は永遠に名誉を喪失した者となった。

当法廷は被告人に死刑を宣告する。

理由
看護助手エーリカ・レーダー国民同志は、以前警察で述べたことを先ほど我々の前で証言した。その勤務する野戦病院に、国民同志ヴェンデルシュタイン中佐なる人物が疾病入院していた。中佐を通じて彼女は彼の女家主エーレンガルト・フランク-シュルツを知り、ヴェンデルシュタイン中佐が野戦病院を退院した後も二人の女性はときおり会っていた。

七月二一日に彼女はフランク-シュルツは彼女に電話をかけて、ヴェンデルシュタインはどうしているかと訊ねた。フランク-シュルツは彼女に家に来て欲しいと頼み、実は国防軍最高司令部（OKW）勤務だったヴェンデルシュタイン中佐は七月二〇日の暗殺未遂事件に関与したとして逮捕されたと伝えた。

その後彼女は、ヴェンデルシュタイン中佐の消息について何か聞けるかと考えて、約束通りほぼ一週間毎に何回かフランク-シュルツの元を訪れた。

次に来たとき彼女は、「でも暗殺が成功していたら恐ろしいことになっていたわね」と話した。これを聞いたフランク-シュルツは次のように答えた。「恐ろしいって？　暗殺がうまくいかなかったことの方がよっぽど残念よ。シュタウフェンベルクが鞄をちゃんとした場所に置きさえすれば、爆発も十分な効果を挙げてたのに！　一体どうしたらあんなに不手際なことができるんでしょう。ちゃんとできないのなら、そもそもやらなきゃよかったのよ！」

一週間後にもフランク-シュルツは暗殺が未遂に終わったことを悔しがり、「将校たちは降格されて労働収容所に入れられるでしょうね」と発言した。「でもちっとも残念なことなんかじゃないわ。協力した人たちはみんな誇らしく思うでしょう」。さらに別の日に看護助手のエーリカ・

レーダーは、「あの人たちはそもそも暗殺に何を期待していたのかしら」と訊いてみた。それに対してフランク=シュルツはこう返答した。

「成功していたら数日中に平和になってたでしょうね。空襲も終わって。何年間か英米に支配された方が今の暴力支配よりまだましよ」

被告人は、九月のある時点までに別の暗殺計画が実行されることになっているから、今度はうまくいくだろうとも言ったという。看護助手のレーダー国民同志は先ほど、きわめて冷静かつきっぱりと、しかもその良心を窺わせる控えめな態度で、我々にこうしたすべてを証言した。それゆえたとえ被告人フランク=シュルツが大部分の内容を自ら白状しなかったとしても、我々が証人の言葉の正しさを疑うことなどまったくないのである。被告人が唯一説明したのは、「誇らしく思う」という自分の発言は誤解されている、自分としては、もしヴェンデルシュタインが無実の罪で労働収容所に入れられるのなら彼も誇らしく思うことができるだろうに、と言いたかったというのだ。しかしこの言い分は内容面ですでに破綻しており、またフランク=シュルツ自身の別の説明で示された考え方とも食い違っている。それゆえ我々はその点でも、国民同志エーリカ・レーダーの証言の正しさについては露ほども疑っていない。

フランク=シュルツは弁解のつもりか、自分は肝臓病だと述べた。しかし肝臓病だからと言ってそのように下劣で低俗な考え方をし、それを口に出すことが許されるはずもない。

さらにフランク=シュルツは、ヴェンデルシュタイン中佐が一八歳の頃から知っており、他人とは思えない、いわば息子のように感じている。だから中佐が逮捕されて腹を立てたのだと言う。一人きりの実の息子が南西アフリカで捕虜になっている被告人が、たとえヴェンデルシュタイン中佐にそのような感情を抱いていたとしても、それであのような裏切り行為が正当化されるわけではない。国中でドイツの母たちは自分の一人息子、ひょっとすると生き残っている唯一の息子かもしれない子供の消息が分からず、何ヶ月も不安な思いに駆られている。しかし誰一人として、自分の不安をそのような下劣な裏切り行為で紛らわそうとは考えない。

挙げ句の果てにフランク-シュルツは、自分の曽祖父はシュライエルマッハー〔ドイツの神学者・哲学者のフリードリヒ・シュライエルマッハーのこと〕で、そのため自分も信仰心に篤い人間なのだと述べた。しかし第一に信仰心はそのような裏切り行為をもたらしはしないし、いずれにせよそれを正当化したりはしない。第二にナポレオンに対する我らが民族の解放戦争で先駆的な役割を果たしたシュライエルマッハーは、自分の曾孫がこのような反逆者的思想の持ち主で、おまけに厚かましくも自分の名を出して自己弁護を試みたなどと知ったら、墓の中でさぞかし悔しがるであろう。

フランク-シュルツを裏切り行為へと向かわせた真の要因は二つある。

一、敗北主義の虜となった被告人自身の弱さ。しかし弱さは弁解にならない。なぜなら我々は強くあらねばならないからである。

二、被告人の骨の髄まで反動的な考え方。これが同女の折々の発言に顔を覗かせたのだ。さらに看護助手レーダー国民同志が証言したところによると、被告人は「恐ろしいわよね、あんな親衛隊全国指導者〔ハインリヒ・ヒムラーのこと〕みたいに将校でも何でもなかった庶民階級出の男が、予備軍最高指揮官のような立派な地位をもらえるなんて」（!!!）とも発言したという。

これらさまざまな証拠から判断するに、フランク-シュルツがあの七月二〇日の叛逆者たちと通底する行為を行ったことは明らかである。被告人は我らが民族の精神的戦闘力に打撃を加えたのだ。ことに看過し難いのは、同女が別の新たな暗殺計画を願い、あまつさえ「何年間か外国に支配される方が今の暴力支配よりまだましだわ」と主張するまでに自らの言動を過激化させた点である。

そのように行動する者は恥辱の権化となる。そのように行動する者は我らが民族に対する叛逆者として、さらに我らが敵国の手先として、永遠に名誉を喪失した者と成り果てる（戦時特別刑法第五条、刑法典第九一b条）。したがってそのような者は我々の只中から消え失せねばならない。もしここで死刑以外の判決を選択するならば、我らが前線兵士たちは当然疑念を抱いて問うであろう。本当に七月二〇日の膿をぜんぶ出し切ったのか、自分たちは安心して強い気持ちで勝利への戦いを続けられるのかと。有罪判決を宣告されたフランク-シュルツは本件の訴訟費用も負担しなくてはならない。

署名　フライスラー博士　シュティーア

一九四四年一二月八日に刑が執行された。すでに一一月二三日には死刑判決を受けた被告人の姉妹が人民法廷の検事長宛に次のような嘆願書を書いていた。

「私の姉エーレンガルト・フランク-シュルツ、旧姓ベッサーに対する判決が赦免されることなく執行された際には、その遺体を夫と娘の眠る墓地に埋葬するべく、ぜひ引き取らせて頂けますよう、お願い申し上げます。

姉の一人息子は何年も独領南西アフリカで農場を営み、開戦後はそこで捕虜となっておりま

...schaft beim ...

...richtshof

...J. ?1/44

Kostenrechnung

in der Strafsache gegen Gustav Neubauer
wegen Wehrkraftzersetzung

Lfd. Nr.	Gegenstand des Kostenansatzes und Hinweis auf die angewandte Vorschrift	Wert des Gegenstandes RM	Es sind zu zahlen RM	Rpf
1	2	3	4	
	Gebühr für Todesstrafe..		300.	—
	Postgebühren gem.§ 72 GKG		2.	70
	Geb.für den Rechtsanwalt Ahlsdorff,Berlin-Lichterfelde/Ost Gärtnerstr.10a..........		81.	60
	Haftkosten gem.§ 72 GKG			
	f.d.Unters.Haft v.24.12.43 -28.3.44 = 96 Tg.a.1.50......		144.	—
	f.d.Strafhaft v.29.3.44 - 8.5.44 = 40 Tg.a.1.50......		60.	—
	Kosten d.Strafvollstreckung a) Vollstreckung des Urteils......		158.	18
	Hinzu Porto f.Übersendung d. Kostenrechnung		–.	12
			766.	80

10.死刑執行の諸費用……

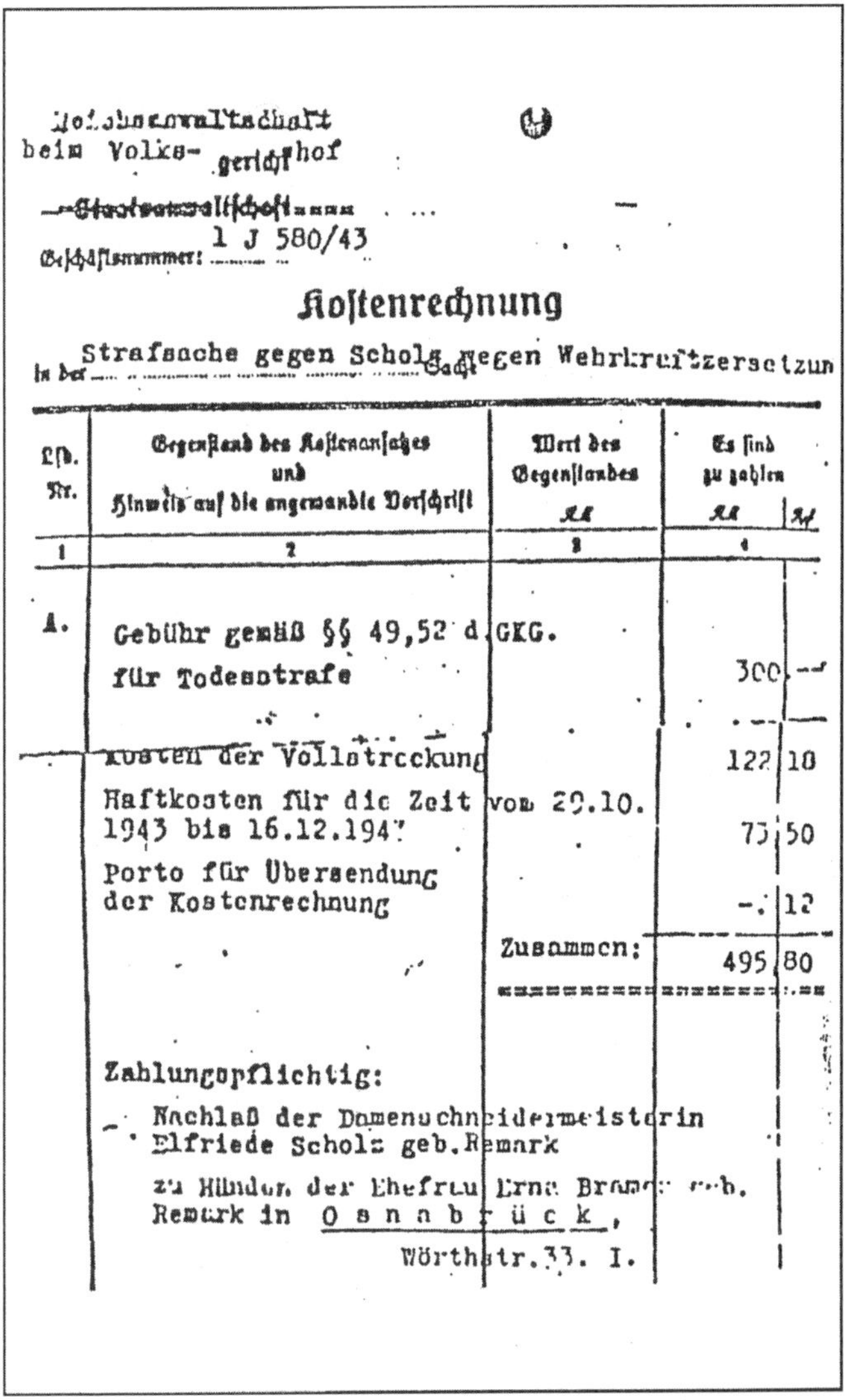

Reichsanwaltschaft
beim Volks- gerichtshof

~~Staatsanwaltschaft~~

Geschäftsnummer: 1 J 580/43

Kostenrechnung

in der Strafsache gegen Scholz wegen Wehrkraftzersetzun

Lfd. Nr.	Gegenstand des Kostenansatzes und Hinweis auf die angewandte Vorschrift	Wert des Gegenstandes RM	Es sind zu zahlen RM	Rpf
1	2	3	4	
A.	Gebühr gemäß §§ 49,52 d.GKG. für Todesstrafe		300	--
	Kosten der Vollstreckung		122	18
	Haftkosten für die Zeit vom 29.10. 1943 bis 16.12.1943		73	50
	Porto für Übersendung der Kostenrechnung		-.	12
		Zusammen:	495	80

Zahlungspflichtig:

Nachlaß der Damenschneidermeisterin Elfriede Scholz geb. Remark
zu Händen der Ehefrau Erna Brammer geb. Remark in Osnabrück, Wörthstr. 33. I.

11.刑事事案ショルツの訴訟費用計算書

す。この息子が郷里に戻ったときに、自分の母親の墓すら見つからないというのではあまりに酷すぎます。

この点に鑑み、なにとぞ当方の嘆願にご対応下さいますようお願い申し上げます」

この嘆願は聞き容れられなかった。検事長代理の検事ヤーガーが事務的に報告している。

「遺体引き渡しは行わない」……！

第8章

七月二〇日

爆弾の炸裂は一二時四二分だった。ちょうどヒトラーは重厚なオーク製の机に身を乗り出すようにして、広げられた陣営図で東部戦線北部隊の位置を確認していた。耳を聾する轟音とともにその場にいた二四名の将校や将軍たちは床に投げ出された。その中には国防軍最高司令部総長ヴィルヘルム・カイテル元帥もいた。天井の一部は崩落した。四名が死亡し、ほぼ全員が負傷した。しかし暗殺の本来のターゲットはまたもや生き延びた。アドルフ・ヒトラーである。彼は軽傷だった。ズボンの右脚部分がボロボロになり、右腕はだらりと垂れ下がっていた。落ちて来た瓦礫が背部に当たったのだ。後で判明することになるが、この大爆発によって彼の鼓膜は破れ、右脚には激しい痛みがあった。しかしともかく命は助かったのだ。

同日午後にはヒトラー自ら、総統大本営「ヴォルフスシャンツェ〔狼の砦、狼の巣とも〕」にほど近いラステンブルク駅にムッソリーニを出迎えることになる。

話を戻そう。暑かったこの一九四四年七月二〇日、国内予備軍参謀長のクラウス・グラーフ（伯爵）・フォン・シュタウフェンベルク大佐もそこでの会議に召集されていた。大佐は、赤軍の進撃を食い止めるために出動部隊が用意した作戦を総統に直接報告するよう求められていた。

しかしシュタウフェンベルク伯爵は鞄の中に大判の地図だけを入れていたわけではなかった。書類鞄には報告書とメモ帳の間に爆弾が忍ばせてあったのだ。一キログラムの高性能プラスチック爆弾で時限起爆装置が付けられていた。書類鞄の上の方にはシャツが納められ、それが爆弾を隠していた。シャツの畳み目のところには小型ペンチも忍ばせていた。爆弾の起爆に必要だった。伯爵は重い戦傷を負っていたため、それ以外の手段は不可能だったのだ。シュタウフェンベルクは右眼と右手、そして左手の二本の指を失っていた。予め彼は最新の注意を払って爆弾の起爆操作を繰り返し練習していた。それはヒトラーを葬り去ることになる爆弾であった。

この暗殺は計画されてから長い時間が経つが、これまでに何度も延期されてきた。ほとんど例外なく将軍や将校たちで構成されていた叛乱グループは、長年にわたってヒトラーに付き従ってきた。しかしこの戦争にもはや勝ち目がなくなり、ドイツ帝国が瓦礫と灰の中に崩れ落ちるであろうことが誰の目にも明らかとなって、ようやく行動を開始した。叛乱グループの中で大佐のシュタウフェンベルク伯爵は主唱者の一人だった。暗殺の計画と準備に当たっても彼が中心になっていた。

もともと彼は万全を期して、ヒトラーもろとも自分自身も吹き飛ばす覚悟だったのだが、仲間たちから却下されてしまった。シュタウフェンベルクはその後に計画されていたクーデターの組織化に欠かせない人物と目されていたのである。暗殺の後に「ワルキューレ」作戦が実行され、ナチスのすべての権力中枢、つまり党、行政、警察、秘密国家警察（ゲシュタポ）および親衛隊（ＳＳ）の各主要部門が排除されるはずであった。しかしもはやそれが実現されることはなかった。七月二〇日のできごとを時系列で並べてみると、暗殺がなぜ、いかにして失敗したかということが見えてくる。

前夜　叛乱グループに所属するおよそ三〇名の将校たちが最終的な打ち合わせのため、一堂に会していた。そこにはシュタウフェンベルク、陸軍元帥エルヴィン・フォン・ヴィッツレーベン、上級大将エーリヒ・ヘプナー、それにベルリン防衛司令官パウル・フォン・ハーゼもいた。全員に翌日の暗殺決行が伝えられた。この打ち合わせの後、シュタウフェンベルクは住まいに戻った。

六時直後 シュタウフェンベルクは兄のベルトルトに伴われて住まいを出て、運転手に中心街まで走らせた。そこにヴェルナー・カール・フォン・ヘフテン中佐が加わり、一同はともにラングスドルフ飛行場に向かう。

七時 シュタウフェンベルクとヘフテンを乗せたハインケルHe111機はラステンブルク方面に向けて離陸。叛乱者たちは爆弾入りの書類鞄を携行した。爆弾には化学反応によって無音で作動する起爆装置がつけられていた。シュタウフェンベルクの兄ベルトルトは空港から国防省と参謀本部のあるベンドラー通りに向かう。

一〇時一四分 シュタウフェンベルクとヘフテンを乗せた機がラステンブルクに到着。飛行場にはすでに車が待機していて、二人を総統大本営「ヴォルフスシャンツェ」に運んだ。総統大本営の厳重に警備された内陣に到着すると、シュタウフェンベルクは将校用食堂で朝食をとり、その後、この日の暗殺計画を知らされていた国防軍通信部門長エーリヒ・フェルギーベル将軍のもとに出向いた。将軍はベルリンのベンドラー通りにいる叛乱派たちに襲撃の成功を伝え、この総統大本営をあらゆる通信網から遮断する手筈となっていた。

一一時三〇分頃　シュタウフェンベルクが国防軍最高司令部総長ヴィルヘルム・カイテル元帥と会う。カイテルはシュタウフェンベルクに、作戦会議が三〇分繰り上げになり一二時半開始になったこと、猛暑のため今回は別棟の「作戦会議棟」で行われることを伝えた。

一二時三〇分直前　カイテルは会議棟に向かった。シュタウフェンベルクは担当の者に手早くシャツを着替えられる場所はあるかと尋ねた。副官のエルンスト・ヨーン・フォン・フライエントが彼を寝室に案内した。そこで暗殺者は硫酸腐蝕式の起爆装置のスイッチを入れた。持参した二つ目の爆弾まで起爆可能にする余裕はなかった。まだ彼が鞄の中の一つ目の爆弾に手間取っているとき、寝室に通じるドアをいきなり開けたフライエントに急ぐよう促されたからである。それでシュタウフェンベルクは会議に出るため作戦会議棟に急いだ。

一二時三〇分直後　カイテルとシュタウフェンベルクは会議室に入った。会議はすでに始まっていた。木造の会議棟にはヒトラーの他に二三名がいた。中央には分厚い天板と太い脚を持つオーク製の重厚な机が置かれ、全員が机の上に広げられた大地図を囲んで討議を重ねていた。シュタウフェンベルクの席はヒトラーの右隣だった。東部戦線の現状についての説明が続く間に、彼は爆弾の入った鞄を机の下のできるだけヒトラーに近い位置に押しやった。

一二時三七分頃　爆弾が炸裂する五分前にシュタウフェンベルクは目立たぬように会議室を出た。その間に会議参加者の一人が件の爆弾入り鞄を、オーク製机の太い脚のヒトラーから見て反対側に置き直してしまった。地図を見るのに邪魔だったからだ。

爆弾は一二時四二分に爆発した。だがヒトラーは生き延びた。この日の夜のうちに叛乱は血腥い結末を迎えた。シュタウフェンベルクとフォン・ヘフテン中尉は暗殺作戦の直後、ベルリンのベンドラー通りに潜伏していたのだが、ヒトラーに忠実な将校たちが夜一一時頃にその叛乱派の拠点を急襲したのだ。そこにはシュタウフェンベルクとその兄ベルトルト、フォン・ヘフテン、ベック、ペーター・グラーフ・ヨルク・フォン・ヴァルテンブルク、オイゲン・ゲルステンマイヤー、アルブレヒト・メルツ・フォン・クヴィルンハイムといった面々が集まっていた。

男たちは武装解除され逮捕を告げられた。退役上級大将ベックはピストル自殺を願い出た。こめかみに狙いを定めて二発撃ったものの、いずれも致命傷とはならず、結局一人の軍曹が「とどめの一発」を撃ち込んだ。

国内予備軍司令官フリードリヒ・フロムは自ら任命した即決裁判員の長として叛乱者たちに、それぞれ家族宛に一筆書き遺すよう命じた。フロムは事務室に入り、五分後に戻るとこう言い渡した。「参謀大佐フォン・メルツ、大将オルブリヒト、および……」。そこでシュタウフェンベルクを指して「もはやその名を呼ぶことさえ憚られる大佐、それからフォン・ヘフテン中佐、以上の者に死刑を宣告する」。

深夜〇時頃 四名の男たちはベンドラー通りの中庭に連れ出された。国防軍の何台かの車両がヘッドライトで処刑場所を照らしていた。オルブリヒト、ヘフテン、シュタウフェンベルク、そしてメルツが次々に砂山の前に立たされ、射殺された。こうして将兵たちの叛乱は終わった。

しかしヒトラーの復讐はこれで終わらなかった。彼は襲撃直後には思いのほか冷静な態度を見せて予定通りムッソリーニを駅に出迎えたのみならず、この客人を爆破された会議棟に案内することまでしたのだが、後から激しい怒りの発作に襲われた。激昂したヒトラーはすべての叛逆者とその家族に対して恐るべき報復を宣言した。翌七月二一日にかけての夜に、ドイツのすべてのラジオ局の放送で総統の声が流された。


「ドイツの国民同胞諸君！

本日私がこうして話すのは、とりわけ二つの理由からである。一つは私自身が無傷であり健康そのものであることを私の肉声を通して知って頂きたいからである。もう一つはドイツ史上に類を見ない犯罪の詳細を直接お伝えしたいからである。

一片の良心もなく、野心に踊らされた者たち。犯罪的で愚かなほんの一握りの将兵たちが暗殺を試みたのだ。私を排除し、私とともにドイツ国防軍幹部をも一掃せんとして……

政権転覆を図った者たちの規模はかなり小さかった。ドイツ国防軍とは何の関連ももたず、とりわけドイツ国民とは無関係な集団である。これから容赦なく断罪されることになる相手はきわめて小規模な犯罪分子たちにすぎない……

この度も我々ナチスのやり方で清算がなされることになろう」


この清算は関係者の大量逮捕に始まり、続いて数々の残酷な拷問が行われた。

それは、叛逆者、抵抗活動家、裏切り者たち、要するにいずれも名誉を喪失した犯罪者たちがいかなる末路を辿ることになるか、それをドイツ国民にまざまざと見せつけるためであった。

なおもドイツ人の大多数はこうした声高なスローガンや「大ドイツ的」躍進の成果に陶酔してい

た。政府べったりのマスメディアも、すでに戦争の結末が眼に見え、肌に感じることができたにもかかわらず、帝国と党と総統への信頼がいささかも揺らがぬよう配慮した。良心の呵責に苦しむ国民同胞はかなりの少数派で、反対運動に参加する者もごくわずかであった。国民はみな知ることができなかったし、知りたいとも思わなかったのだ。どこまでナチ指導部が国民の理想を踏みにじり、悪用してきたのか、そしてどこまで無分別に国民の生命を全面戦争のための生贄としたのかを。あいかわらず数千万の国民がハーケンクロイツの旗に従い、あいかわらずドイツ人の大多数が総統に喝采を送り、間近に迫る「最終勝利」を信じ込んでいた。だからこそ彼らは総統閣下が襲撃を生き延びたと知って、胸を撫で下ろしたのだ。

暗殺失敗の翌日、一九四四年七月二一日には早くも親衛隊情報部長官の親衛隊中将カルテンブルンナーが、「総統襲撃の最初の心理的影響」について極秘報告書にまとめてミュンヘンの党官房に提出した。「親愛なる党同志ボルマン」に宛てて彼は次のように書いている。

「これまでに帝国各所から届いた報告によれば、大ドイツ放送局のアナウンスを聞いたのは少数の国民にすぎません。しかしその知らせは瞬く間に広まり、路上や店舗にいた見ず知らずの人々の間にまで伝わりました……

どの報告にも、総統襲撃のニュースが国民全体にこのうえなく大きな驚愕と動揺、深い憤りと怒りを一斉に引き起こしたという指摘が見られます。いくつかの都市（例えばケーニヒスベルクやベルリン）では女性たちが店内や公道でいきなり泣き出したり、一部の女性は茫然と立ち尽くしていたりしたようです。これとは逆に最悪の結果を免れたことへの安堵も大きく、至る所で人々が胸を撫で下ろしてこう言う様子が確認されました。『ああ、ありがたい、総統閣下は生きておられた』……

総統救出の喜びにはある種の落胆も影を落としていました。国民同胞たちは突然、情勢がきわめて危険で深刻なことに気づかされたのです。襲撃に対する最初の驚き、そして総統が何とか無事に生き延びたことへの最初の安堵。しかしそれが過ぎると今度は至る所で疑心が兆《きざ》していました……

もし暗殺が成功していたらどのような結果となったか、恐ろしくて考えることすらできないという意見が至る所で表明されています。一部の国民同胞は、そうなっていたら我らが民族にどのような恐ろしい判決が下されていただろうかと暗鬱な想いを巡らせました。総統の死は今の状況では確実に帝国の敗北を意味したでしょう。これが大方の国民同胞の考えでした。『それだけは何とか免れた。本当に終わってしまうところだった』。そういう呟きが何度も聞かれました……

しかし最初から多くの国民同胞が考えていたのは、この襲撃は総統に最も近い側近によって企てられたに違いない、ムッソリーニの場合のように、再三疑われていた国防軍内部の反対グループや反動的な将軍たちの一派が権力を掌握しようとしたということでした。将軍たちの一派は最近になって総統から罷免された者たちかもしれないとされています。民衆の見解では、彼らは『ミンスクの裏切り』、東部戦線中央部隊の壊滅、さらにその他の後退に責任を負うべき将軍たちだっただろうとされています……。

死の危険からの総統の救出は国民のすべての階層に深い感動を呼び起こしました。国民の多くは生き永らえた総統の御姿を神の摂理の証明と捉えたのです。ここ数ヶ月の間に山積したさまざまな問題にもかかわらず、総統と共に歩めばすべて首尾よく運ぶという深い確信が国中に浸透しています。総統はより高次の力によって守られているに違いないとする意見が至る所で表明されました……

このとき、いかなる戦時の苦労も喜んで引き受け、『今こそ』勝利のために何事も厭わないとする気運が驚くほど高まりました。今や大勢の国民同胞が戦争と勝利のために直接役立ちたいと望んでおります。とりわけ労働者階級（例えばベルリン）に理解が求められたのは、今こそ本格的な全面戦争に突入しようとしており、未曾有の動員が行われるということ、しかも（例えば女性労働力の動員という形で）これまで精力的な協力の対象からほぼ除外されてきた層からも動員がなされるということです。今こそ内部の敵を『容赦なく片づけ』ねばならないと願う声がしばしば聞かれます……」

ヒトラー自身が、何らかの形で今回の暗殺計画に関与したと見なしうる人物全員に対するさらなる処遇を定めている。

「今回の裁判は短いものとする。当該の犯罪者たちを裁くのは戦争法廷ではなく人民法廷となる。決して彼らに大言壮語させてはならない。さらに刑の宣告から二時間以内に速やかに執行がなされねばならない。容赦することなく、直ちに吊るすのだ！」

当初ヒトラーは叛逆者たちを見せしめのために公開処刑とし、ニュース映画とラジオで報道することを考えていた。しかし今や予備軍司令官に任命されていたヒムラーが諫言して思い止まらせた。彼は総統に、いずれにせよ状況は変わりました、もはや一九三九年や一九四〇年の頃とは違ってきていますと述べたのだ。「君の言う通りだな、ヒムラー」。結局ヒトラーは同意した。「もし裁判を公開にしたら、連中に公の場で発言させざるを得なくなる。奴らの中にも一人くらいは弁の立つ者がいて、自らをドイツ民族に平和をもたらす使者のように言うだろう。確かにそれは危険かもしれない」。

しかしヒトラーは一瞬たりとも、謀叛者たちへの見せしめとしての処罰を諦めようとは考えなかった。復讐心からだけでなく、それがこの時期にまさに必要だった威信を世間に示すことになると期待していたのだ。「それらの犯罪者たち」は即決裁判、しかも人民法廷での裁判としたい。そしてこのうえなく狂信的な、あの血の裁判官に主導させる。「フライスラーがうまくやってくれるだろう。なにしろあいつは我々のヴィシンスキーだからな」。ヒトラーはある作戦会議の場でそう語ったという。彼を心の底から信頼していたのだ。

ヴィシンスキーの名はロシアの見せしめ裁判と結びついている。スターリンの忠実な下僕であった彼は「大粛清」の時期に検事総長（一九三五年から一九三九年まで）を務め、数多くの「粛清裁判」で無数の人々に数十年の長期刑や死刑を求刑した。その中にはレーニンの戦友ジノヴィエフ、カーメネフ、ブハーリンも含まれていた。

ヒトラーが人民法廷長官をスターリンの検事に喩えたことはたいへん示唆に富む。すでに一度彼はフライスラーについて、「ボリシェヴィキそのものだ」と語ったことがあった。

いずれにしてもヒトラーの眼には、これから行われる七月二〇日の叛乱者たちに対する裁判にはフライスラーが適任の裁判官と映っていた。

七月二〇日裁判とともにローラント・フライスラーの最後の大舞台が始まった。ベルリンの宮廷裁判所の大法廷は彼が待ち望んでいた晴れの舞台であった。しかも、フライスラーの前に開けたこの数ヶ月に及ぶ大舞台への道を、総統自らが歩きやすく均してくれたのだ。今や裁くべき相手は無名でちっぽけな防衛力破壊者や敵側ラジオ放送の聴取者などではなく、将軍や将校、その他民間の有名人たちであった。「現在実施されねばならない刑事裁判は歴史的な規模のものでなくてはならない」。七月二五日、ヒトラーから望み通り「帝国総力戦全権代表」を任命されていた啓蒙宣伝大臣ゲッベルスはそのように要求した。今やフライスラーは総統閣下を前にして、ナチス司法においては身分の差などないということを、恒久的にアピールすることができるのだ。無名か有名かを問わず、どの叛逆者も謀反人も法の前では平等である。彼らに唯一ふさわしい処遇、それはすなわち死である。

八月七日、暗殺に関与した容疑で最初の八名に対する裁判が始まった。これは雪崩を打つように、この後に続く大量の裁判の第一陣であった。その後の数週間、数ヶ月間には、さらに数百人の本物の抵抗活動家や抵抗活動家と目される者たちが大逆罪や国家反逆罪で起訴され、人民法廷に立たされ、その多くは死刑を言い渡されることとなる。

法律に従うならば、叛乱者たちが将校である限りはそもそも帝国軍事法廷で裁く決まりであった。しかしヒトラーはこの制度に大反対だった。もともと彼は国防軍の司法部門を信用していなかったのだ。まさに戦火に包まれたここ数年、ヒトラーから見てあまりにも身勝手で国防軍の利益ばかりを優先する判決が続き、それが彼の不興を買っていたのだ。

そこで総統は今回、帝国軍事法の管轄規定を無視した。彼は予審の結果、有罪が見込まれる将校を国防軍から排除する命令を出すとともに「名誉法廷」を招集した。こうしてヒトラーは二つのことに成功した。一つはあたかも彼自身が軍刑法に則って対処したかの印象を与えたこと。もう一つはその実、叛逆者たちを全員、自分の信頼できる裁判所、すなわち人民法廷で裁くようにしたことである。「名誉法廷」は円滑に機能し、被告人の陸軍元帥ヴィッツレーベン、上級大将ヘプナー、国防軍少将シュティーフ、国防軍中将フォン・ハーゼはいずれも国防軍から除籍となった。今彼らはエルゼホルツ通りにあるベルリン宮廷裁判所の満席の大法廷で被告人席に座らされていた。ベルヴュー通りの人民法廷の建物が空襲で破壊されたため、その後はここで人民法廷が開かれるようになっていたのだ。ざわめきを切り裂く鋭い声でフライスラーが開廷を宣言した。

「大ドイツ帝国の人民法廷がここに召集された。これは法廷第一部としての正規の陣容である。人民法廷長官を裁判長とし、部長ギュンター・ネーベルングを裁判長代理、歩兵大将ライネッケ、造園家兼市民農園所有者ハンス・カイザー、ならびに商人ゲオルク・ゾイベルト、以上三名を名誉職陪席裁判官とし、パン職人エーミール・ヴィンター、技師クルト・ヴェルニッケを名誉職裁判官代理、人民法廷裁判官レムレを職業陪席書記裁判官、上級ラント裁判所裁判官ケーラー博士を職業陪席書記裁判官代理とする。検事長ラウツ氏は検事正ゲーリッシュ博士を伴われてご本人が来廷された。さらに当職により指名された公選弁護人として以下の方々のご出廷を頂いた。すなわち弁護士ヴァイスマン博士、弁護士L．シュヴァルツ博士、弁護士・法律顧問官ノイベルト博士、弁護士グスタフ・シュヴァルツ博士、弁護士クンツ博士、弁護士ファルク博士、弁護士フーゴー・ベルグマン氏、弁護士ボーデン氏である」

この後、わずか数分後に最初の山場を迎えた。フライスラーが検事長に、エルヴィン・フォン・ヴィッツレーベンに対する起訴を行うよう求めると、被告人がフライスラーの前につかつかと歩み寄り、腕を上げて「ドイツ式敬礼」をしたのだ。七月二〇日の反乱を美化しがちな歴史記述においては、これまでこの事実が書かれることはなかった。

フライスラーはこれに声を荒げて反応した。

「被告人はエルヴィン・フォン・ヴィッツレーベンだな。もしこの私がお前だったらいまさらドイツ式敬礼などしないだろう。名誉をもつ国民同胞がドイツ式敬礼をするのであって、それをしたからといって判決を先取りすることにはならない。私がお前だったら、この後に及んでドイツ式敬礼をすることを恥じるであろう」

その後でヴィッツレーベンが出生地と生年月日を尋ねられた。同様に被告人ヘプナー、シュティーフ、フォン・ハーゲン、フォン・ハーゼ、ベルナルディス、クラウジング、フォン・ヴァルテンブルクと続いた。次に検事長ラウツが起訴状を読み上げた。

「被告人フォン・ヴィッツレーベン、ヘプナー、シュティーフ、フォン・ハーゲン、フォン・ハーゼ、ベルナルディス、クラウジング、フォン・ヴァルテンブルクに対し、以下の行為を理由として起訴がなされた。諸君は一九四四年の夏、国内において、臆病者と成り果てた将校からなる若干名の指導者グループの一員として、総統閣下を卑劣きわまる方法で殺害した後に、ナチス体制を破棄し、軍部および国家に対する権力を奪取して敵との不名誉な取引を通じて戦争を終わらせようとした。諸君は大逆および国家反逆行為の実行者として以下に掲げる法規に違反した……」

関連する法律規定が読み上げられた後でフライスラーが締めくくった。

「この起訴はドイツ民族の歴史上、最も恐るべきものである。つまり検事長は、諸君が我々の歴史の知る最も恐るべき裏切り行為を犯したことを裏づける根拠を握っていると主張している。本日我々が果たすべき使命は、諸君が行った行為を確定し、そのうえで我らがドイツの法感覚に応じて判決を下すことである。私は諸君の一人一人と、何の嫌疑がかけられているのかじっくり話したいと思う。その際に私はまず、諸君一人一人の経歴について手短に触れることから始めたい。かつての経歴の詳細な描写がどこまで我々の関心を集めるかということは、諸君が何を行ったかを我々が知って初めて明らかとなる。つまりそれまでの人生のすべてが霞んでしまうほど恐ろしい裏切り行為というものがあるのである。それゆえ万一諸君がそのような行為を犯したことが判明したなら、諸君の過去など我々にとってはどうでも良くなることもあり得るのだ。

被告人ヘルムート・シュティーフ、前へ！　最初に他のすべての被告人にも当てはまることを申し述べておく。諸君がみな手にしている起訴状は今我々が行っている真実の探求にとって最も重要な基礎資料の一つではあるが、それには特別な目的もある。すなわち我々みなが本日の公判に備えることができるということである。

それゆえ私が諸君に、この後に及んでは目と目を合わせ可能な限り正直になるよう求めたとしても、それは決して諸君にとって不利とはならない。さて審理に入る前に、検事長、あなたに質問がある。貴職は公開性に関して特別申立を行いますか？」

これを受けて非公開を求めるラウツの申立が続く。しかし確認したところ、職責に基づきその場にいた全員がこの裁判に「職務上の関心」を抱いていることが判明した。それゆえフライスラーは「一般の」傍聴のみを禁じた。というのも国家機密に言及される局面があり得たからである。法廷にいた人々はみなナチス体制の職員ならびに国防軍の将校で、彼らはそのまま残ることが許された。フライスラーは彼らに次のような教示を行った。

「それでは、これは人民法廷の非公開裁判とする。非公開裁判について何らかの情報を漏らした者には、我々の法律によって重罰が下される」

その後でフライスラーは被告人尋問を開始した。重要なのは叛逆者たちに「カンガルー（即決）裁判」を行うということであった。今やフライスラーの本領発揮のときが来た……

彼の審理のテノール（トーン）とタクティクス（戦略）は千篇一律であり、ほとんどの場合、予め決められていた結果、すなわち死刑に終わるのであるが、この第一次「七月二〇日」裁判はフライスラーにとって新たな挑戦と思われた。今回法廷に迎える被告人グループは超一流の叛逆者たちではないか？ 自分もよく知る予断を許さぬ戦況が、戦士のような断固たる意志をより長続きする形で披露することを今求めているのではないか？ なかんずく自分の裁判官としての活動に総統ご自身が大いなる期待を寄せてくれているのではないか？

フライスラーはヒトラーを失望させたくなかった。人民法廷からの委託で帝国議会速記者が作成した速記録が証しているのは、すでに死刑が確定している場合でもフライスラーが被告人を貶め、辱め、容赦のない罵声を浴びせかける機会を決して逃さなかったということである。情け容赦を知らぬ法廷。その中心に彼自身が立っていた。生か死かを決する神のごとく。ただしフライスラーが下した決定は、総統の期待通り、ほぼ例外なく死の方であった。

検事長ラウツもその論告の結びで、期待通り、被告人全員に死刑を求刑した。その様子はほとんど事務的とも言えるものだった。対する弁護人たちの態度は異様なほど控え目だった。ヴィッツレーベンの弁護士は最終弁論で、「被告人の行為は確定しており、罪のある行為者はその行為とともに倒される」と断定した。

続いて被告人クラウジング、ベルナルディス、シュティーフが立って、銃殺による死刑執行を願い出た。翌日、ヨルク・フォン・ヴァルテンベルクを除く他の被告人たちもこの願いを述べた。しかし判決言い渡しの前にフライスラーはこうした被告人たちの思いを退けた。絞首刑にするというのが彼の考えだったのだ。

午後に彼は判決文を読み上げた。法廷は立錐の余地もなかったが、張り詰めた静寂に包まれていた。天井の高い空間にフライスラーの切り裂くような声だけが響き渡る。

「ドイツ民族の名において！　誓いを破りし名誉なき野望家エルヴィーン・フォン・ヴィッツレーベン、エーリヒ・ヘプナー、ヘルムート・シュティーフ、パウル・フォン・ハーゼ、ローベルト・ベルナルディス、ペーター・グラーフ・ヨルク・フォン・ヴァルテンベルク、アルブレヒト・フォン・ハーゲン、フリードリヒ・カール・クラウジング。以上の者は、ドイツの全国民とともに総統閣下に従って雄々しく勝利目指して戦う代わりに、戦いに斃れた我らが戦士たち、そして国民、総統閣下ならびに帝国に対し、ドイツ史上に類を見ない裏切りを働いた。我らが総統閣下に対して卑劣きわまる殺害を試みたのだ。卑怯にも彼らは我らが民族を無条件に敵の手に引き渡し、敵の対応が不透明であるにもかかわらず、ドイツの民を奴隷に貶めようと考えたのだ。我々が生き、戦って守ろうとするすべてを裏切った者たちに、当法廷は死刑を宣告する。被告人らの財産は国庫に帰属する。以下、大ドイツ帝国人民法廷のこの判決の理由を申し述べる。今回、すべての制約を破棄し、あらゆる尺度を嘲弄する不逞の輩の凶行が実行された。開戦五年目となる年の末に、我らが民族は厳しい戦いの最中で自由と存続のために奮起している。そのようなときに英国製の爆薬と英国製の起爆装置による爆発が我々全員を、そして我々一人一人を恐怖のどん底に陥れた。卑劣なやり方で我々のもとから総統閣下を奪い去ろうとしたのだ。しかし民族の力がそれを撥ね返した。閣下の警護大隊が叛逆者どもを一掃し、我らが偉大なる帝国のすべてのガウ（大管区）で怒りが渦巻いたのだ。敬愛と忠誠が大きなうねりとなってドイツ人の魂を鷲摑みにした。総統閣下は生きておられる！　我々は昨日この法廷で、爆破された部屋の概略図と写真を見た。我らが民族の運命が一つの奇跡を生んだ。その奇跡こそが、飛び散り散乱する破片や瓦礫の中、爆弾から二メートルしか離れておられなかった我らが総統閣下を守ったのだ。どうやら爆風は閣下を巻き込みたくなかったのだろう。これを聞き知ったとき、我々はみな誓い合った。最後の火が消えるその瞬間まで、我らがもてる力を存分に発揮し、我らが総統閣下に忠誠を保ち、この戦いの勝利と我らの存続のために総力を挙げて戦うことを。

我々はみな、あの恐るべきできごとの概要を知っている。あの夜、総統閣下御自らが我々に仰った。我々にその肉声で語りかけて下さったあのラジオ演説だ。その後の経緯は、概ね帝国大臣ゲッベルスが自ら名付けたその膨大な『責任報告書』の中で述べておられる通りである。今ここですべてをまた繰り返す必要はない。本日この法廷にはあの凶行に加担したならず者たちの内の八名がいる。総統閣下により人民法廷に委ねられた八名である。いずれも名誉を失って軍を除籍された。その行為により永遠に名誉を喪失し、名誉なき者たちとして国民の前に刻印され烙印を受けた者たち。これはドイツ民族においてかつて例のない事態である」

続いてフライスラーは八名の被告人の暗殺計画への関与を説明した。

「それゆえこれが、判決のために昨日当法廷に移管された八名の叛逆者すべてについて、我々が判定しなくてはならないことである。我々は被告人たちについてすべてを把握している。我々は被告人各人がこの公判において認めたことのみを事実として確認する。当職が明確にその旨を断る場合を除き、被告人自身の供述によって証明されていない点はこの事実確認には一切含まれない。従って我々が確認する内容はそれぞれの被告人たちによって実際に犯された罪の内で最低限のものであり、これについては何ら疑いの余地はない。だがその最低限の罪こそがあらゆる尺度を超えた大罪なのだ。この行為の恥辱はそれぞれの被告人において等しいものであり、つまり完全なのである。確かにこの恥辱を分割して様々に規定したり表現したりすることはできる。しかしそれは被告人全員にとって等しく大きな恥辱なのである。それは我々の自由で力強い共同体生活、我々の生活様式・存在様式、そして我々の国家社会主義に対する裏切りである。我々の内的自由の代わりに反動的行為を通じて隷属を求めるとは思い上がりも甚だしい。この行為における叛逆性は明らかである。つまりみすぼらしい小心さ、そして戦いの最中に勝利への確信を失った臆病者の道徳的自己去勢である。彼らは、勝敗は我々の信念が揺らぐことのない強靭さと完全性を保つか否かにかかっていることを知ろうともしない。恥知らずにも被告人らが敵に行おうとした支援は明白であり真実である。これについては一人残らず同罪である……。何となれば、我々から総統閣下を奪わんとし、それによって我々に最悪の打撃を加えようとする者は、我々の生存を賭けた我らが敵との闘いにおいて、しっぺ返しを喰らうのであり、この道理を知らなかった者など一人もいないのだ。これは国家に対する反逆、すなわち最も恐るべき形の国家反逆行為であり、それ自体、法のあらゆる尺度を破壊する行為なのである……そこには敗北主義者のみすぼらしい小心さも含まれるが、これについては多言を要すまい……。それは総統閣下への不忠であり……夜ごと日ごとに我らの生活を慮るお方を亡き者としようとすることであり……大いなる自由の世界へと付き従うべく我々が仰ぎ見るお方を殺めることなのである！　その裏切りの矛先は裏切り者自身、ドイツ民族のもてるすべてのもの、この戦争の死者たち、そしてこの運動の死者たちに向けられている。我々の歴史上、最も完全なる裏切りなのだ……ここ数日私は今一度思いを巡らせてみたが、外面的事象の検証が可能な、今を遡ること七〇世代分の歴史のどのページにも、このようなことが起きた前例、否このようなことが企てられた前例すらなかった。見当たらなかったのだ。

被告人たちは、この恥ずべき行為の文書化に当たって『最も重大』のランク付けを免れることは期待できない。このランクからほんのわずかでも軽減されることなど望むべくもないのだ……当時、とりわけ非難に値する犯行の事案においては絞首刑による死刑執行を行うことができるという法律を我らが帝国が制定したとき、一九三三年の恐るべきテロ行為が念頭に置かれていた。我々の存続を脅かす大きな危険であったあのテロ行為である。我々は今日いよいよ確信した。当時この法律が公布される元となった犯行は、今回の被告人、まずはここにいる八名の被告人が実行した犯行を前にして完全に色褪せた。今ここで宣告すべき刑罰……。それはただ一つ、すなわち死刑である。

我々は確認する。これは我々の歴史上最も糾弾されるべき行為である。我々は生活と戦いの日常へと立ち戻る。このような輩はもはや我々の同胞ではない。民族は被告人らから解放され、その純粋さを保ったのだ。我々は戦う。国防軍は唱和する、ハイル・ヒトラー！　我々はみな唱和する、ハイル・ヒトラー！　我々は我らが総統閣下とともに戦う。閣下に従ってドイツのために戦うのだ。我々は今、危険の火の粉を振り払った。今や我々は総力を挙げて完全勝利を目指し進撃するのみである。

これをもって大ドイツ帝国人民法廷を閉廷する」

判決はその日のうちに執行された。死刑囚たちは後ろ手に縛られ、ベルリン、プレッツェンゼーにある刑務所の処刑室に連れて行かれ、恐るべきやり方で次々に食肉用大型フックに吊るされた。ヒトラーの指示だった。「奴らを畜肉のように吊るすのだ！」

死刑囚たちの断末魔の苦しみは撮影された。ヒトラーの個人的な希望だったという。カメラマンのエーリヒ・シュトルは戦後になって、撮影がどのように行われたかについてこう述べている。

「私たちは人民法廷に連れて行かれ、そこでなるべく目立たないように裁判のトーキー映画と状況写真の撮影をするように言われました。私たちは即席で照明環境を整え、そこにあったいくつかのドアの背後に映画撮影用カメラを設置しました。ドア穴から撮影するためです。もう一人のカメラマンが法廷のスチル写真を撮り、全体の雰囲気を撮影しなくてはなりませんでした。かつての帝国映画監督官ハンス・ヒンケルが、カメラクルーの中から誰がどの撮影を担当するか決めました。彼は毎回撮影されたフィルムのメートル数を申告させていました。わずかでも納品漏れがないようにするためです。人民法廷長官のフライスラー博士は感激の面持ちで撮影に同意し、なんでも撮影できるよう取り計らってくれました。撮影は被告人たちが入廷し、手錠を外され、被告人席を指定されるところから始まりました。続いて長官フライスラーを裁判長とする裁判官一行が入廷し、裁判が始まりました。重要な被告人はみなトーキーで撮影しなくてはなりませんでした。さほど重要でない者の場合はサイレント撮影となりました。最初の休廷になり帝国映画監督官と人民法廷長官が撮影のできについて訊いて来ました。私たちは、被告人に怒鳴り立てる長官の声が大きすぎたため、音声担当がその怒鳴り声と被告人の蚊の鳴くような声の落差をうまく調整できなかったと長官本人に伝えざるを得ませんでした。残念ながらその後の尋問でも人民法廷長官の大声はあいかわらずで、映画の撮影は技術的には今一つのできだったと言わざるを得ませんでした」

完成後この映画は、合計約五万メートルの長さから啓蒙宣伝省によって一万五〇〇〇メートルに編集されて、一般公開された。ただし当初ヒトラーが考えたように「ヴォッヘンシャウ〔週刊ニュース。各地の映画館で上映された〕」の中でではなく、さまざまなナチス組織や大管区長官を観客とする上映会の場でだった。

すでに引用したカルテンブルンナー報告書の一九四四年八月二〇日の記述では、同裁判でのフライスラーの采配ぶりが国民の大多数に強烈な印象を残した点が強調されている。

「長官の鋭くもあり、ときに皮肉を交えた簡勁《かんけい》な弁舌は、労働者階級の幅広い層に喜びと満足感をもって迎えられました。長官が被告人たちの犯罪計画に下した批判は、あの下劣な犯罪に対する国民全般の怒りと完全に一体化していたのです。国民の間でとりわけ嫌悪をもって取り沙汰されたのは、犯行準備のいくつかの事情、例えば閣下が会議で陣頭指揮しているときを狙って暗殺を実行するといった、叛逆者たちの目論見でした」

もっともカルテンブルンナーは、「特にインテリと司法関係者の間」で批判的な意見も見られなくはなかったことを認めざるを得なかった。それは裁判長が被告人を罵倒し嘲弄する「安っぽいやり方」は、「ドイツの最高法廷の品位に必ずしもふさわしくない」、いろいろな点で「かつてのソヴィエトの見せしめ裁判」を思い起こさせるという批判であった。

一九四四年八月二〇日の報告書にはさらにこうも書かれている。

「裁判長と被告人ヘプナーの間で、『能無し』や『クズ』といった言葉が被告人の呼称として適切かどうかをめぐって言い争いとなったのですが、世間ではそれを批判する一連の発言もあったと報告されています。

また、何人かの被告人は、その功績と業績の点でまさにナチス国家において最高の栄誉を讃えられ、表彰も受けた人物であると指摘する者もいました。つまりそれらの男たちはまだそれほど古くない過去に、総統閣下から直々に高官に任命され、各人の行いが新聞雑誌で英雄的行為と讃えられた者たちであるのに、いきなり掌を返すように愚鈍、痴呆、優柔不断な者と呼ばれるのはおかしいというのです……。そういう男たちを何年も高位の重要なポストに座らせ続けたのなら、最高の指導的地位についての人事政策を疑問視せざるを得ないと言う者もいました……」

カルテンブルンナーの報告書はマルティン・ボルマン宛ではあるが、ヒトラーのために書かれたものである。ヒトラーはフライスラーの裁判運営にご満悦だった。ヒトラー自身が被告人どもにはいささかの減刑措置も認めないと言い張ったのではなかったか？　彼自身が叛逆者たちに最も厳しい判決、つまり死刑を求めたのではなかったか？　フライスラーは、かつてヒトラーが語った通りに

「ヴィシンスキー」の役割を果たしたのだ。彼はうまく時流に乗った血の裁判官だった。

七月二〇日の叛逆者たちに対する第一回裁判は、手始めに過ぎなかった。まず七月二〇日の叛逆者たちと関係していた、または彼らに共感していた数多くの将軍を始めとする将校たちが裁かれた。彼らのほとんどが同様に死刑判決を受けて処刑された。

軍部の叛乱分子の首領格が長年にわたり熱狂的にヒトラー政権を支え、先頭に立って国防軍に仕え、それによりナチスの恐怖政治を可能ならしめた者たちであることも稀ではなかったが、そうした叛乱分子たちが粛清されたあとに、政界の叛乱分子の打倒が続いた。

一九四四年九月七日と翌八日のカール・ゲルデラーに対する裁判をもって、「民間の叛逆者たち」を裁く無数の裁判も始まった。

ヒトラー暗殺の日に備えて数多くの緊急条例案やラジオ演説草稿を用意していた、かつてのライプツィヒ市長ゲルデラーは、フライスラーにとっては叛逆の「頭脳であり動力」であった。彼とともに起訴されたのは、社会民主主義の労働組合役員ヴィルヘルム・ロイシュナー、かつての駐ローマ・ドイツ大使ウルリヒ・フォン・ハッセル、ベルリンの弁護士ヨーゼフ・ヴィルマー、企業経営者のパウル・ルジューン＝ユング博士といった面々であった。博士は一九二四年から一九三〇年まで国家人民党の帝国議会議員を務めた人物で、ヒトラー亡き後の「ゲルデラー内閣」では経済大臣に就任する予定であった。

初回裁判のときと同様、今回もフライスラーは法廷を政治的な舞台として利用した。彼一人が審理を牛耳り、独白し、怒号し、放言して判決を言い渡した。ゲルデラー裁判での審理方法については、以下の裁判報告書に言及がある。これは帝国司法大臣ティーラック博士が、一九四四年九月八日付で総統大本営の総統秘書官の全国指導者ボルマンに宛てて書いたものである。

「裁判長の審理方法は、被告人ヴィルマーと同ゲルデラーの裁判では見事で客観的なものでしたが、被告人ルジューン-ユングのときはやや苛立った様子でした。被告人ロイシュナーとハッセルには最後まで発言させませんでした。大声で怒鳴りつけて何度も被告人を遮りました。これはかなり悪い印象を与えました。長官は約三〇〇名に傍聴を許していたのでなおさらです。どのような人物が傍聴券をもらったかについては今後の検証を待たなくてはなりません。あのような裁判でそうした方法を取るのは大いに疑問です。政治的な審理運営についてはそれ以外の問題はありませんでした。しかし残念なことに裁判長はゲルデラーを半人前、ロイシュナーに至っては半人前のさらに半分とこき下ろし、被告人らを雑魚どもと言い放ち、それによりこの重要な裁判の真剣さは大いに減じられました。またプロパガンダ効果のみを狙った裁判長の延々とした長広舌は廷内で嫌悪感を呼び起こし、法廷の真摯さと品位はそれによっても損なわれました。このような裁判に唯一必要とされる、冷静沈着で悠然と構えて自重する態度が長官にはまったく欠けていたのです……ハイル・ヒトラー！」

五名の被告人全員が大逆罪、敗北主義、防衛力破壊および利敵行為により死刑を宣告され、ルジューン-ユング、ヴィルマー、フォン・ハッセルの三名はその日のうちに刑を執行された。ロイシュナーはひとまず強制収容所に送られ、そこで判決の二〇日後に殺害された。ゲルデラーは最初はゲシュタポのために「生かしておく」ことになっていた。彼をさらに追求すれば、叛乱グループの結成とその構造に関して何らかの役立つ情報が得られると考えられたからである。しかし彼も一九四五年二月二日にはゲシュタポにとって不要な存在となっていた。多数の共犯者同様、彼も粛清を免れなかった。

連合国が空爆体制を強化し、ドイツ中が絶えざる爆撃によって焦土と化しつつある一方、人民法廷、とりわけフライスラーの部はあいかわらず死刑判決を連発していた。

一九四四年一〇月二〇日。彼はユリウス・レーバー博士、アドルフ・ライヒヴァイン博士、ヘルマン・マース、グスタフ・ダーレンドルフの審理を行っていた。この四人の被告人が起訴状を受け取ったのは裁判前夜になってからだった。従って弁護などとうてい不可能だった。いずれにしても判決は予め決まっていた。ダーレンドルフ以外は全員死刑を宣告された。特に薄気味悪いのは、人民法廷での裁判だけでなく死刑執行の一部始終も密かに撮影されていたという点である。ヒトラー自身がその野蛮な処刑のビデオ撮影を望んだのだ。執行吏とその助手たちが血腥い職人技を発揮する間、カメラは間断なく回っていたのだ……

本書ではその詳細に立ち入らないが、このあとも社会主義者、労働組合員、「クライザウ・グループ」（市民抵抗組織）のメンバーやその他数多くの叛逆者たちに対して、裁判が立て続けに行われた。これについては巻末に掲げた本格的な文献を参照されたい。戦後ドイツの歴史家たちは七月二〇日の暗殺者たちに並外れた関心を寄せ、その行為を称賛した。ただしナチス独裁体制に対する抵抗の歴史記述は往々にして一面的なものになりがちであった。

実際のところ「七月二〇日」の暗殺に関与した反対派のグループやサークルは、世界観や政治上、倫理上の目標という点でそれぞれ異なっていた。ヒトラー体制に引導を渡すという意図においてこそ互いに一致していたものの、そのための手段ということになると考え方はバラバラだったのだ。例えば「クライザウ・グループ」のメンバーは、クリスチャンとしての信念から、独裁者ヒトラーの暗殺にずっと異を唱えていて、最後の最後にようやく暗殺計画に同意するに至ったのである。多くの者、特に軍部反動派からなる叛逆グループのメンバーは、長期にわたってナチス体制にがっちり組み込まれてきた連中であり、時には犯罪的行為をも辞さずこの体制を支えてきた者たちであった。

要するに七月二〇日の暗殺計画とは、ドイツの将軍や将校たちの一部によって実行された、なおも救いうるものを救おうとする最後の決死の行動でもあったのだ。

一人だけ例を挙げよう。帝国刑事警察局長官のアルトゥーア・ネーベである。すでに一九三一年にネーベはナチ党に入党し、たちまち頭角を現して親衛隊中将兼警察中将に任じられた。彼はゲオルク・エルザーをベルリンゲシュタポ本部の取調室で尋問した男たちの一人だった。シュヴェービッシェ・アルプの指物師の徒弟だったエルザーは、一九三九年九月にすでにミュンヘンのビュルガーブロイケラー（ビアホール）で、失敗に終わりはしたが、ヒトラーへの爆弾攻撃を行った人物である。エルザーは有罪となり、強制収容所に送られ、終戦の数日前に殺害された。

熱烈な国家社会主義者であったネーベは、一九四一年に自発的にロシア行きを申し出た。「アインザッツグルッペB隊」の隊長として前線後方の占領地に不安と恐怖を植え付けるためだった。彼のB隊はそこで特に処刑部隊として恐れられた。犠牲となったのは主に、かろうじてそのときまで生き延びて来たユダヤの人々だった。狂信的だったこの男が一九四四年には叛逆者グループの一員として再登場することになる。そこで来たるべき武力活動のためにベルリン刑事警察の将校たちを募集する役に選ばれたのだ。

いつ、いかなる理由でネーベが反対派に与することになったのかは不明である。彼は一九四五年三月三日に死刑を宣告され、その翌日に吊るされた。

ネーベは当時多く見られた矛盾に満ちた人々の一人に過ぎなかった。大勢の七月二〇日の叛逆者たちが同じように「役柄の転換」をしているが、その動機の解明は今日に至るまでほとんどなされていない。

抵抗運動を神話化するような視点には、ただひたすら称賛するだけではなく、細かな差異にまで配慮する余地はこれまでもなかったし、また今現在もない。例えば「七月二〇日」という言葉は今でも、犯罪的なナチ体制下での「もう一つの民主主義的なドイツ」「一筋の倫理的な光明」の同義語とされている。いずれの評言も許容しがたい形で多様な現象を一括りにしている点で問題なのである。それだけではない。実に無数のドイツ人が、共産主義者や社会主義者、労働組合員、あるいは急進的キリスト教徒や自由思想家として、単独で、またはグループを組んで、身分もなく、名もなく、各地で抵抗運動を展開し、それがゆえに追跡され、監禁され、殺害され、あるいは亡命を余儀なくされたのであるが、それと比較して「七月二〇日」だけを称揚するのでは、いかにも公平を欠くことになる。少数の者を神話化することは多くの者への眼差しを閉ざすことにつながってしまうのだ。

「七月二〇日の男たち」の賛美は戦後ドイツが生き延びていくための嘘でもあった。アデナウアー政権下の新生ドイツ連邦共和国においては、多くの犠牲を伴った左翼反対派による反ナチス独裁抵抗運動を正しく評価する余地などはまったくなかったのだ……。

恐怖に支配されていた一九四四年に戻ることにしよう。フライスラーは「七月二〇日」裁判を国民を脅しつけるための舞台として利用した。その見せしめ裁判の場を借りて、「裏切り」を考えているすべての者に最終的かつ持続的な教訓を与えようとしたのだ。その裏切りとはドイツ問題、すなわち「最終勝利」に対する造反である。ある女性傍聴人がフライスラーの活躍ぶりをこう追想している。

「舞台効果満点の主役ローラント・フライスラーは、一〇時間ぶっ続けで途絶えることも弱まることもない演技の冴えを見せていました……きらきらと瞬くまばゆい光を放ちながら、圧倒的な言葉の力と変幻自在な話しぶりで、あるときは父親のように穏やかで理解に溢れ、またあるときはきつく問い詰めるかと思えば、冷静な理性に立ち返る。安心していると今度は青天の霹靂のように突然相手に襲いかかりました。被告人たちは彼の意のままになる玩具のようなものでした。彼は人の運命を弄び、そこに自分に必要な筋書きと照明と色彩を施しました。それはひとえに取るに足らない素材をうまく脚色して、舞台を狙い通りに、あらかじめ計画され素描されていた一幕の悲劇へと導くためでした」

しかしきわめてまれな折に、彼のドラマトゥルギー(作劇術)が一瞬、乱れを見せることもあった。フライスラーが一九四四年九月九日に前述の裁判でゲルデラー他四名の被告人に死刑を言い渡したとき、その内の一人、弁護士のヨーゼフ・ヴィルマーが言い返したのだ。「私は絞首刑など怖くはない。怖がっているのはあなただ」。フライスラーは激昂した。「もうじきお前は地獄だ!」。敬虔なカトリックのヴィルマーは自らの死を見据えて静かに答えた。「間もなく地獄でご一緒できるのを楽しみにしております、長官」。

フライスラーの命の灯火が消える日まであとわずか半年だった……。

第9章
終焉

ドイツ、一九四四年九月。「千年王国」が灰と瓦礫の中へと崩れ去ることが日増しに明らかとなってきた。連合国の空爆によるドイツ国民の被害はますます大きくなった。西部戦線では敵の進撃が絶え間なく続き、東部戦線では赤軍が敗走するドイツ東方軍を帝国国境まで押し戻し、すでにヴァイクセル川にまで達していた。

にもかかわらずドイツ人の大多数はなおも戦況の好転を信じ、なおも国防軍の戦闘力を恃みとし、なおもヒトラーをかつての勝利の栄光に包まれた偉大な指導者とみなしていた。防空地下室に身を寄せ合う市民も前線の兵士たちも、総統閣下はこれまでいつでも正しかったではないか、閣下が報復を予告すればいつだってその言葉通りに実行された、と互いに言い合った。敗北感と怒り、舐めさせられた辛酸と加害者であるという事実を胸に抱きながら、彼らは互いに鼓舞し合ったのだ。「だって我々には敵への二倍、三倍の報復が可能な奇跡の新兵器があるではないか?」と。

「最後の最後まで忍耐を!」とナチスのプロパガンダは声高に訴え、国民同胞に向かって絶えずドイツ人の「不屈の精神的価値」を思い出させた。すなわち犠牲心と祖国愛、勇気と決断力、そして服従精神……。こうした戦争プロパガンダを広める側の思惑は、この七月二〇日の暗殺失敗によって今一度、帝国内の心理的な絆を強固にすることであった。総統ヒトラーの生存はまたもや、それが神意であることの、そして彼の勝利への意志が揺るぎなきものであることの証左として利用されたのだ。そして事実、ヒトラーのラジオ演説によってドイツ国民が総統の肉声を再び耳にしたとき、帝国内での士気は俄然高まった。このとき多くの国民の考えとナチスプロパガンダがほぼ一致するという現象が見られたのである。

さまざまな幻想が現実と見なされた。まだ総統閣下は生きている、まだドイツは死んでいない！やや弱まったものの、なおも確たる信頼が支配していた。まだ耐え抜こうとする意志は残っていたのだ。

しかし九月一一日の午後には米軍の第一陣がトリーアで帝国国境線を突破した。西方軍は壊滅的な打撃を受けた。そこで九月二五日付の総統命令では国民突撃隊の創設が命じられた。これまで兵役を免除されていた「武器を操ることが可能な」一六歳から六〇歳までのすべての男子が召集された。これは連合国側にとっては軍事的な弱体化を示す徴候であり、明らかに国防軍の最後が近づいていることの印であった。いずれにせよ党機関紙フェルキッシャー・ベオバハターは一九四四年一一月一一日の紙面で「世界の事象は想定不能」という見出しを掲げ、読者に対して、冷静な分析の観点からするとドイツに勝ち目はないのではないかとする疑念を初めて認めた。

ヒトラー自身は久しい以前から病の徴候を示していた。鬱と頭痛、長引くインフルエンザにも罹っており、その挙措はまるで老人のようだった。特に九月一七日に連合国軍空挺部隊の降下が始まった、との報せを受けてからの健康状態の悪化は明らかだった。鎮静剤や覚醒剤の助けを借りてようやく立っていられる状態だったが、それでもなお、自分の決定に異議が唱えられるたびに怒り狂った。あいかわらず頑なに意地を張って、自分の決断こそ唯一正しいものだと考えていたのだ。怒りの発作と鬱勃《うつぼつ》たる気分が交互に現れた。他者に対する不信感と猜疑心は病的レベルにまで達していた。

一九四四年の秋、ヒトラー個人の苦悶に加え第三帝国の苦難も始まった。一一月末にはさらなる緊急措置として「国防軍補助婦人部隊」が結成された。当初は志願制だったが、その後召集令状によって、一八歳以上の若い婦女子が国防軍補助要員として召集されたのである。アルデンヌの戦い（バルジの戦い）でドイツ国防軍が敵軍を一時蹴散らしたとの報に触れて、多くのドイツ人は今一度、最後の希望を胸に抱いた。内地では空爆が連日続き、最悪な規模の犠牲が出続けていたにもかかわらず、なおも多くの人々が勝ち目がなくなったわけではないと考えていた。ヨーゼフ・ゲッベルスは思わしくない戦況をもプロパガンダとして利用する術を心得ていた。一九四四年一二月一〇日、彼は週刊新聞「ダス・ライヒ」の第一面で国民同胞に勇気を呼びかけた。

「我々は今や壁を背にして戦っている。当然これは非常に危険な状況であるが、そこには少なからぬ利点もある」としたゲッベルスは、間近に迫ったクリスマスを「強靭な精神の祝祭」としようではないかと結んだ。

こうした忍耐を求める言説が、ちょうど雨霰と投下される敵機の死の爆弾と同じように、逃げ惑うドイツ国民の上に大量に降り注いだ。一九四四年一二月一七日のフェルキッシャー・ベオバハター紙上で戦時報道員ヘルベルト・ライネッカーは、「若き兵士たちの総統閣下への信頼」という記事で今一度、ドイツ人の人徳にアピールした。「若き兵士は総統閣下に忠実である。なぜなら彼は自分自身とその運命に忠実だからである。彼にはあれこれ思い悩んだり、諦めたり、難局に当たって降参したりすることなどまったく考えられないのだ」。ライネッカーはそう書いた。ちなみにこの人物は戦後、我が国でミステリー作家として大成功を遂げ、反戦映画『カナリス〔邦題『誰が祖国を売ったか！』〕』の脚本で連邦映画賞（現在のドイツ映画賞）を受賞することになる。何万もの若き兵士たちが、こうしてプロパガンダに唆され、イデオロギーに惑わされて「ドイツ人らしく」死んでいった。その間にも「千年王国」の崩壊はとどまるところを知らなかった……。

戦線は何年か前の開戦時の位置にまで後退していた。人民法廷もこの影響を免れなかった。すでに一九四三年一一月に法廷の建物が空爆により甚大な被害を被ったため、その機能の一部をポツダム市のラント裁判所に移さざるを得なくなっていた。

ここ数ヶ月、人民法廷の各部は死の判決を下すために帝国の至る所に出向いて出張開廷していた。これは帝国司法大臣ティーラックの意向に基づく措置であった。狂信的ナチスであった彼は、今こそ人民法廷の「政治的な指導責任」を果たすべきときであると強調し、最も過酷な刑罰を支持した。一九四四年一〇月一八日付のフライスラー宛ての書簡で彼は、「国内前線を持ちこたえる」という人民法廷の意義が大いに高まったとして、特に裁判運営と判決を注視するよう、この「親愛なる長官閣下」に求めている。

ティーラックは、「人民法廷の任務は被告人に適正な刑罰を言い渡すということだけでは足りない。そこからさらに一歩進めて、政治的な指導責任をも果たさねばならない」と書いた。

その任務がいかなるものでなくてはならないかについて、彼は多忙をきわめる人民法廷長官に雄弁に述べている。

「つまり、国民に対して人民法廷の判決を正しいと認めさせるだけでなく、なぜそのような処罰が必要だったのかという点もはっきり分からせないとなりません。法廷の部長たちが裁判運営

Deutsche Justiz

Rechtspflege und Rechtspolitik

Herausgeber: Der Reichsminister der Justiz

Jahrgang — Berlin, den 10. Januar 1944 — Ausgabe A Nr. 1

Deutsche Rechtswahrer! Meine Mitarbeiter!

Das vergangene Jahr hat das deutsche Volk einer harten Prüfung unterzogen. Der Kampf an den Fronten, der feindliche Luftterror, die Anforderungen an jeden einzelnen auch in der Heimat haben sich verschärft. Das deutsche Volk ist dadurch nur noch härter und fest entschlossener geworden. Es weiß, daß es in diesem Krieg der Weltanschauungen nicht um dynastische Interessen oder um Grenzberichtigungen geht, sondern daß um sein Schicksal als Volk und um das Leben jedes einzelnen Volksgenossen gerungen wird. Dieses Bewußtsein und der unerschütterliche Glaube an den Führer schweißen das deutsche Volk zu einem Block zusammen, dessen stählerne Härte die Hoffnungen des Feindes immer wieder zunichte macht.

Mit diesem unbeugsamen Willen zum Durchhalten geht das deutsche Volk nur noch stärker in das neue Jahr. Auch 1944 werden unsere Feinde mit ihrer Hoffnung, die innere Front des deutschen Volkes aufzubrechen und dadurch wie 1918 den Sieg zu erringen, eine bittere Enttäuschung erleben. Das deutsche Volk ist in den 11 Jahren, in denen der Nationalsozialismus ihm den Blick für die Grundlagen des völkischen Zusammenlebens und der Völkerschicksale geweitet hat, politisch reif geworden. Seine Führung wird darüber wachen, daß diese Geschlossenheit der inneren Front keinen Schaden erleidet.

Einer der wichtigsten Garanten dafür ist die Rechtspflege. Das deutsche Volk ist, wie es bei den Terrorangriffen der Anglo-Amerikaner bewiesen hat, auch den schlimmsten Belastungen gewachsen. Sein feines Empfinden für Recht und Gerechtigkeit verlangt nur, daß es gerecht zugeht, daß die Belastungen des Krieges gleichmäßig verteilt und Verräter und Saboteure der inneren Front rücksichtslos zur Verantwortung gezogen werden. Hierin liegt die wichtigste Kriegsaufgabe der Rechtspflege, die mit zunehmender Dauer des Krieges immer mehr an Bedeutung gewinnt.

Die deutsche Rechtspflege trägt damit eine große Verantwortung. Ich erwarte, daß jeder deutsche Rechtswahrer gemäß dieser Führungsaufgabe der Rechtspflege in Haltung und Leistung ein Vorbild ist.

Hinter den unmittelbar kriegswichtigen Aufgaben muß alles andere zurücktreten. Zwar hat auch das vergangene Jahr eine Reihe bedeutsamer rechtspolitischer Fortschritte gebracht. Ich erinnere etwa an das Reichsjugendgerichtsgesetz, die Erbhoffortbildungsverordnung und die weitere Rechtsangleichung mit den Alpen- und Donau-Reichsgauen auf dem Gebiet des Strafrechts. Diese kriegswichtigen Gesetzgebungsarbeiten sind zugleich Marksteine auf unserem Wege der Gestaltung eines neuen nationalsozialistischen großdeutschen Rechts. Im übrigen hat aber die Verschärfung des Krieges, die Notwendigkeit der Konzentration aller Kräfte auf kriegsentscheidende Aufgaben, zu einer Einstellung aller rechtspolitischen Arbeiten geführt, die nicht unmittelbar kriegswichtig sind. Wir werden diese Arbeiten nach dem Siege mit unseren von der Front heimgekehrten Kameraden wieder aufnehmen.

Unserer Kameraden an der Front gedenken wir an der Schwelle des neuen Jahres in herzlicher Dankbarkeit. Ihre Opfer ermöglichen es, daß wir mit fester Zuversicht das neue Arbeits- und Kampfjahr beginnen können.

Berlin, am 1. Januar 1944.

Thierack.

12.一九四四年一月一日:「忍耐への不屈の意志をもって……」

の際にしばしば悩まされるのは、特に重要な政治的訴訟に際して、国民および帝国の現状を考慮しつつ、その犯罪行為がもつ政治的な意味を明確に示すということで、それが必ずしもつねに十分な形では行われていない点なのです……。

裁判長たる者は、裁判の中でその犯罪行為が国民と帝国にとってなぜ特に危険なのか、なぜ特に重大であるのか、を十分に根拠づけることができなくてはなりません。裁判の関係者一人一人が、刑罰が正しかったということだけでなく、それがなぜ正しかったのかという点も心から納得して法廷を去る、という形にしなくてはならないのです。このことは特に昨今急増しつつある、いわゆる敗北主義者を被告人とする案件についても言えます。ここの裁判部に回されたらもう死刑は確実だとか、『世間の人々』にとって、この部の法律的な定義付けは尋常な範囲を逸脱している、などという発言がなされる事態は可能な限り避けなくてはなりません。そうした発言が出てしまったならば、落ち着いて悠然と構えるか、しかるべき場合には氷のように冷徹な方法で対応するしかなくなります。その際にはつねに国民に分からせねばなりません。数ヶ月来の厳しい戦況の中で、単なるおしゃべり屋はいざ知らず、なぜ煽動者が万死に値するのかということを。ただしそれが他愛のない雑談ではなく、その無思慮さが危険なものとなった場合は、ただのおしゃべりとして容赦する訳にはいきません……」

さらにティーラックは、問題となっている題材について政治的にも十分な知見をもつ裁判官のみをその件の裁判長に指名するよう、フライスラーに求めている。これは明らかに、「国内戦線の死守」にはさらに断固とした司法が必要であり、そこで「最前線の」裁判所である人民法廷には特に効率よく使命を果たしてもらいたいということである。それは審理の簡略化ということであり、例えば恩赦や減刑の実践についても当てはまる。つまりティーラックが求めたのは、防衛力破壊容疑での死刑については、たとえ無実の者が処刑される恐れがあったとしても再審理は行わないということであった。彼によれば、とにかく戦況が戦況だけに、裁判を速やかに完了し、下された判決を断固として執行する必要があるのだという。実際、民間人と軍部の双方にとって戦況がますます悪化するのに伴って、刑も厳罰化の一途をたどることとなった。とりわけ政治的および軍事的な犯罪行為に対しては、日常茶飯事のように死刑が宣告された。

情け容赦のない不正義のシステムを如実に体現した人民法廷は、その犠牲となった者たちの死とともに活動を止めるということはなかった。以前とは異なり、今や死刑囚の遺体さえも親族のもとには返されず、焼却処分とされたり、大学医学部に献体されたりした。

こうした非人間的な無制限の厳格主義を旨とする長官兼裁判官のフライスラーは、いわば人民法廷の牽引者であった。戦争の混乱にもかかわらず、彼はいつも通り熱心な仕事ぶりに見えた。道路がますます寸断されるようになって回数こそ減ったものの、あいかわらず講演を行い、人民法廷長官の職責を果たし、同法廷第一部の裁判官として無数の裁判で裁判長を務めた。その際に彼は重要な訴訟をすべて自らの第一部で担当した。フライスラーが一九四五年度用として作成した最後の人民法廷作業分担計画書を見ると、彼が通常であれば他の部が担当する起訴案件まで自分の部の担当としていたことが分かる。それは特に叛逆罪が問われる裁判の場合であった。

ティーラックはフライスラーのやり方を見逃しはしなかった。すでに一九四三年一一月には書簡でフライスラーに対して、他の部にもっと案件を回すよう要請している。しかしフライスラーはティーラックの抗議を無視した。彼はその後もあいかわらず興味深い案件をすべて自分で担当した。七月二〇日の暗殺未遂事件の後はなおさらだった。

一九四四年秋のドイツ。あいかわらず八〇〇万人を超える党員を擁してはいたものの、ナチ党の評判は地に落ちていた。多くの党同志は制服を身につけることをためらうようになっていた。「千年王国」の夢がいよいよ瓦礫と灰燼の中へ崩れていくさまは彼らとて無視できなかった。夢を打ち砕くこうした現実に向き合う方法が彼らには二つ残されていた。一つは色褪せた理想に向かって引き続き歩調を変えずに進軍を続け、戦況の悪化に伴ってますます過激にふるまうというもの。もう一つは目前に迫る終戦後を睨んで、自分は政治的に清廉潔白だった、いやそれどころか、戦後には実際に珍しくなかったが、自分はナチス独裁に抗った抵抗の戦士だったと後から言えるように、遅ればせながら党を離れようと画策することだった。フライスラーは前者、すなわち内心では疑念を抱きつつも一切妥協することなく、狂信的とさえ言える態度で、なおも党と総統に付き従っていた。一九四四年一〇月二六日に次のように書いている。

「だれでも心の奥底では、ドイツの敗戦がもはやありえない話ではなくなったと認めざるを得ない。報復兵器（長距離ロケット砲）は待ち焦がれた成果を上げなかった。帝国大臣ゲッベルスでさえ同じ考えだ。しかし彼が入手した情報によれば、破壊力の点でこれまでのどの兵器をも凌駕する新兵器の投入が準備されつつある。我々は時間という要素も忘れてはならない。いかなる犠牲を払おうとも我々は持ちこたえなければならない。我々が陣地の死守を続ければ続けるほど、英米とソヴィエトのこうした不自然な同盟関係はあっけなく崩れ去ることだろう。中欧でのロシアの覇権を英米が望むはずはないし、まして西欧のユダヤ人資本主義者たちがそれを欲するはずがない。ここ数年の展開を鑑みるに、私はユダヤ人による世界規模の反ドイツ的陰謀という自説を撤回せざるを得ないと思う。私の考えは単純すぎたようだ。ユダヤ人知識層の出身母体であり、またボリシェヴィキ世界革命を招来するためなら、あらゆることを試みる東欧ユダヤのプロレタリアート階級と、西欧化がかなり進み、革命、それもソ連の力を恃んだボリシェヴィキ革命などまったく眼中にない英米の同化ユダヤ人。これら両グループの間には架橋しがたい深い溝がある。同化ユダヤ人たちの利潤欲は東方ユダヤ人同胞の目標に背馳するのだ」

フライスラーはさらにこうも書いている。

「しかし我々がこの戦争に負けるようなことになれば、もちろん私は総統閣下の天与の才と天意がそのような結末を阻止してくれるのではないかと切に願ってはいるのだが、万一敗戦となったとしても、我々は堂々と敵の軍門に降《くだ》らねばならない。一八一五年には誰もがフランス革命の理念に打ち勝ったと信じた。しかしそうでなかったことは、歴史と現在フランスで起きているすべてのことが教えてくれる。それらの理念は生き延びて、恐るべき弱体化の時代にもかかわらず、フランス人の生活と国民性の構成要素となっているのだ。

ナチズムの理念は第一次世界大戦後のこのうえなく悲惨な状況の中で生を享け、あらゆる予想に反して勝利の凱歌を上げた。しかし一〇年そこそこで国家を根底から変えることも、そのような短時日に国家の社会構造を完全に新たなものにすることもできはしない。人民法廷での昨今の訴訟でそれがはっきり分かった。この私ですら陰謀の規模に驚かされた。小規模な集団にすぎまいと考えていたのだが、とんでもない思い違いだった。しかし首謀者たちの多くは臆病者であり、まさにそのことがドイツ国民に知らしめることとなった。理想主義や革命の高揚感を一切欠く彼らの目標や綱領と比較するならば、ナチズムが無限の優位に立つということを。思想の点でヴィルヘルム二世時代ワイマール体制の生き残りである男たちはドイツで権力奪取を試みた。後ろを向いた老いぼれ連中で、そのうちの少なからぬ輩があのゲルデラーのように、有罪を宣告された後はせっせと陳情書を書いて、多くの人をあの反動的な陰謀の中に共犯者として引きずり込むことになる情報を自ら進んで提供する他に能がない。そのようにしておそらく自分の命を数ヶ月延ばしたかったのだろうが、結局、自分にふさわしい運命から逃れることはできなかった。現在ドイツ国民の知るところとなった陰謀の規模の大きさゆえに、今にも革命が子供たちを呑み込むのではないかという噂が囁かれている。目下の出来事をこうした観点から判断することほど間違ったことはあるまい。彼らの革命が子供たちを呑み込むのではない。ナチス革命が決して革命に与することのなかった者たち、ナチス革命を完遂するためには殲滅されねばならない者たちをすべて唾棄するのだ。彼らは決して我々の一員ではなかったし、我々の一員たろうともしなかった。つまり彼らはナチスドイツにおける異物だったのだ。

このような意味において人民法廷は今、一七九二年のフランスにおけると同様、国家の浄化に不可欠な真の革命的裁判所となったのである。

後に残る者は、すでに現在きわめて多くの民族同志がそうであるように、骨の髄からナチス的な者たちであるだろう。そのような者は、たとえ敵によって打ち倒されたとしても、再び我らがハーケンクロイツの旗が掲げられ、我らが都市の上、我らが祖国の上に翩翻《へんぽん》と翻るときが来るまで、いかなる名称、いかなる形式であるかを問わず、彼らとその子孫がナチスであり続けることを第一に考えるであろう。未来がどうあろうとも、ナチズムは勝利するであろう。ナチズム、我らが総統閣下が望まれなかった戦争による影響、そして戦後の苦しみ。それらすべてが合わせ鏡のように映し出しているのは、それらが社会的にドイツを平等化したということであり、階級の垣根や差別の撤廃をさらに推し進めているということである。現在すべてのドイツ人が同じ船に乗っている。我々はみな、調子を合わせて力の限り漕がねばならない。勝利を獲得するために、そして最悪の場合でも復活を確実なものとし、それによって究極かつ最大の勝利を手にするために」

眼を眩まされた者の世迷いごと？　それとも最後まで奮起せよとの狂信家の言説？　明らかにフライスラーは一九四四年一〇月の時点でも情熱的なナチスだった。確かに彼も困難を極める状況の中で裁判を判決言渡しまでもっていくことを重荷と感じていた。連合軍による空爆のせいで裁判が再三中断を余儀なくされたからである。また彼も多くの者同様、自分の妻と二人の息子たちを早くからベルリン郊外の安全な知人宅に疎開させていた。しかし眼の前の堆《うずたか》い瓦礫の山がナチズムに対する彼のほとんど宗教的とも呼べる執着を揺るがすことも、彼にそれを捨てさせることもなかった。「苦しい最後の最後まで」耐え抜くこうした姿勢は、フライスラー一人だけのものではなかった。

一九四四年の大晦日の晩、ラジオの拡声器からは国民的俳優ハインリヒ・ゲオルゲの声が響いた。一九四三年以来ベルリンの各劇場の総監督を務めていた人物である。彼は一八一二年に書かれたカール・フォン・クラウゼヴィッツ作『プロイセンの告白』の朗読をバイオリンの伴奏の中、次のような言葉で結んでいる。「……いつしか祖国の自由と尊厳を求める壮麗な戦いの中で、栄光に満ちて破滅の道を進むことを私はこのうえない喜びと感じることだろう！」。その後を受けるようにケルン大聖堂の鐘が新年の到来を告げた。

一九四五年一月一日。新年に入ってちょうど五分経過したときに、ヒトラーが国民に語り始めた。

彼は瓦礫の中からの各都市の復興と社会制度の新構築を約束し、年初に当たってドイツの人々を慰撫する言葉をかけた。「前線と国内でかくも計り知れぬ見事な業績を上げ、かくも恐るべき事態に耐え忍んできた民族が滅び去ることなど決してありえない。その反対に我が民族は、そうした試練の溶鉱炉の中から、かつての自らの歴史に例のない強靭さと堅牢さを備えて身を起こすことであろう……」。ヒトラーの飽くことなき勝利への確信は多くの国民同胞に新たな勇気を与えたかもしれない。

しかしそのわずか一二日後の一九四五年一月一二日、ヴァイクセル川の前線が壊滅した。東部部隊は帝国内に逃げ戻った。ハインリヒ・ヒムラーは「卑怯者たち」に招集をかけ、女性や少女たちに「この頑なな臆病者たちをモップで」殴って前線へと追い立てるよう要請した。

一九四五年二月一日になると数的にはるかに優勢な赤軍がオーデル河を渡った。かつてあれほどの権勢を誇ったナチスたちの首府ベルリンへの攻撃もあと数日に迫っていた。終演の緞帳はすぐそこまで降りていたのだ。

その間もナチスの法律家たちは人民法廷であいもかわらず、「敵国ラジオ放送の聴取」「空爆後の略奪行為」「敗北主義」といった犯罪行為を裁く正義の裁判所を演じていた。彼らの熱意は今なおまったく冷めていなかった。ほぼ連日、血のように赤い掲示物が帝国中で「民族の名において」下された死刑判決を告示していた。「ヒトラーのドイツ人たち」はそれをほとんど気にもかけなかった。今なお奇跡を信じて、「こうした犯罪者すべて」に対する容赦のない措置は正しく、必要であると見なしていたのか、もしくは自分たちの問題で手一杯だったのか。戦争のせいで人々は悲しみや共苦、廉恥心を感じている暇がなかったのだ。

人民法廷の裁判の中心は、「無名の人々」に対して絶え間なく続く裁判と並んで、あいかわらずあの七月二〇日事件の反対派「有名人士たち」の案件であった。従って「クライザウ・グループ」のメンバーに対する裁判は、すでに訴訟手続きがなされていない限り、この法廷で引き続き行われた。彼らに対しても、やはり死刑が当たり前のように言い渡された。

一月九日には別の裁判も始まっていた。被告人席に座らせられたのはヘルムート・ジェームス・グラーフ・フォン・モルトケ、オイゲン・ゲルステンマイヤー、フランツ・シュペア、フランツ・ライゼルト博士、フッガー・フォン・グレット伯爵、テオドーア・ハウバハ博士、テオドーア・シュテルツァー中佐、神父のアルフレート・デルプ博士、ならびにジャーナリストのニコラウス・グロースであった。彼らはみな、同「グループ」の会議や会合に参加していた。しかし関与の濃淡はそれぞれまったく異なっていた。

モルトケはゲルデラーやシュタウフェンベルクとも直接面識があったが、デルプの方は「グループ」のミュンヘンでの会合に一度参加しただけだった。しかしそれはフライスラーにとってほとんどどうでもいいことだった。法廷で彼はデルプに対しても全力で取り組み、裁判長と被告人の間で激しい言葉の応酬も見られた。フライスラーは反カトリック、反イエズス会の立場だったので、裁判が始まる前からすでにデルプは死刑の「有力候補」だったのだ。このイエズス会神父は裁判中も自らの信念を一切隠し立てすることなく吐露したのだが、その彼に対して加えられたフライスラーの強烈な攻撃は、彼の心中に渦巻くルサンチマンのまごうかたなき証左であった。同じようにモルトケもフライスラーから激しく攻撃された。特にモルトケが、自分はもっぱら敵に占領された場合に備える意味で抵抗運動に参加したのだと弁解したとき、フライスラーの怒りは頂点に達した。彼が心の奥底から軽蔑するものがあるとすれば、それは臆病さであった。そしてフライスラーの眼にはそのような弁解こそ臆病さに他ならなかった。これによりモルトケも「有力候補」となった。

裁判開始の二日後、一九四五年一月一一日に判決が言い渡されたが、その前にまずハウバハ（ドイツ社会党党員で一九四二年からクライザウ・グループの一員）、グロース（炭鉱労働者。熱心なキリスト教系労働組合員で同じく「クライザウ」の一員）、ならびにシュテルツァー（参謀将校でモルトケの長年の友人）の三名に対する裁判が後日に延期された。

モルトケとデルプは「防衛力破壊」、「利敵行為」、「大逆行為準備」および「差し迫る犯罪の通報に関する不作為」の罪で死刑を宣告された。同様にフランツ・シュペア（元参謀将校でかなり後の時点でクライザウ・グループと接触）も「差し迫る犯罪の通報に関する不作為」により死刑を言い渡された。ライゼルト、ゲルステンマイヤー、フッガー伯爵は軽懲役刑だった。モルトケとシュペアは一月二三日に処刑され、デルプの処刑は二月二日、ゲルデラーと同じ日だった。

一月一五日にシュテルツァーとともに審理された二人の被告人、ハウバハとグロースも一月二三日に処刑された。シュテルツァーの死刑執行だけはヒムラーの介入によって延期され、シュテルツァーはそのまま生き延びて戦後を迎えることになる。

ドイツ全土が日を追うごとに連合国軍の爆撃によって廃墟となりつつある間も、人民法廷の処刑人たちは粛々とその血腥い任務を遂行していた。彼らは迫りつつある終焉を認めたくなかったのだろうか、それともその狂信的な妄想を通じて、迫り来る破局の責任はお前たちにこそあるのだと決めつけて、今一度その者たち全員に対して血に塗れた復讐に走ったのだろうか？　この年の一月からの裁判では、被告人のほぼ二人に一人が死刑を言い渡されている。盲目の熱情が法服を纏った処刑人たちを殺人的なスピードへと駆り立てていたのだ。一九四五年二月三日の土曜日も同様であった。

この日のフライスラーの被告人はエーヴァルト・フォン・クライスト＝シュメンツィンだった。彼はどの抵抗グループのメンバーでもなかったが、ヒトラー政権の敵対者を自認していて、多数の抵抗運動家と接触があった。彼はシュタウフェンベルクの計画についても知らされていて、その名はゲルデラーのリストにも政治顧問として載っていた。

クライスト－シュメンツィンはフライスラーの前に呼び出されたとき、攻撃的だった。自分は最初からヒトラーとナチズムを相手に戦ってきたし、それを神に対する自分の義務と心得ている。彼はそのように述べた。

しかしどうやらフライスラーには議論する気がないようだった。代わりに彼は被告人の陳述の後で審理を中断し、ファービアン・フォン・シュラーブレンドルフ裁判を優先するよう提案した。その理由はこれまでに解明されていない。そちらの裁判が始まるとすぐに空襲警報が鳴り響き、審理は中断された。

この一九四五年二月三日は米空軍がこれまでで最も激しい空爆をベルリンに行った日であった。戦闘機に伴われた七〇〇機もの爆撃機が三〇〇〇トンを超える爆弾を同市に投下したのだ。これにより二万人以上の命が奪われた。恐るべき戦争の犠牲者たち。今や戦争は振り出しの地点、すなわちナチズムの総本山であるベルリンに戻って来た。犠牲者の一人がローラント・フライスラーその人であった。

その死の顛末については長い間、三つの説が唱えられていた。第一はファービアン・フォン・シュラーブレンドルフ説で、この人物はフライスラーの最後の被告人として法廷に立ち、戦争を生き延びることとなった男性である。後に出版された本の中で彼は、この一九四五年二月三日についておおよそ次のように想起している。

それによると、彼に対する公判が始まった直後に空襲警報が鳴った。人々が裁判所の建物の地下室に向かう。書類を手にした長官と彼の陪席裁判官たちは防空地下室の一方の隅に立っていた。彼は別の隅で監視員たちと一緒だった。すると突然建物を重量級の爆弾が直撃し、天井の梁が落ちて来て、フライスラーはそれに当たって死んだ。

第二の説によると、フライスラーは帝国司法省から人民法廷に向けて車両で移動中に被弾したという。

第三の最も有力な説では次のような顚末となっている。先任兵長のロルフ・シュライヒャー軍医はちょうど帝国司法大臣ティーラックの元に向かっていた。帝国航空省の参事官であった兄リューディガー・シュライヒャーの死刑について異議を申し立てるためだった。フライスラーがその前日に彼と牧師ディートリヒ・ボンヘッファーの兄クラウス・ボンヘッファー、フリードリヒ・ペレルス、ハンス・ヨーンの四名に死刑を宣告していたのだ。空襲をやり過ごすためシュライヒャーは途中、ポツダム広場駅の地下鉄トンネル内で他の大勢の乗客とともに待機しなくてはならなかった。彼の傍らには義姉とその娘もいた。三人は死刑の件で検事長ラウツと話をするつもりだったのだ。降り注ぐ爆弾の雨が止み、死をもたらす爆撃隊がようやく帰還して行ったとき、「誰か医者はいるか」という声がした。シュライヒャーが名乗り出ると、そこからほど近い人民法廷中庭に案内された。そこには一人の「高官」がいた。中庭を横切っているときに爆弾の破片が当たったのだという。しかしその男性はすでに事切れていた。シュライヒャーはかがみ込んで死者の顔を見た。それは前日自分の兄に死刑を宣告した男、ローラント・フライスラーだった。

医師の彼は死亡証明書の発行を拒み、帝国司法大臣との面会を求めた。やっと面会が叶ったとき、ティーラックはフライスラーの死に大きな衝撃を受けた様子だったが、兄に対する死刑の執行をひとまず延期することをシュライヒャーに約束してくれた。恩赦願いを手渡すと、ティーラックは彼に、判決内容を再検討させようと色よい言葉を返した。

しかしそうした努力も実を結びそうになかった。数週間後の一九四五年四月二二日の深更に、リューディガー・シュライヒャーは他の一六名の死刑囚と共に国家保安本部の射殺部隊によって処刑されることになったのだ。その中にはボンヘッファー、ヨーン、ペレルスもいた。

法服を纏った殺人鬼フライスラーはすでに死んでいた。その三日後の一九四五年二月五日に帝国司法大臣ティーラックは、悲嘆に暮れる未亡人に宛ててお悔みの手紙を認めた。「親愛なるフライスラー夫人」と。

「あなたとご家族を襲った過酷な運命を知り、深い驚きを禁じ得ません。たゆまぬ活動の最中、新たな困難な使命を目前に控えて、ご主人は天に召されました。まだわずかな時間しか過ぎておりませんが、それが司法にとって計りがたい損失であることはすでに明らかとなっております。

ご主人は溢れんばかりの着想の人であられました。疲れることをまったく知らない仕事人、ドイツ人の使命の偉大さ、正義、ドイツ問題における勝利を心底確信していた国家社会主義者、そして総統閣下の忠実なる僕《しもべ》であられたのです。そのようなお方が突然我々の元から奪われてしまいました。ご主人がその職責を果たしておられた場でお亡くなりになったことは格別に悲しいことではございますが、同時にそれは勇猛なる戦士のごとき人生のみごとな達成をも象徴しております。ご主人はご自身に委ねられた政治的な最高法廷の長官として、類い稀なる責任感に駆られ、空襲の最中にあっても自らの仕事場へと急いでおられたのでした。

親愛なるフライスラー夫人、ここにドイツ司法界を代表して哀悼の意を申し述べますとともに、わたくし個人からもお悔やみ申し上げます。どうかご主人はご子息の裡になおも生きておられるとお考えになって、くれぐれもご自愛下さいますよう、心よりお願い申し上げます。

ハイル・ヒトラー！　敬具……

その下にはティーラックの署名があった。同日に帝国司法省報道局から出されたプレス発表はわずか数行で、「記事にする場合は上記の文面のみとし、コメントを付したり新聞社が独自に文章を追加したりすることは差し控えること」という編集部に対する要請がつけられていた。「ローラント・フライスラー博士、逝去す」という見出しのプレス発表は次のような簡素なものだった。

「帝国首都を標的とする二月三日のテロ爆撃に際し、人民法廷長官の国家社会主義自動車軍団少将ローラント・フライスラー法学博士が逝去された。享年五一。一九二五年からのNSDAP（ナチ党）党員であり同党の金枠党員名誉章を授与された。また博士は過去にドイツ帝国議会議員、プロイセン枢密顧問官を歴任し、国家社会主義ドイツ法のための飽くなき先駆者として広くドイツ国民の間で高名な人物であった」

プレス発表と同じように葬儀も簡素なものであった。ベルリン、ダーレムの墓苑で行われた葬儀に参列したのは、家族と数名の人民法廷の同僚、そして一握りのナチス高官たちだけだった。帝国司法省は代理人を派遣した。そうすることでティーラックはフライスラーに対する二律背反的な、いやむしろ拒絶的な態度を表明したのだ。

彼はずっとフライスラーを人好きのしない、ときに突飛な行動に走る変わり者の法律家と見なして

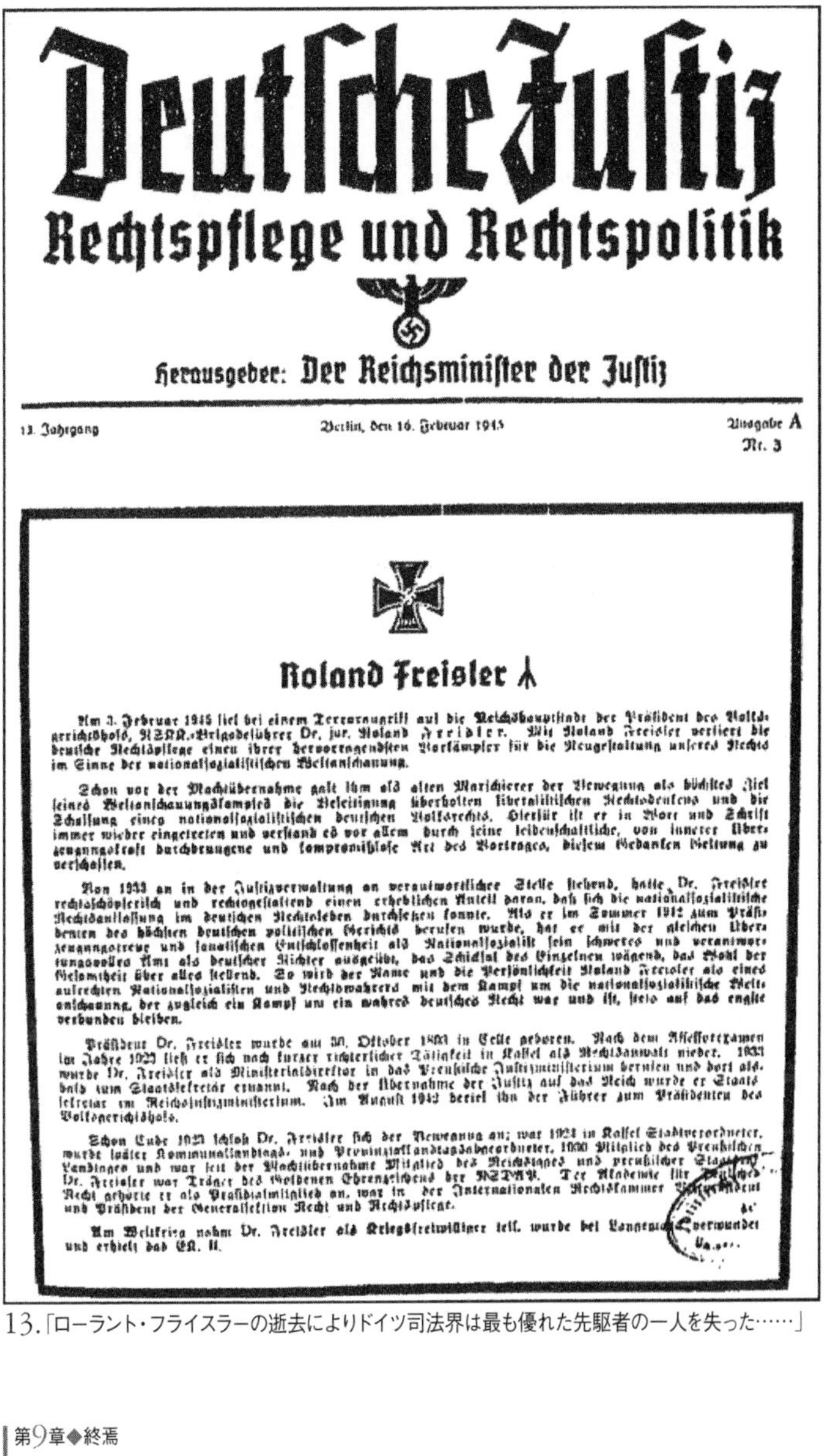

Deutsche Justiz

Rechtspflege und Rechtspolitik

Herausgeber: Der Reichsminister der Justiz

13. Jahrgang | Berlin, den 16. Februar 1945 | Ausgabe A Nr. 3

Roland Freisler ⅄

Am 3. Februar 1945 fiel bei einem Terrorangriff auf die Reichshauptstadt der Präsident des Volksgerichtshofs, NSKK.-Brigadeführer Dr. jur. Roland Freisler. Mit Roland Freisler verliert die deutsche Rechtspflege einen ihrer hervorragendsten Vorkämpfer für die Neugestaltung unseres Rechts im Sinne der nationalsozialistischen Weltanschauung.

Schon vor der Machtübernahme galt ihm als alten Marschierer der Bewegung als höchstes Ziel seines Weltanschauungskampfes die Beseitigung überholten liberalistischen Rechtsdenkens und die Schaffung eines nationalsozialistischen deutschen Volksrechts. Hierfür ist er in Wort und Schrift immer wieder eingetreten und verstand es vor allem durch seine leidenschaftliche, von innerer Überzeugungskraft durchdrungene und kompromißlose Art des Vortrages, diesem Gedanken Geltung zu verschaffen.

Von 1933 an in der Justizverwaltung an verantwortlicher Stelle stehend, hatte Dr. Freisler rechtsschöpferisch und rechtsgestaltend einen erheblichen Anteil daran, daß sich die nationalsozialistische Rechtsauffassung im deutschen Rechtsleben durchsetzen konnte. Als er im Sommer 1942 zum Präsidenten des höchsten deutschen politischen Gerichts berufen wurde, hat er mit der gleichen Überzeugungstreue und fanatischen Entschlossenheit als Nationalsozialist sein schweres und verantwortungsvolles Amt als deutscher Richter ausgeübt, das Schicksal des Einzelnen wägend, das Wohl der Gesamtheit über alles stellend. So wird der Name und die Persönlichkeit Roland Freislers als eines aufrechten Nationalsozialisten und Rechtswahrers mit dem Kampf um die nationalsozialistische Weltanschauung, der zugleich ein Kampf um ein wahres deutsches Recht war und ist, stets auf das engste verbunden bleiben.

Präsident Dr. Freisler wurde am 30. Oktober 1893 in Celle geboren. Nach dem Assessorexamen im Jahre 1923 ließ er sich nach kurzer richterlicher Tätigkeit in Kassel als Rechtsanwalt nieder. 1933 wurde Dr. Freisler als Ministerialdirektor in das Preußische Justizministerium berufen und dort alsbald zum Staatssekretär ernannt. Nach der Übernahme der Justiz auf das Reich wurde er Staatssekretär im Reichsjustizministerium. Im August 1942 berief ihn der Führer zum Präsidenten des Volksgerichtshofs.

Schon Ende 1923 schloß Dr. Freisler sich der Bewegung an; war 1924 in Kassel Stadtverordneter, wurde später Kommunallandtags- und Provinziallandtagsabgeordneter, 1930 Mitglied des Preußischen Landtages und war seit der Machtübernahme Mitglied des Reichstages und preußischer Staatsrat. Dr. Freisler war Träger des Goldenen Ehrenzeichens der NSDAP. Der Akademie für Deutsches Recht gehörte er als Präsidialmitglied an, war in der Internationalen Rechtskammer Vizepräsident und Präsident der Generalsektion Recht und Rechtspflege.

Am Weltkrieg nahm Dr. Freisler als Kriegsfreiwilliger teil, wurde bei Langemarck verwundet und erhielt das EK. II.

13.「ローラント・フライスラーの逝去によりドイツ司法界は最も優れた先駆者の一人を失った……」

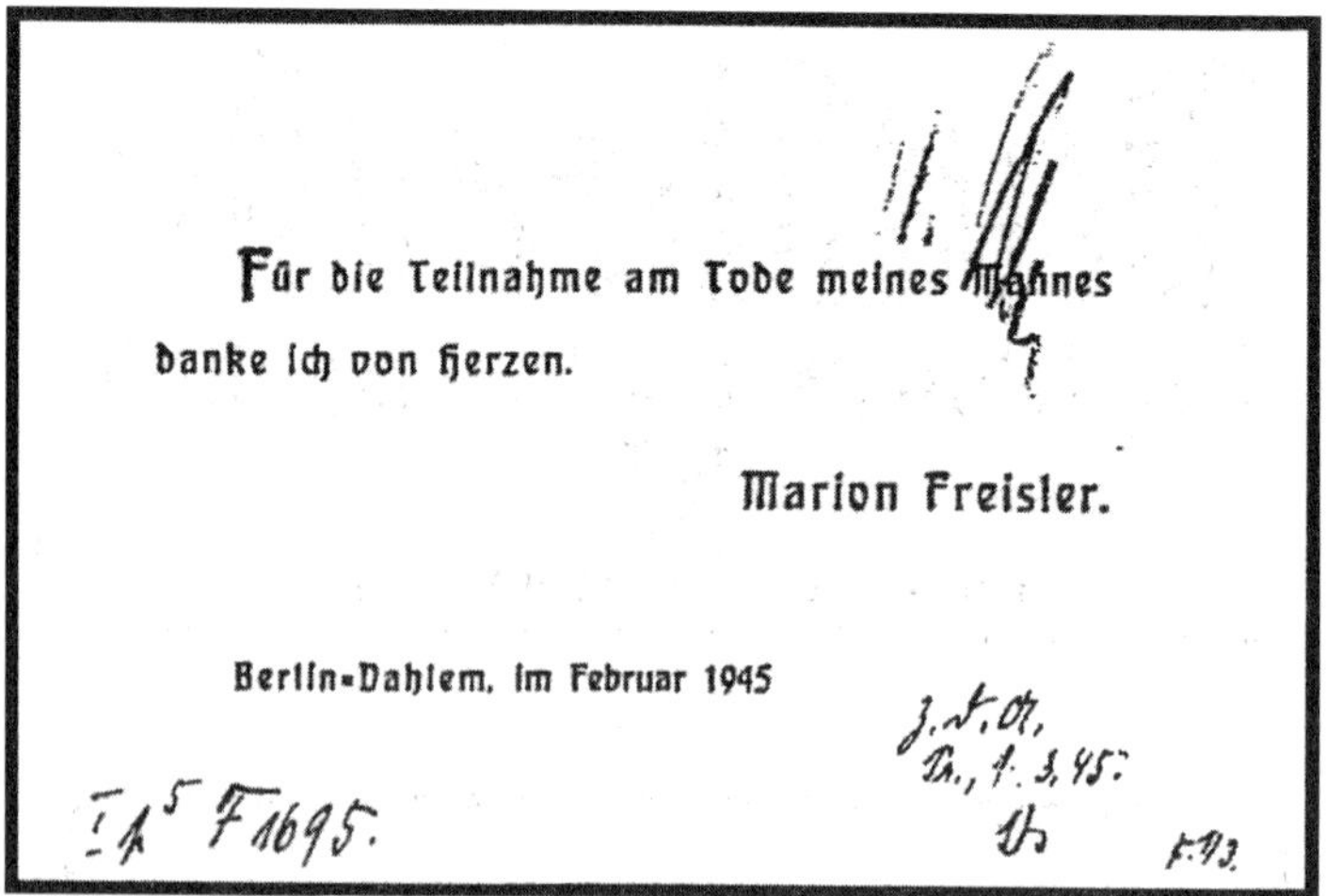
Für die Teilnahme am Tode meines Mannes

danke ich von Herzen.

Marion Freisler.

Berlin-Dahlem, im Februar 1945

14. フライスラー未亡人の謝辞

いた。首尾一貫した国家社会主義的な考え方と総統に対する無条件な忠誠の点では高く評価していたが、ティーラックとフライスラーの間にはつねに埋まらぬ溝があったのだ。彼はフライスラーが帝国司法大臣の椅子を密かに狙っていると勘ぐっていたのだろうか？　フライスラーが死んだ今も未亡人へのお悔やみの手紙は彼にとっては儀礼上のものにすぎなかった。葬儀にもティーラックは参列しなかった。そこにはフライスラーに対する彼の根強い嫌悪を見て取ることができる。

さて問題は後継者を誰にするかということだった。結局、カトヴィッツの検事総長を務め、前任者フライスラーと同様に狂信的な国家社会主義の法律家であったハリー・ハフナーが人民法廷長官に任命された。一九四五年三月一四日にゲッベルスは日記にこう書いている。「我々は前線に近い都市とはなったが、当面ここベルリンに即決軍事裁判所を設置することはない。人民法廷がベルリンにあり続ける限り、それで何とかやっていけると私は思う」。

その言葉通り、新たにハフナーを長官とする人民法廷の法律家たちは、冷酷な体系性をもってその血に塗れた業務を継続していった。フライスラーの死後、しばし新たな希望を胸に抱いた被告人たちを待っていたのは、やはり十中八九が死刑であった。フライスラーは死んだが、彼の精神はなおも同僚たちの頭の中に生きていたのだ。彼らは死せる処刑人に勝るとも劣らなかった。一九四五年三月一五日に人民法廷副長官クローネ博士はクライスト＝シュメンツィンに対しても大逆行為を理由として死刑を言い渡した。被告人は自分は「議会主義の敵」であったと自己批判し、二人の息子が国防軍に勤務していることを考慮して欲しいと述べたが、まったくの無駄だった。四月九日、連合国の砲弾がすでにベルリンに降り注いでいた最中にクライスト＝シュメンツィンは斬首刑に処せられた。

一九四五年四月、ドイツは焦土と化していた。アメリカ軍、ソヴィエト軍、イギリス軍の部隊がドイツの各都市を占領していた。終戦は間近に迫っていた。しかしヒトラー五六回目の誕生日である四月二〇日になっても、ゲッベルスは残っていたすべての帝国ラジオ放送局を通じて大言壮語を続けていた。「総統閣下は最後までその歩みを続けられるであろう。最後に閣下を待ち受けるもの、それは民族の没落などではない。比類なきドイツ黄金時代の新たな至福の幕開けである」。同日ヒトラーは、健康状態がかなり悪かったが、ベルリン首相府の庭園で「国民突撃隊」の隊員らに鉄十字勲章を授与した。失意の中での最後の偽りの式典であった。

人民法廷はポツダムからバイロイトに移設され、そこで苦い最後のときが来るまで死刑宣告を続けることになった。しかしもはや裁判が開かれることはなかった。四月三〇日に赤軍の七五六狙撃連隊の部隊が帝国の首都ベルリンを占領した。その晩、激しい戦闘の後、国会議事堂のドーム上にソヴィエトの赤旗が翻ったのだ。

その数時間後には首相官邸の地下壕で、アドルフ・ヒトラーが、挙式したばかりの妻エーファ・ブラウンとともに自害した。ヒトラーの従者がピストルを片手に血塗れとなった主人を発見した。傍らには服毒自殺したエーファ・ブラウンが倒れていた。彼はヒトラーの秘書役の全国指導者マルティン・ボルマンとともに二人の遺体を毛布に包み、狭い地下壕の階段を屋外まで運び出した。首相官邸の庭で遺体にガソリンがかけられ、火がつけられた。夜になって護衛兵が炭化した遺骸を砲弾でできた漏斗状の穴に埋葬した。毒殺されたヒトラーの愛犬二頭もいっしょに埋められた。

その翌日にヨーゼフ・ゲッベルスとその妻マクダも宰相官房で自殺した。それに先立って夫妻は六人の子供たちを、「これからお医者さんに注射してもらうけど、それは子供も大人の兵隊さんもみんな受ける注射なのよ」と言って安心させ、親衛隊医師ヘルムート・クンツに委ね、同医師が致死量のモルヒネを子供たちに注射した。ゲッベルス夫妻は宰相官房の庭で毒入りカプセルを飲み込み、ガソリンを被って炎に包まれる中、当番兵に自分たちを撃たせた。

自分自身の死さえゲッベルスはこのように熟慮を重ねて演出した。それは何年もの間、彼が啓蒙宣伝大臣として采配を振った数多くのイベントとまったく同じスタイルだった。今や預言者は自らのメシアのもとに旅立って行った。

かくしてヒトラー・ドイツは敗れた。数百万の殺人行為がついに終わった。一九四五年五月初めに訪れた終戦は、ドイツ法制史上最も暗い章であった人民法廷の終焉をも意味した。血塗られたテロ法廷はついに存在をやめた。

では他の誰にも増してあの法廷を代表していたフライスラーは？　引き続き極悪非道の伝説的人物として生き続けるのか？　彼はいかなる人物だったのか？　サイコパス？　狂信的なナチスの裁判官？　それとも自分に手渡された法律をただ徹底して適用しただけだったのか？　人間蔑視の司法、

殺人的な政権から委ねられた法律を？　フライスラーのサイコグラフ（心誌）は多層的で決して単純なものではない。今一度問うてみる価値は十分にある。あの男はいったい誰だったのかと。

その最期に至るまでフライスラーは確信的な、燃え立つ熱意の国家社会主義者だった。彼は人民法廷長官に任じられる前から、飽くことを知らず、冷徹に新たな国家社会主義の法律を信奉していた。彼が問題視したのは違反行為や犯罪行為だけでなかった。なによりも心的態度こそが重要であった。その無数の論文で再三明言している通り、彼にとっては政治犯罪を行う意図をもつだけでも、実際に犯行に及んだことと同義なのだ。その限りでフライスラーは「心情刑法」の創造者である。

彼の法解釈によれば中心に立つのは裁判官であった。裁判官は指導者であって、審理を取り仕切り、参加している同僚裁判官や名誉職裁判官を牛耳り、最後に判決を言い渡した。フライスラーは自ら担当する裁判を彼の法廷様式で、すなわち暴君的に、大音声を発して、芝居掛かったやり方で執り行った。彼は審理を独裁的に主導し、自らを法律自体からも解き放った。彼が言い渡す処罰の唯一の目標は政敵の殲滅であった。それにもかかわらず、彼の前に立たされた被告人が全員同じように破滅させられた訳ではなかった。フライスラーの裁判運営は恣意的で偏見に満ちていた。彼の最大の偏見は特にカトリック聖職者に向けられた。プロテスタントに対しては幾らか配慮するふうだった。彼の攻撃の第二の標的は世界ユダヤ主義であった。もっとも他のナチス高官らの狂信的な長広舌に比べれば、フライスラーの物言いはやや穏やかなものではあった。彼の眼から見て被告人がその弁論の際に犯す最大の誤りは、自らの罪の言い逃れをしようとすることであった。「男らしく」罪を認める者に対してはフライスラーといえども敬意を払うにやぶさかではなかった。一貫した審理・判決の方法というものは彼の場合には認められない。例えば一方では被告人や傍聴人を思いがけない愛想の良さや寛大さで仰天させたり、当意即妙な受け答えやジョークによって感服させたりすることもあり、また被告人に無罪や軽い自由刑を言い渡して大方の予想を裏切ることもあった。しかし他方では些細な違反行為に死刑を宣告することもありえた。フライスラーは法廷での論争を好んだ。そこを彼は自分の該博な知識をひけらかし、洗練されたレトリックを披露するチャンスと見ていたのだ。彼は言い争いを避けようとはしなかった。その反対で、彼は言い争いによって不思議と拍車をかけられたようになって、効果狙いの空疎な独演に陥ることも稀ではなかった。そうしたすべてにもかかわらずフライスラーは、極端に対立するさまざまな要素を内に含む、不安定で見通し難い人格であり続けた。彼は理性を重視する人間ではなかったし、調和のとれた心的状況や安定した性格とは無縁の存在だったのだ。

心情の不安定さとは裏腹に彼の悟性は鋭敏であった。フライスラーは豊富な知識と法律家としての聡明さを兼ね備えた男性と見なされていただけでなく、卓越した知性の持ち主でもあった。しかし総統や党、祖国の話になるとたちまちその高度な知性が思考停止となってしまったのは一体なぜなのだろう？　歴史家のハンスヨアヒム・W・コッホはフライスラーを「真の信者」と呼んだ。実際に彼とその偶像ヒトラーとの関係はまさに無批判な従順さという点を特徴としていた。

フライスラーはその判決文において執拗なまでに繰り返し、国家社会主義の本質的特徴を例示していたのだが、本当にそれらをすべて信じていたのだろうか？　第三帝国の比類なきすばらしさと無謬性を本当にそれほど確信していたのだろうか？　彼にとって最終勝利は本当に否定しがたい自明の理だったのだろうか？　これらの問いに答えるのは容易ではないが、疑わしい点は多々ある。フライスラーはたいていのドイツ人には閉ざされていた多くの情報源にアクセスすることができた。また彼の元には秘密国家警察、警察、司法機関の状況報告が上げられていた。それにより彼は真相を看破することができ、実際の状況を推慮することができたはずである。フライスラーは頻繁に出張して、政府、党、国防軍、経済界、司法界、行政のさまざまな高位高官たちと会っていたので、帝国国境外の外政上および軍事上の情勢についてもある程度はイメージできたのである。それゆえフライスラーは当時最も事情を知っていた男たちの一人だった。その知識と洞察からすれば、自分が毎度理想化して語っていたことの虚偽をはっきり自覚していたはずなのである。それにもかかわらず彼があれほど長期間、狂信的なまでに国家社会主義を信奉し、それに対するいかなる批判も、死をもって償うべき冒瀆と見なしたとするならば、そこには心理的な理由があったとしか考えられない。

フライスラーは最後の最後まで、譲歩ということを知らない凝り固まった国家社会主義者で、ヒトラー《ヒト》政権の終焉が目前に迫っても一切妥協しなかった。かつて人民法廷はあらゆる政敵の殲滅という方向に歩み始めたのであるが、彼はこの妥協を許さぬ道程を、どれほど恐ろしい結末が待ち受けることになるかにはお構いなしに、最後まで突き進もうと考えたのだ。この路線からの逸脱は彼には裏切りと思えたことだろう。最晩年の裁判、特に七月二〇日の逆徒たちへの裁判では、彼の狂信的な根本姿勢が今一度はっきりと示された。あの者たちのように国家社会主義と「最終勝利」に疑念を抱く者は「ドイツ問題」をサボタージュし、自らを「敵の同類」とすることになる、彼はそう断じた。そのような者たちにフライスラーは情け容赦ない復讐心をぶつけた。

これは自らの疑念が投影された結果なのだろうか？　自分がこれまで心から信じてきて、なおも信じ続けようとする国家社会主義世界の滅亡を身をもって体験しなくてはならないという心的ジレンマを解消しようとしたのだろうか？　自分自身懸命に押さえ込んでいる疑念を他人に身代わりさせて、他人を無慈悲に罰することで。

ティーラックも含め、多くの人にとってフライスラーは精神的に異常な人物と見なされていて、特に終戦間際の数年間の活動についてはこうした評価で一致していた。しかし彼は本当に異常だったのだろうか？　それともこれは、かつてこの罪に加担しておきながら、今度はフライスラーが精神疾患だったというお伽話で責任逃れをしようとするすべての人々にとって、便利な隠れ蓑に過ぎないのか？

事実は異なる。法の過激化と人民法廷における司法実践の独走が始まったのは、決してフライスラーが人民法廷長官に任命されたときではなかった。さまざまな授権法に基づいて制定されていた法に合わせてだれもが行動し、ただ彼のみが、たとえそれらの法律が憲法から逸脱する場合であっても、総統と党の要請を優先させたということなのだ。フライスラーは、前任者ティーラックがすでに開戦後に公言し、適用していた傾向を推し進めたに過ぎない。第一部の部長としてティーラックは重要な案件をすべて自ら担当した。フライスラーもそれを徹底して実践したのだ。フライスラーの人民法廷時代はちょうど、ドイツが防戦一方となっていく時期に重なる。死刑の数が劇的に増加したことは、そのこと、そして中でも数多くの「夜と霧」裁判と七月二〇日裁判が続いたことによって説明がつくのであるが、ただしそれはティーラックの長官時にすでに始まっていたことなのである。

司法の過激化は戦況の深刻化と表裏一体で、フライスラーは「国内最前線」で容赦ない判決を下すために選ばれたのだ。自らも参与して醸成された雰囲気の中では、フライスラーのような人間は容易に狂信に囚われてしまう。出来《しゅったい》するすべてのできごとは合法であるとの狂信に。制御不能な不正のメカニズムを操作するに当たって、彼は巨匠、そう、死をもたらす巨匠であったのだ。

戦後のニュルンベルク国際軍事法廷の判決は、フライスラーを「ドイツ司法全体で最も残虐で最も血に飢えた陰鬱な裁判官」と呼び、ヒムラーやハイドリヒとともに「その極端で唾棄すべき性格で世に知られる」男たちの一人とした。

この評言に異論を挟むつもりはない。ただし一九四五年以降フライスラーはドイツ司法のスケープゴートともアリバイともされることになる。生き延びたナチス法律家たちはフライスラーを悪魔呼ばわりすることで、自らの罪を彼に肩代わりさせたのだ。

そうすることで彼らは自分を、困難な時代の中で是非はともかく、法律が定めた通りに自らの職責を果たした法律家だったのだと感じることができた。そして自分を加害者や共犯者というより、むしろ被誘惑者、犠牲者だったと見なすことが可能となった。それによって彼らの良心の呵責は鎮められた。そもそもそんなものがあったとも思えないが。彼らの罪障感は他者に転嫁されたのだ。肩代わりさせる相手としてフライスラーのような狂信的な血の裁判官は実に打ってつけだった。

ローラント・フライスラー。彼は殺人的な時代の殺人的な法律家だった。その時代の中ではフライスラーのみならず、司法界全体が死刑執行人、死をもたらす体制の手先となっていたのだ。そう、彼は隔絶した冥界から立ち現れた極悪人などではなく、帝国の真っ只中からやって来た。彼は時代が産んだ一人の容赦を知らぬドイツ人だった。そしてその彼を可能にしたのは、他ならぬドイツの人々だったのだ。

第10章
ゼロ時間に非ず

晩夏、一九四五年。歓呼の民は沈黙の民と化した。しかし被害者であると同時に加害者であり、他民族にかくも大きな苦しみをもたらしたドイツの民は、恥の感情を抱いただろうか？　あるいはただ自分たちは敗者となったのだと感じただけだったのか？　彼らは理解できただろうか、何が起きたのかを。そして自分たちが何に加担し、何を許してしまったのかを？　戦後のゼロ時間、それはドイツの人々に欠かせない「浄化」の時間でもあらねばならなかった。

そのために戦勝国の首長三名がポツダムに集まり、ある宣言に署名した。そこにはこう書かれていた。

「ナチ党員の内、単なる名目上の党員というレベルを超えて党活動に関与した者はすべて……、公職および準公職から追放されねばならない。それらの者に代わって、その政治的・倫理的な性向の点でドイツにおける真に民主的な諸機関の創設に携わる能力を有すると思われる人物が登用されねばならない……」

戦勝国による政治的・道徳的な浄化プロセスが一つの民族に突き付けられることになった。そして戦勝国が「非ナチ化」と呼んだ措置がドイツ人の集団的な復権のための前提条件として構想された。この宣言はかつてナチ党員だった人々の浄化も、よりスムーズに軌道に乗せようとするものであった。というのも、すでにいくつかの占領地区では、かつてナチ党員であった者たちの追跡と把握がばらばらな形で始められていたからである。地域の「反ファシスト委員会」がかつてのナチス幹部らが地下に潜伏するのを阻止した。ときにはそれが復讐行為にまでエスカレートすることもあった。しかしそれらの組織に「連合国管理委員会」は何の関心をもたなかった。非ナチ化はもっぱら管理委員会の管轄下で統一的に行われるべきものであった。一九四六年初めにさらなる指令が出された。その中ではどのような人物をどのような官職や地位から追放すべきかが正確に定義され、カテゴリー化されていた。一九四六年一〇月の追加指令では、戦争犯罪人ならびにナチス体制を促進し、支援した国家社会主義者たちを処罰するための全ドイツ共通の指針が定められた。

それは厄介な取組みだった。誰が犯罪人で、誰が同調者に過ぎなかったのか? 誰しも言い訳や説明を一つや二つもっていないだろうか? 「ポツダム原則」を実現可能とするため、まず協議の末に「制裁措置実施」のための五つのグループ分けが定められた。重罪者、有罪者(積極分子、軍人、受益者)、軽罪者、同調者そして無罪者(審問機関で自らの無罪を証明できた人々)の各グループである。

実験台の上に乗せられた民族。戦勝国側は各占領地区で、ようやく幻想を解かれたヒトラー・ドイツ人たちの「浄化」を始めた。だがこの民族は自分たちを敗者とは感じていたものの、必ずしも有罪とは見なしていなかった。

大いなる情熱を傾けて行動を開始したのはアメリカ人だった。彼らは六ページにも及ぶアンケート用紙を配布し、ドイツの人々に記入させた。体重に始まり資産状況、軍歴、外国渡航歴、前科、さらには信教に至る一三一項目のアンケートに明確に答えることが要求されたのだ。不完全な回答や無回答は処罰の対象とされた。アンケートの核心部分は項目四一から九五までで、そこではナチス組織のメンバーであったか否かを正直に申告するよう要求された。裁判官、検察官、弁護士はこれに加えて追加アンケートにも回答が求められた。その最初の問いは人民法廷のメンバーであったかどうかというものだった。さらにゲシュタポとの接触、裁判での担当事案または参加の役割と回数、ならびにそれまでの法律家としてのキャリアの詳細が問われた。

一九四五年一二月初めにはアメリカの担当局に一三〇〇万人分を超える回答が集まった。浄化の作業は、可能な範囲で申告内容を検証することと、小麦に混じった籾殻を選り分けるように、疑わしいナチス関係者を清廉な人々から分離することに止まった。最悪のナチス関係者はカテゴリー「無条件拘禁」に分類され、その他の関係者は職を追われた。罪のない同調者たちは職場や官職に残ることが許された。

フランス管理地区とイギリス管理地区では、何よりもナチ体制の上層部を排除することが最優先された。これは物資の供給体制や行政業務を危機に陥らせないためだった。これにより浄化はさほど厳しいとは言えないものとなった。重視されたのは司法上の解決ではなく、現実主義的な解決であった。例えばイギリス管理地区では、「政治的に受け入れ不能」と「政治的に受け入れ可能」の他に、「配置転換により受け入れ可能」という中間区分が設けられ、それがたくさんの人員上の障害を解消することに役立った。

総じて非ナチ化手続きはさまざまな問題を引き起こした。一方では浄化が原因となって、指導的な地位に限らず深刻な人員不足が起きた。また他方では、例えば一九四六年春には一〇万人をはるかに超えるカテゴリー「無条件拘禁」のドイツ人が収容施設に溢れかえり、それにより西側戦勝国の民主化要求が、かえって妨げられる事態となった。

かつてナチス体制を支えた大物たちの浄化に最も徹底して取り組んだのはソヴィエト管理地区だった。というのも、そこでは大掛かりな「反ファシズム・民主化」改革との関連で、人事面でも抜本的な刷新が行われたからである。もっともそこでも一九四七年以降は、特に末端のナチス同調者の場合は社会復帰させようという考えが主流となっていった。司法にはナチス活動家たちの違反行為を詳らかにするという役目が求められた。しかしはたして裁判官として迎えるべき人材は残っていたのだろうか?

すでに一九四五年九月、在独ソ連軍政府は民主的な司法制度の構築を命じていて、そこにかつてのナチス法律家たちが居座る余地はなかった。これにより司法関係者のおよそ九〇パーセントが解雇された。空いたポストをすみやかに埋めるため、いわゆる国民法学校が設立され、短期講習で素人学生に司法のイロハが叩き込まれた。

これよりはるかにいい加減だったのがイギリス軍政府の指令で、それによるとそのとき採用された裁判官、検察官の五〇パーセントがナチ党員の過去を黙認された。当時「おんぶ規定」と呼ばれたこの条項には、疑わしくない人物一名につき一名の元党員を「おんぶ」してともに司法業務に就くことができるというメリットがあったのだ。

しかし全体としてはすでに一九四七年の終わりには、特に連合国側の非ナチ化に対する関心は明らかに低下した。ナチス高官を裁いたニュルンベルク裁判をもじって「小物たちのニュルンベルク」と呼ばれた外からの浄化は失敗したのだ。そしてまもなくこの任務は新設されたドイツの連邦州に移管され、各州はこの目的のためにそれぞれ専門の判定委員会を設けた。ただしその成果は疑わしかった。

あいかわらず多くのドイツ人の考えは、国家社会主義は全体としてはいいものだった、ただそれを実行に移す方法がまずかったのだというものだった。そう考えるドイツの人々に今や自分たちの非ナチ化が委ねられることになったのだ。

しかしまともなドイツ人とナチス、まともなナチスとろくでもないナチスの間で線引きをしようとする試みはことごとく不可能であることが判明した。不利な証言者になろうとする者はほとんどなく、逆に有利な証言者には事欠かなかった。ドイツの人々は敗戦によって自分たちはすでに十分罰せられたと感じていた。罪の意識、贖罪の必要、羞恥心などの余地はなかったのだ。

大方の意見は「本当の有罪人」は処罰されるべきだが、お人好しで容易に信じ込まされてしまったナチ党員については大目に見るべきだというものであった。これにより矢面に立つべき党幹部やナチス犯罪人、強制収容所の処刑人のみをナチスと見なすという定義がまかり通った。細胞〔職場や地区に設けられた党の末端組織〕指導者や街区指導者、出納業務担当者、下士官はナチスとはしない、なぜなら彼らはみな「ドイツおよびドイツ国民にとって最善のこと」を望んでいただけだったからというのだ。さらに高位の共犯者たち、将校や企業家、官僚、大学教授、法律家たちも全員、非ナチ化の粗いザルの目をすり抜けることとなった。

今やドイツ人による自己浄化を委ねられることとなった人々、すなわち新たに結成された党の代表たちは、疑わしいところこそなかったが、いかんせん過大な任務に耐えられなかった。すでに非ナチ化審理法廷、上訴法廷に返り咲いて再び「ドイツ案件」のために法律家として知性を発揮していた人々の心を一つにまとめたのは、ナチスの過去を葬り去りたいという欲求であった。

適応能力や日和見主義に長けていた多くの裁判官が今や、過去の「ゴミ処理」を任せられたわけである。彼らは、誰も驚きはしなかったが、自分たちに委ねられた浄化手続きをまず自らのキャリアを、次いで同職者たちのキャリアを救うための手段として、きわめて実証主義的に理解した。

彼らは同僚が誰一人として路頭に迷うことのないよう、精一杯努力した。疑いのないことが証明された者はもはや罪を取り沙汰されることはなかった。ヒトラーのもとで恐ろしい刑罰や死刑を言い渡した者でさえ、必ずしもナチスであったとは見なされなくなった。彼らは当時の現行法を適用しただけの執行吏ではなかったか？　おそらく法律への忠実さを理由としてはいかなる者も犯罪者と呼び得ないのでは？　こうしたロジックがその後数年にわたって鋼のように硬い法的確信となっていく。きわめてまれではあったが、たまにナチス司法の役割が論議されることもあって、その際にはいつもこれが援用された。

「ただ義務を果たしただけだ」という言い訳が元ナチス法律家の間で盛んに使われ、しばしば「自分はそうすることで事態のさらなる悪化を食い止めた」という開き直りの主張までなされた。これはすでにニュルンベルク「法律家裁判」においても盛んに使われ、ある程度の成果を上げた自己正当化である。

主要戦犯に対する裁判の一環としてアメリカ側が行った合計一二件の裁判の内の第三の裁判で、一九四七年二月一七日、一六名のドイツ人法律家が戦争犯罪、人道に対する犯罪、組織犯罪を理由として有罪とされた。検察官にとって「第三帝国における曰くつきの司法の体現者」であった法律家たちは、全ドイツ司法界の代表として法廷に立った。もっとも一番そこに立つべき代表に罪を問うことはもはやできなかった。帝国司法大臣ギュルトナーはすでに一九四一年に死んでいた。その後継者ティーラックは戦後、イギリス占領地区の刑務所で自殺した。帝国大審院長官ブムケも同様に、アメリカ軍のライプツィヒ侵攻後、自らの人生を閉じた。従って今回起訴されたのは、十分な証拠資料を揃えることができた司法界の「大物」一六名であった。帝国司法省からは、最も高位の被告人として元司法次官で暫定的な臨時法務大臣も務めたフランツ・シュレーゲルベルガー博士、ならびに二人の司法次官クルト・ローテンベルガーとエルンスト・クレムが法廷に立ち、それ以外に検事総長ヨェルとその他三名の省次官も起訴されていた。二名の被告人は一名が拘禁不能、もう一名は自殺により早期に裁判から除外された。検察からは元人民法廷の検事長エルンスト・ラウツと検事パウル・バルニッケルが罪を問われた。特別裁判所からはニュルンベルクとシュトゥットガルトの三名の所長が、また人民法廷からは第四部の部長ギュンター・ネーベルングならびに一名の裁判員が、それぞれ法廷に立たされた。

彼らはみな範例となるべき司法加害者であった。いずれにしてもこの裁判の眼目は、確かにそこで個々の犯罪行為が詳らかにされはしたのだが、むしろ司法が最後までナチスのテロシステムの一翼を担い、その共犯者であり続けた事実を示すということであった。起訴の主な論拠は「司法殺人その他の残虐行為」であった。検察側が主張したように「被告人らはドイツの法と正義を破壊したうえで、それに法としての空疎な外観を与え、これを人々の大々的な迫害と隷属化、根絶のために利用することを通じ、それらの犯罪を犯した」のである。

証拠調べの結果は個々の被告人とドイツ司法の双方にとって深刻なものだった。そこで法廷に立たされていたのはフライスラーやティーラックのごとき狂信的国家社会主義者たちだけでなく、むしろ保守的な法曹界を模範的な形で代表する人々だった。そしてまさにこの事実こそが司法界と褐色のテロ政権〔褐色はナチスのシンボルカラー〕との切り離しがたい癒着ぶりを明かしていた。彼らは自発的な法律家たちの典型であり、ナチス権力者たちの存続にとって不可欠な存在であったことが露顕したのだ。

総勢一三八名の証人が尋問され、二〇〇〇を超える証拠申請が吟味された。一〇ヶ月におよぶ裁判において裁判所が「夜と霧命令」、ポーランド人に対する刑法命令、司法と親衛隊およびゲシュタポとの協力体制といった司法のさまざまな悪事とじっくり取り組み、それを受けて最終的に以下の結論が導き出された。

「被告人らが問われている犯罪の罪とは、それと比較すれば犯罪構成要件に該当する単なる個別事案など取るに足りないと思えるほどの、計り知れないものである。要するにそれは戦時国際法と人道法を侵害する形で政府によって組織され、国中に広められていた残虐行為と不正義のシステムに、自ら進んで関与した罪である。それらの悪行は法の名において、司法省の権威のもと、各裁判所の協力を仰いで犯された。殺害者の短剣は法律家の法服の下に隠されていたのだ」

裁判所が「悲劇的人物」と呼んだシュレーゲルベルガーは、他の被告人たちと同様に、自分が職に留まったのはひとえに事態のさらなる悪化を食い止めるためだったと主張して自己弁護を図った。この馬鹿げた弁明の言辞は、その後数年にわたってナチス犯罪者たちの多くによって使われることとなった。

一九四七年一二月三日と四日に判決が言い渡された。シュレーゲルベルガー、クレム他二名の被告人が終身刑、その他の者は五年から一〇年の自由刑であった。

机上の殺戮者たち、範例としての法服を纏った殺人者たちにはかなり甘い判決であったが、それさえきちんと執行されることはなかった。有罪判決を受けたほとんどすべての者が刑期を繰り上げて釈放されたのだ。シュレーゲルベルガーも一九五一年には早くも再び自由の身となることができた。

ニュルンベルク法律家裁判は、第三帝国の司法システムを解明し弾劾する数少ない試みの一つ、いやひょっとすると最も真摯な試みであった。しかしナチス司法が犯した不法に対する刑法上の処罰は失敗に終わったと言わざるを得ない。その試みがドイツの司法ツンフト（同職組合）に浄化作用をもたらすことはなかった。その反対に多くの者はニュルンベルク裁判に「戦勝国の報復的な司法」が働いたと考え、いっそう同職仲間の結束を固めた。本当に彼らはみな自分の職責を果たしただけだったのだろうか？

ほとんどの法律家たちが、同職の元海軍法務官で後の州首相ハンス・カール・フィルビンガーと同じ考えであった。彼は、かつてのナチス法律家たちがすでに早い時期に異議を唱えるためにこぞって使った台詞、「当時合法であったことが今日違法とはなり得ない」を後になってもう一度繰り返すことになる。

法律家たちが、ナチス時代に共犯者であったという自らの過去に対する良心の呵責を募らせることはほとんどなかった。起きたことの責任を彼らは政治指導部に押しつけたのだ。戦後の偉大な法学者の一人である刑法学教授エーバーハルト・シュミットは、すでに一九四七年にドイツ法曹大会の席上、実にお誂え向きの弁解の辞を述べている。

「司法ではなく、立法こそが単独で法の御旗のもとを離れたのです。結果に対する責任を今日、法学にも司法にも負わせてはなりません。というのも責任はもっぱらあらゆる法的根拠を失った立法者の側にあるのですから」

このような声は真新しいものではなかった。かつて共和制の側ではなく「国家」に奉仕したワイマール時代の裁判官たちと同様に、第三帝国で裁判官を務めた者たちも自分たちをもはやナチスの共犯者とは捉えておらず、自分たちはもっぱら「国家理念」に仕えたのだと主張した。とはいえほとんどの裁判官が国家社会主義ドイツ労働者党（NSDAP）、または国家社会主義法律家同盟（NSRB）のメンバーであったという事実は否定すべくもなかった。だが非ナチ化の優先順位はとうに低下しており、「一介の」党員だった経歴などもはや汚点とは見なされなかった。

そもそも他の選択肢はなかったのか？　結局誰もが自分の裁判官としてのキャリアを邪魔されずにつつがなく終えることしか望まなかったのではなかったか？　彼らは裁判官、検察官、司法官として自らの義務を果たすだけに留まってはいなかったのではないか？　しかし自分は国益のことしか考えていなかったと主張する裁判官には何の手出しもできなかった。別の言い方をすると、この伝でいくと、確信的なナチスでさえ高貴な心根の持ち主となり得たのだ。

ヒトラー・ドイツで格別熱心に活躍したナチス法律家たちですら、戦後のキャリアを不安視する必要はなかった。つまり罪を疑われた数千の裁判官たちが処罰を免れただけでなく、復職まで許されたのだ。かくして彼らはたちまちの内に法壇に復帰し、ラント裁判所や上級ラント裁判所の長官の椅子に収まり、司法省にもぐり込んだ。この裁判官世代には過去の克服への貢献はほとんど期待できなかった。それは当然である。多くの裁判官がついこの間まで褐色のテロ政権のために働いていたのであり、まず率先して非ナチ化されるべきは彼らだったのだから。しかし仲間の眼玉をつつき出そうとするカラスなどいるわけがない。

ワイマール共和国初期のジレンマが繰り返された。人々はうまく機能する行政と司法を再建するためには古い血も必要だと考えたのだ。今回も政治的な新規まき直しとはならなかった。

ナチス政権下でその人種問題ゆえに官職を逐われ、戦後アデナウアー内閣でリベラルな司法大臣として返り咲いたトーマス・デーラーという人物がいるが、その彼でさえ一九五〇年一〇月八日、ドイツの新たな最高法廷たる連邦裁判所の落成式典での演説では、「帝国大審院のすばらしい業績」に言及して、「あの裁判所の精神が連邦裁判所の業務においても貫徹される」ことを願った。この発言を受けて同裁判所の事務次官ゲオルク・ペーターゼン博士は記念論集の中で、「帝国大審院の伝統を知るその元メンバーを連邦裁判所に招聘する」ことが連邦政府の目標であると書いた。

組織上および人事上の継続性がそれによって保証された。戦後のボンの司法省（連邦司法省）にはかつてナチス政権に自ら進んで奉仕した法律家たちが大勢在籍していた。例えばヨーゼフ・シャーフホイトレ博士。彼はすでに一九三三年の段階で帝国司法省内で政治色の濃い特別刑法に取り組み、フライスラーのきわめて熱心な協力者の一人だった男である。またそこにはエルンスト・カンター博士なる者も在籍していた。帝国軍事裁判所の元裁判官で、その後一九四三年にはデンマーク軍事法廷裁判官となり、複数の死刑判決に関与した人物である。彼の戦後のキャリアにとって、この事実は何の妨げにもならなかった。一九五八年にカンターは連邦裁判所第三刑事部の部長に抜擢されている。

司法省だけ他の省庁、例えば外務省などと別扱いにする謂れはないということだったのだ。新生外務省でも職員のほぼ三分の二は元ナチ党員で、そんな連中が今やドイツの対外政策に当たったのだ。批判者たちを宥める際のアデナウアーの言いぐさは、「少なくとも指導的立場には以前の歴史をいくらか弁えた人たちに就いてもらわなければ、外務省の再建など覚束ない」というものだった。歴史を弁えた人たちとは、例えばアデナウアーの首相府次官を務めたハンス・グロプケのような者たちである。彼は一九三五年の「ドイツ人の血と名誉を守るための法律」と、「遺伝性疾患をもつ子孫を予防するための法律」の法案策定に関与したばかりか、この人種差別法の解説者としても名を馳せた人物である。さらに同人は一九四二年、ユダヤ問題の「最終解決」を決めたヴァンゼー会議にも人種恥辱罪（アーリア人と非アーリア人が性的関係をもつこと）のスペシャリストとして出席していた。彼はそのナチス時代の経歴に続けて、戦後も昇進街道をまっすぐ突き進むことになる。

アデナウアー共和国は無数の者たちに対して、その疑わしい経歴をそのまま継続することを保証した。その一例がフリードリヒ・カール・ヴィアロン博士で、彼はオストラント帝国管区においてユダヤ人への略奪とその隷属化を指揮したにもかかわらず、戦後はまず連邦財務省、後には連邦首相府でともに司法次官を務めている。あるいはハインツ・バルドゥス博士。こちらはナチ政権時代、総統官房法務部で「自らの義務」を良心的に果たしていた。この彼も連邦裁判所部長という高位の裁判官職に起用された。

もう一人、疑わしい過去をもちながらドイツ最高の法律家にまで出世した男がいる。ヴォルフガング・フレンケルである。かつて彼は帝国検察庁で冷酷無比のナチス法律家として、ユダヤ人やポーランド人、チェコ人、フランス人に対する判決の厳罰化に関与した。そのことは彼の戦後のキャリアにとって、まったく妨げとはならなかった。一九六二年に彼は連邦検事総長に任命されている。

かつてナチス司法に協力したフレンケルが、政治的・倫理的な信用の失墜を理由としてこの地位を固辞しようと考えることはなかった。

それができようはずもなかった。任命を受けて彼は報道陣に対し、自分はあらゆる独裁政治の断固たる敵対者であると謳い上げたのだ。ほとんど誰一人異議を唱えなかった。当時は珍しくなかったが、フレンケルのケースでも東独当局が当人のナチス時代の経歴をはっきり証明する資料の提供を申し出たのだが、過去との取組みに関して東独の裁判所に手助けを求めることは西側では憚られた。「冷戦」状況がかつての加害者に願ってもない庇護を与える形となったのだ。

確かに民主主義を奉ずる西側法律家たちにとっては、「過去の克服」という問題で東独の司法がお手本となるなどということはあり得なかった。東独では一九五〇年に「ヴァルトハイム裁判」があった。これは即決裁判のようなもので、ナチス司法と変わらぬスタイルでかつてのナチ党員たちに多数の死刑判決が出された。被告人たちには最も基本的な権利さえ認められなかった。証拠調べも弁護なしで、被告人に有利となる証人の尋問は行われず、わずかな見せしめ裁判のケースを除いて傍聴も許されなかった。実はヴァルトハイム裁判のほとんどの被告人は、ナチスの加害者というよりただの同調者たちだったのだが、東独の新任検察官や裁判官たちはそれには無頓着だった。そこで最も多くの非難が向けられたのは、「人道に対する犯罪」およびヒトラー政権に対する「重大な助長行為」に対してであった。被告人らは概ね一〇年以上の重懲役刑を宣告され、一九五〇年一一月三日から四日にかけての夜に二四件の死刑が執行された。

しかし社会主義統一党（SED）が陰で指図し、司法を「延長された権力装置」として利用したのは「ヴァルトハイム裁判」においてだけではなかった。新たに建国された「労働者と農民の国家」の法廷でしばしば行われたのは、法治国家らしさを一切欠くスターリン的な見せしめ裁判であって、それは決して政治犯罪に限った話ではなかった。被告人の権利はほとんど認められず、独立した弁護士は存在せず、検察官は法廷をイデオロギーのための舞台として利用し、裁判官は党や国家保安省の用意した判決をそのまま言い渡した。東独の司法は独立した司法とは言い難い代物だったのだ。

「刑事司法とは政治的行為である」と宣言したのは数多くの見せしめ裁判を担当した冷酷無比の裁判官ヒルデ・ベンヤミンである。彼女は東独の第一検事総長エルンスト・メルツハイマー博士（最高法院顧問官としてすでにナチス司法に貢献した過去をもつ）とともに、SEDの教義の狂信的な執行者の一人であった。被告人に向かって叫び、罵倒するその姿は、当人が何年か前に人民法廷で被告人に対したときと変わらなかった。ヒルデ・ベンヤミンはその恐怖の判決を通じて自身の能力をアピールし、ついには東独司法大臣に任命された（至一九六七年）。

それゆえ東独の司法は西独司法にとってお手本にも協力相手にもなり得なかった。それは多くの元ナチス加害者には好都合であった。彼らの個人文書は東独に保管されていたので、西独で彼らは安んじて戦後のキャリアを積んでいくことができたのである。

司法、政治、経済、学問、行政の別を問わず、これがドイツ人のキャリアだったのだ。本書の限られた紙幅で褐色の加害者たち、机上の犯罪者どもの名をすべて挙げることはできない。いずれもアデナウアー共和国で速やかに要職に返り咲いた人々である。ともあれこうした「再ナチ化」に怒りを覚えた者はほとんどなかった。逆に多くのドイツ人は、選挙で選ばれた議員たちの思惑通り、過去についてもはや何も知りたいと思わなかった。一九四〇年代のアデナウアーばかりでなく、その後も西ドイツの政治家たちは再三にわたり国民に向かって、「延々と続く過去の克服」はもういい加減止めにしようではないかと力強く訴えた。例えばフランツ・ヨーゼフ・シュトラウス〔西ドイツの保守系政治家でキリスト教社会同盟の党首を長らく務めた〕はすでに早い時期から、それは「永遠に贖罪し続ける社会的使命」を国民に課すものでしかないと考え、ドイツ人は「たまたま悪い政治家たちを国のトップに戴くという不幸を負ったふつうの国民なのだ」とした。ヒトラーは不運な事故だったとでも言うのだろうか？

彼をはじめ多くの者がドイツの人々に向けて「ヒトラーの影から抜け出そう」と訴えた。彼らは「犠牲者であるドイツ人」という新テーゼを声高に主張した。全員が全員と和解すべきだとされ、まるで加害者も加害行為もかつて存在せず、ただ犠牲者だけがいたかのように。欺かれた人たちばかりの民族、ドイツ人？

ドイツ人は「ヒトラーの犠牲者」であるとか、第三帝国は犯罪者集団が考え出したまがい物だったといった歴史の歪曲。それは摩訶不思議なものではあったが、実に心を安らげてくれるものであった。そしてこれは決して保守政治家たち専用の自己正当化の手段ではなかった。

かつて親衛隊員だった者たちもまもなく再びまっとうな人々と見なされるようになり、強制収容所の看守たちも「命令を拒めない状況」だったと言い逃れすることができた。ドイツ人の新たな「国歌」が歌い上げる、「我々は何も知らなかった」と。そして今もなお、様々な正当化が行われている。「昔のことがすべて間違っていたわけではない……」。ナチス政権がもたらした瓦礫の山の撤去が終わるか終わらないかの内に、多くの、いやほとんどのドイツ人はそう考えたのだ。

大抵はだらだらと長引いた数少ないナチ裁判、例えば百万を優に超える人々が殺害されたアウシュヴィッツとマイダネク強制収容所の看守に対する裁判では、司法官庁も裁判所も罪人たちに対する追求と有罪言い渡しにわずかな関心しか寄せなかった。まさに戦後のこうした大規模裁判は刑事訴訟という点ではしばしば単なる茶番劇に陥った。有罪判決の大前提となる被告人たちの殺人行為がほとんど証明できなかったのだ。もはや法廷に証人はおらず、加害者たちは、自分はただ命令されただけだと繰り返した。裁判官たちは再び判決を下したのだが、特に量刑を決める際にはナチス加害者たちを特別な寛大さで扱った。何らかの判決が言い渡されるまでに何年もかかることさえ珍しくはなかった。当時検察官たちの間で流行った悪趣味な科白がある。量刑は「死者一人につき一律懲役一〇分とする」というものだ。

しかしそうした寛大な措置を当てにできたのは強制収容所の看守たちだけではなかった。連邦議会が一九五一年に圧倒的な賛成多数で成立させ、連邦憲法裁判所から「社会的な功績」とまで呼ばれた疑惑の基本法一三一条施行法は、かつてのナチ党員たちをドイツ連邦官庁で「廃物利用」すること、もしくは彼らに少なくとも正規の年金を支給することを保証した。その結果、経済、産業、大学、連邦軍、司法の別を問わず、瓦解したナチス独裁制の「有能な専門スタッフ」たちがいたるところで指導的な地位を占めることとなった。基本法一三一条施行法が始めから精力的に適用されたのに対し、被害者たちへの「償い」は遅々として進まなかった。基本法一三一条施行法の成立から五年経ってようやく「連邦賠償法」が成立したのだが、これはすべての申請者に煩雑きわまる手続きを強いるものでしかなかった。施行規定が欠如していたため、ナチスの被害者たちは、自分が何ら犯罪を犯しておらず、いかなる暴力支配にも加担しておらず、これまで国際連合や国際法のどの原則にも反しておらず、おまけにいかなるナチス組織にも所属していなかったことを証明できない限り、賠償金を貰えなかったのだ。再雇用され豊かな暮らしを送る元ナチス官吏たちにはそのような証明義務は課されなかった。「第一三一条」で免罪された人々には、各人の経済的な状況とはまったく無関係に給付がなされることになった。それでも非ナチ化の粗いザルの目に捕らえられたままの者もいたが、彼らでさえ官吏としての諸権利の剝奪を恐れる必要はなかった。さらに一九三三年から一九四五年にかけての時期の任官や昇進も、限定的にではあれ、考慮対象とされた。死刑判決に署名したことなど不問に付され、その時期に官吏法規定に違反したかしなかったかという事実だけが問題とされたのだ。

こうして丸々一つの法律家世代が悠々自適の早期年金生活に入っていった。法服を纏った加害者たち。彼らは自分には罪はないと考え、自らの国家の過去、それはしばしば個人の過去でもあったのだが、そうした過去を「克服済み」と見なした。かくして「法の頽落は真摯に取り組まれることなく、いわば金メッキを施されることとなった」。これはシュピーゲル誌に載ったロルフ・ランプレヒト〔ジャーナリスト、文筆家。長らく司法プレス会議の議長を務めた〕の辛辣な評である。

「止まっている機械をまた動かそう」。アデナウアーはそう語った。その言葉通り機械は動いた。評論家のラルフ・ジョルダーノはその書『第二の罪─ドイツ人であることの重荷』で、ナチスの過去が集団によって盛大に意識下に押しやられ、それがアデナウアー共和国の国家建設の社会心理学的基盤とされた経緯を実に見事に描き出している。歴史を歪曲する文句「私たちはヒトラーの犠牲者だった」は、かつてのナチ党支持者や追随者たちにとって、非ナチ化の時期にだけ利用価値があったわけではなかった。ごく少数の者を除きほとんどすべてのドイツ人が自分を犠牲者だったと考えた。もはやだれも自分は加害者だったとは言わなくなった。だれも自分は加害者を助けた、傍観していた、目を背けたとは言いたくなかったのだ。「彼らはかつて自分たちが驚くべき熱意と熱狂でナチスに従ったことを認めたくなかった。最初の頃だけでなく、ヒトラーとその仲間たちが何を目指して舵を切ったのかが誰の目にも明らかとなった政権後期から末期にかけても」。これはヘレノ・サーニャが印象的なサイコグラム（心誌）の書『身動きのできない国民――ドイツ人の精神状況について』の中で書いている言葉である。

一九四五年からドイツの歴史が始まった。この歴史はナチスの犯罪を公式に否定することこそできなかったが、私的な日常生活の中でほとんどのドイツ人は繰り返し第三帝国を持ち出されることを侮辱と感じていた。アデナウアーはこうした防御の姿勢においてドイツの人々を支えた。かくして最大規模の「加害者たちの再統合作業」（ジョルダーノ）はさしたる抗議もなく実施された。

とりわけ司法の内部で。そして司法を通じて。連邦共和国で一九四五年まで司法業務に就いていた裁判官と検察官のほとんどすべてが司法職に返り咲いた。こうした人材面の連続性を断ち切る選択肢は他になかったのだろうか？

東独とは異なり、西独では経済復興と政治革新に取り組ませるために人を選んではいられないということになった。昨日の加害者であれ、法律家であれ。ドイツの歴史上最も暗澹たる章は、そのようにしてイェルク・フリードリヒが言うように、「大々的な再社会化作業」をもって終了することとなった。

これはなぜナチス犯罪の追求が遅々として進まず、その後の数年、見逃しえないほどの無関心さをもって迎えられたかという問いに対する答えでもある。無数のナチス犯罪者に責任を取らせるための方策は何も採られず、裁判官仲間が被告人である場合はなおさらであった。いずれにせよ司法が動いたのは告発に対してのみで、自ら襟を正して調査することなどなかった。彼らはヒトラー・ドイツのナチス裁判官や強制収容所の看守よりも、経済の奇跡と呼ばれた新生共和国の泥棒や詐欺師を裁く方を好んだのだ。戦後司法界にとって過去は文字通り「過ぎ去った」エピソードでしかない。当時はそう思われた。政治と司法が手に手をとりあってきわめて疑わしい事後処理作業を行ったのだ。もちろん政治と司法のトップたちは、式典などの晴れの舞台ではナチズムと距離を置いた演説を行った。アウシュヴィッツ裁判のような象徴的な演出もいくつかあった。もっともあの裁判が長期に及んだこと自体、スキャンダラスなことではあったが。ただしこれまでナチスの過去に対する刑法上の取組みは真摯に行われてきたなどと主張することはだれにもできない。

数字がそれをはっきりと物語っている。一九四五年から一九六五年までの間に連邦共和国の検察庁では、ナチス戦争犯罪に加担した容疑で合計六一七一六名に対して捜査が行われた。その内のほぼ一〇パーセント、六一一五名について確定力のある判決が出された。しかし有罪となった人々も、その多くはわずか数年間塀の中にいただけで早々と釈放されてしまった。

その上、確定力のある判決の中に、かつての人民法廷メンバーに対する判決は一つとしてなかった。ナチスの公的機関であったテロ法廷はニュルンベルク裁判の審理対象ではなかった。司法史上、最も暗澹たるものの一つであった章に光を当て、今も存命する血の裁判官たちに責任を取らせることはドイツの人々に課された問題なのだ。しかし必要なステップは今なお踏み出されていないままである。

過去の軛を脱する唯一の機会を提供したのが、フライスラーに次いで最も重い嫌疑をかけられた人民法廷裁判官の事案であった。かつての上級ラント裁判所事務官ハンス・ヨアヒム・レーゼである。

フライスラーの人民法廷第一部に一九四一年から一九四五年まで所属して、陪席裁判官を務めたレーゼに対する捜査は一九六二年に始まった。当時ミュンヘン検察庁がすでに調査を始めていたのだが、容疑者に殺害の確定的故意を証明することができないという、通り一遍の理由で、その手続きは中止された。その二日後、ニュルンベルク戦争犯罪裁判の元主任検察官ローベルト・M・W・ケンプナー博士が、一九四四年七月二〇日の反体制派に対する迫害に関与した者たちを相手取って、ベルリン検察庁に刑事告発した。その内の一人がレーゼだった。この冷酷な法律家は少なく見積もっても二三一件の死刑に関与しており、その内の七件について同検察庁は一九六七年一月二〇日、ベルリンラント裁判所に起訴した。検察庁はレーゼに対して、一九四三年から一九四四年にかけて「下劣な動機」に基づく自発的行動を通じて、三件において殺人を、残りの四件で殺人未遂を犯したことの責任を問うたのである。彼は人民法廷の職業陪席裁判官として七件の訴訟で死刑判決に同意しており、その内の三件で死刑が執行されたことが証明されていた。

一九六七年七月三日にベルリンラント裁判所は、このかつての血の裁判官に対して、三件の殺人幇助、四件の殺人未遂幇助で合計五年の重懲役刑を言い渡した。判決理由では、人民法廷による司法殺人の本来の加害者は、第一部において「支配的な影響力」を行使したフライスラーであるが、彼の判決に対する批判を怠り、フライスラーの権威の前に額《ぬか》ずいたのは陪席裁判官のレーゼであったとされた。第一部が下した判決は、「公正な処罰に対する感覚を有していると期待できる法曹資格取得者」レーゼは「自らの行為の違法性を認識していたはずである」というものであった。

判決言い渡しの後、検察官とレーゼ自身の双方が上告した。

一九六八年四月三〇日に連邦裁判所（ＢＧＨ）刑事第五部は、わずか二ページの理由を付して原判決を破棄し、新たな審判のために特別重罪部に差し戻した。その理由の中で特に問題とされたのは、レーゼは犯人と幇助犯のいずれかという点であった。他のナチス裁判で通常行われたのとは異なり、今回は幇助ではなく共犯が認定された。とは言え、BGHの裁判官たちによれば、それは当然「被告人が下劣な動機から死刑判決に賛同した場合にしか同人を罰することはできない」ということを意味する。しかるに不当にもベルリンの同刑事第五部は、フライスラーの動機がどのようなものであり、それをレーゼが知っていたかどうかという点のみが重要であると認めておきながら、それに異を唱えなかったのだ。

ベルリン高裁裁判官オスケを裁判長としてベルリンの別の特別重罪部で行われた再審で、かつての死の裁判官レーゼは一九六八年一二月六日に無罪を言い渡された。正義の下僕の恐るべきカリカチュアとも言うべきレーゼに対して出された無罪判決。しかしそれ以上に酷かったのは、若き裁判長が口頭で述べた判決理由であった。彼は例えば含羞の面持ちで申し訳なさそうに連邦裁判所の当該の判決に逃げ込むのではなく、自信たっぷりに直立不動の姿勢で、これこそ先例となるべき訴訟であり、ようやく今回、あの「異常な状況」の年月においてもすべてがいかに公正に行われたかを明確にしなくてはならないと述べたのである。オスケ自身の言葉はこうである。「人民法廷の七名の裁判官の内の誰かが法を枉《ま》げたという事実はまったく確認できなかった」。その七人の内の一人がフライスラーであり、彼の陪席裁判官レーゼだったのだが。

オスケは口頭で理由を述べる際に次のように断言した。「全体主義国家を含め、いずれの国家にも自己主張の権利がある。危機の時代においてはその国家が尋常ならざる威嚇的手段に手を出したとしても、その点を捉えて非難を浴びせることはできない……」。

冗談や軽はずみな発言に対して宣告された死刑、「血と名誉の人種法」違反、ポーランドからの虐げられた「外人労働者」に対する同情的な態度を理由として言い渡された野蛮極まる判決。冷酷無比なそれらすべての判決が「国家の自己主張の権利」だとでも言うのだろうか?

それはレーゼただ一人にとっての無罪ではなかった。人民法廷全体、そう、ナチス司法の全体が無罪とされたのだ。自分はナチスの法律家として何も悪いことはしていない、せいぜい自分の義務を果たしただけだ。そう考えながらレーゼは法廷を後にした。そして彼はその後まもなくこの世からも退場することになる。この無罪を不服として検察庁が上告する間にかつての血の裁判官は亡くなり、彼が下した数々の判決は償われぬままとなった。

しかしローベルト・M・W・ケンプナーには、こうした形で人民法廷を丸ごと赦免するなどということは受け入れがたかった。一九七九年三月一八日に彼は、「一九四四年七月二〇日以後、もしくはそれ以前にナチス人民法廷の訴訟手続きに関与したすべての容疑者」を相手取ってベルリン最高検察庁にさらなる刑事告発を行った。しかしこれも以前の決定を盾に、まもなく中止に追い込まれてしまった。それでもケンプナーは屈することなく、当時のベルリン司法大臣ゲルハルト・マイヤーに同盟者を見出し、一九七九年一〇月にラント裁判所の検察官が再び捜査を開始することとなった。人民法廷の総勢五七〇名のメンバーの内、存命する六七名の裁判官、検察官を法廷に引きずり出すなどということがなおも可能だったのだろうか?

マイヤーはケンプナーの活動を支援した。それは彼が一九六八年四月三〇日のレーゼ判決、特に人民法廷を「真っ当な」裁判所であったとした評価について、歴史的真実とかけ離れていると確信していたからである。こうして今一度、戦後法律家たちによる例証となるべき法廷闘争が開始されることとなった。連邦裁判所の決定により、裁判官を殺人罪で処罰するには、同時にその裁判官が法を枉げたことを証明しなくてはならなかった。

しかしそれはほぼ不可能であった。かつてのナチスの法律家たちは、ただ当時の法律に従って行動しただけだと言い張った。立法者が犯罪者でありうること、法律が犯罪的でありうること、それを彼らは受け入れようとはしなかった。これは、神妙な面持ちで自分は当時の法形式の正しさを主観的に確信していたと言い張りさえすれば、ナチスの法律家は誰一人その行動の結果責任を問われないということなのだろうか？　自分はもっぱら立法者である国家の意志を遂行していると信じ込んでいたのなら、ナチスの法律家は不正をしたことにはなりえないのだろうか？　こうした法実証主義的な決まり文句でナチス司法のあらゆる倒錯行為が免責されるのだろうか？　政治的なジョークを言っただけで人々を絞首台送りにした裁判官たちが無罪のままであり続けるなどということがはたして可能なのだろうか？

彼らにはそれが可能だった。捜査が七年続き、容疑者のほぼ半数が老齢のために死去した後の一九八六年一〇月二六日、ベルリンの検察官たちは捜査を中止したのだ。

マイヤーの後任の西ベルリン法務大臣ルーペルト・ショルツは、人民法廷のメンバーに対する訴訟は今後もはや行われないだろうと発表した。彼個人はそれを「正義を信ずるすべての人にとって満足できない非常に残念な結果」と見なした。しかしこれは「ひとつの破局であり、想像を絶する破廉恥な事態」（ジャーナリストのヴァルター・ベーリヒが当時この中止決定について述べた評言）に対する言葉としては、ただのきれいごとであって、いかにも手ぬるすぎる。

不正な司法の特別なシンボルとしての人民法廷は、またしても被告人席に座ることを免れた。ベルリン検察庁は懸命な作業に明け暮れてはいたのだが。判決資料は総計一一三ファイル、個人関連文書は五九ファイル、背景資料が八五ファイル、そして一五〇巻に及ぶ調査資料が集められた。ベルリンの検察官たちは文書ファイルをパタンと閉じた。それはフランクフルター・アルゲマイネ紙によると

「苦渋の、しかし心地よい終止符」であった。検察の責任ではなかった。取り返しのつかない不作為と誤りを司法はこれに先立つ年月に散々犯してきたからだ。ドイツの裁判官たちは末端の共産党員らを有罪とすることに汲々としていて、その結果自分たちの褐色の同僚たちの問題に取り組む時間がなくなったのだ。すでにその当時にどこかの裁判所が奮起して、連邦議会が長い時間を要してようやくたどり着いた認識に至っていたならば、すべては違っていたことだろうが。

ドイツ連邦議会は一九八五年一月二五日、珍しいことに全会一致で「かつての『人民法廷』と呼ばれた機関が法治国家的な意味での裁判所ではまったくなく、ナチスの恣意的な支配を貫徹するためのテロの道具であった」ことを確認した。

この決議のきっかけとなるできごとが起きたのは二年以上前のことであった。ミュンヘン大学の学生グループによる抵抗運動を描いた『白バラは死なず（Die weiße Rose）』という映画のエンドロールで、連邦裁判所の見解によればこれらの判決は「今なお有効」であるとされたのだ。これに対し当時の連邦裁判所長官ゲルト・プファイファーは激しく抗議して、すでにそれらの判決は、一部は占領法により、一部は早くも一九四九年には連邦法となったドイツ州法により、さらに一部は個々の事案での再審手続きを通じて、いずれも取り消されていると指摘した。これを受けて映画のエンドロールは修正と補完を施された。しかし議論はこれで終わったわけではなかった。

社会民主党（SPD）議員団から、連邦立法府に人民法廷の判決を破棄するよう求める動きが出てきたのだ。やはり同党主導であった当時の連邦司法省はしかし、もはや存在していないものを破棄することはできないとしてこれに反対した。さらに同省から、少なくとも人民法廷の最初の数年間に関しては様々な評価が可能だという指摘がなされた。信頼できる証人たちに意見が求められ、人民法廷の部の中には「疑わしきは被告人の利益に」の原則を徹底して守った部もあったとの指摘も得られた。しかしSPDの議員たちは屈することなく、少なくとも連邦議会は人民法廷から距離を取るべきであると要求した。

そしてそれはようやく達成された。法務委員会の草案に基づいて議員たちは、キリスト教民主系の者から緑の党の党員まで、人民法廷の判決には法的効力がないということを確認した。それに先立って「法的効力」の文言については長い議論があった。委員会で論議されたのは、第一にそのような法的効力がすでに存在しないからであり、第二に連邦議会は議会であって、そもそもそのような確認をする権限がないからである。そして第三に数少ないとはいえ人民法廷は無罪判決も出しているからで、これもいっしょくたに「法的に無効」とするのは問題だとされたのである。特に司法大臣ハンス・エンゲルハルトはこれらの理由から人民法廷および各特別法廷の判決の破棄に反対を表明した。醜悪な異議申立てであったが、それで法務委員会のメンバーたちは説得されてしまった。それらの判決はいずれも破棄しない代わりに、当時の判決実践からは距離を取り、その「法的効力」を否定するということで手打ちとなったのだ。象徴的に距離を置くという点には賛成だが、解明的な法の制定には反対ということだったのだ。

いずれにせよレーゼの無罪に限らず、刑事訴追の現場の状況について連邦議会の決定が言及することはなかった。司法の碾《ひ》き臼は神の碾き臼よりもさらに粉を碾くのが遅く〔「神の碾き臼はゆっくりと碾くが、決して碾き逃すことがない」という格言から〕、ナチスの法律家たちが碾き臼の中に留まり続けることはめったになかった。

レーゼをはじめとする血の裁判官たち、法服を纏った殺人者たちの代表格は罰せられなかった。それは特別裁判所、戦時裁判所の無数の裁判官たちまで裁かねばならなくなる事態を避けるためであった。そのようなことになれば未曾有の大雪崩が起きてしまうと考えられたのだ。「人民法廷裁判官レーゼが人殺しだったなどということはあり得ない」。ラジオジャーナリストで著作家のイェルク・フリードリヒはそう書いた。「もしそうだったなら連邦ドイツの司法は数百名の殺人犯を雇って再建されたことになってしまう……」。恥ずべき現実はまさにこの通りだったのだが。

どうやら人々は、容疑の濃厚なかつての人民法廷裁判官たちが、しばしば高い地位に返り咲いて、再び判決を下すようになることを不都合とは思わなかったようである。

一例を挙げると、一二四件の死刑判決に関与した人民法廷裁判官パウル・ライマース博士、そして少なくとも七八件の死刑判決に関わった人民法廷検察官オットー・ラーマイヤー。この二人の処刑人は、戦後ラーヴェンスブルクのラント裁判所の裁判官にまで出世し、二人とも新たにそこで一九六三年まで戦後西ドイツの法文化に貢献することが許された。

ナチスの法律家たちのその後をさらに紹介しよう。人民法廷検察官のゲルハルト・レーンハルト博士。少なくとも四七件の死刑判決に関わったが、一九六〇年までノイシュタット・アン・デア・ヴァインシュトラーセで上級ラント裁判所の裁判官を務めた。人民法廷の首席検事ヘルムート・イェーガー博士。少なくとも四件の死刑判決に関与した彼は、一九六六年までミュンヘン上級ラント裁判所で裁判官を務めた。同じく人民法廷の首席検事クルト・ナウケ博士。少なくとも一九件の死刑判決に関与した彼も、その後、ハノーバーの上席検事に迎えられた。さらに人民法廷の首席検事兼専門担当官ヴァルター・レーマー。彼は少なくとも二五件の死刑判決に関与した。これには抵抗グループ「白バラ」のアレクサンダー・シュモレルとクルト・フーバー教授に対する死刑も含まれる。レーマーはミュンヘンのシュターデルハイム刑務所で処刑に立ち会う執行主任でもあった。一九四四年八月一一日付の彼の死刑執行報告書ではこう書かれている。「受刑者ヴィリバルト・ブラードゥル。処刑手続きの所要時間は独房を後にしてから一分一三秒。代理人署名　首席検事　レーマー」。ストップウォッチを手にしたこの処刑人も戦後引き続きキャリアを積んだ。連邦司法省で局長および部門長として迎えられたのだ。

人民法廷で少なくとも三件の死刑に関わったラント裁判長ヨハネスも、キャリアの断絶を被ることなく、西ベルリンの高等裁判所の裁判官として一九七九年まで、戦後の法治国家、西ドイツに仕えた。

人民法廷の検察官だったエトムント・シュタルクは少なくとも五〇人の死刑に関わった人物であるが、同職のライマースやラーマイヤーと同様に牧歌的なラーヴェンスブルクの街に住み、一九六八年までラント裁判所長として再び判決を言い渡すことが許された。パウル・エメリヒ博士はかつてベルリンラント裁判所の裁判官で人民法廷検事長を務め、さらに処刑に立ち会う執行主任でもあった。彼はザールブリュッケンのラント裁判所長にまで出世し、その後は悠々自適の年金生活に入った。これらは決して特殊なケースではない。第三帝国の司法は未解決な問題であり続けているのだ。

ナチス司法に対する無罪判決は例外ではなく通例だった。司法の不正は実は不正ではなかったと認定されることが繰り返された。かつての理不尽な判決は「法治国家として異論の余地のないものだった」と説明されたり、「かろうじて批判に耐えうるものだった」とうわべを整えられたりした。無数の事例の中から例証となる三件を紹介してみよう。

まずはかつてある男性に「人種恥辱罪」の廉で死刑を言い渡したカッセル特別裁判所の裁判長である。彼に対する裁判でカッセルのラント裁判所は一九五二年三月二八日、「あらゆる種類の犯罪者に対して過敏な雰囲気が醸成されていた当時の戦争状況こそ考慮されねばならない」と述べ、その頃に「法律の錯誤」などなかったとしたのだ。その特別裁判所裁判長は一九五〇年の事情聴取の際にも自分がかつて下した判決を擁護して、「私は当時自分が下した判決を今でも正しいと信じている」と述べた。裁判所は彼の言い分を認め、判決の中で「人種恥辱罪の適用は当時、明らかに正当に行われた」と明言し、この特別裁判所裁判長は決して「裁判官職の清廉さというドイツ的伝統を逸脱」してはいないとしたのだ。それほどまでの伝統の尊重は報いられて当然というわけでもあるまいが、彼に対する判決はむろん無罪であった。

アンスバハのラント裁判所では一九六〇年四月二三日、戦争末期にフランケン地方の小村ブレットハイム近郊にアメリカ軍が侵攻する数時間前に起きた出来事が今一度問題とされた。当時市長とナチ党地区指導者は間近に迫る敗戦を考慮したうえで、即決裁判の裁判官として死刑判決に署名することを拒絶したのだ。二人は拒絶の代償として命を奪われた。被告人同様この二人も直ちに処刑された。アンスバハのラント裁判所の決定によると、両名は「義務違反」を犯した。というのも（戦後の法律家たちの言葉を借りると）そのような「犯罪予備軍への優遇によって両人は村民の防衛意志、ひいてはドイツ民族の防衛意志を麻痺させ、破壊せんと企てた」からである。戦後の法律家たちが出した結論は、その二人の処刑については法的に異議を唱える余地がないというものであった。

一方ベルリンのラント裁判所では、一九四四年七月二〇日のヒトラー暗殺未遂犯たちに対する人民法廷の裁判に対して、ほとんど何の異論も唱えられなかった。人民法廷の裁判では審理前にすでに死刑判決が決まっていたにもかかわらず、ベルリンの裁判官たちは一九七一年、「処刑された「七月二〇日」の抵抗の戦士たちは手続法上の最低要件さえ守られず、それゆえ見せかけの手続きに基づいて死刑を宣告され、殺害された」ということさえ確定事項として認めなかった。以上の三例の他にも無数の事例があったことをここにお断りしておきたい。

ナチスドイツ時代、一般刑事裁判所によって一万六〇〇〇件を超える死刑が言い渡され、その内の三分の二以上が執行された。一方軍事法廷は三万件を超す死刑を宣告した。これらの数字が表す意味は、ドイツ司法史上の他の時期と比較してみると明確になるだろう。一九〇七年から一九三二年にかけてドイツでは合計一五四七名の被告人が死刑を言い渡された。その内死刑が執行されたのは三七七件であった。

一九三三年より前は死刑となりうる犯罪は三種類だけだったのに対し、一九四四年には四〇を超える犯罪で死刑を宣告される可能性があった。そして狂信的な裁判官たちはいささかの躊躇も見せずに被告人を死へと追いやった。一九四一年から一九四五年までだけでドイツの刑事裁判所は約一万五〇〇〇件の死刑判決を出している。その多くは特別裁判所と人民法廷が扱ったケースである。

しかし戦後になってそれら死の裁判官たちは何も恐れる必要がなかった。その反対にナチス司法を相手取ったほとんどすべての裁判において、被告人たちはツンフト（同職組合）仲間からの格別な配慮と理解を当てにすることができたのだ。戦後司法から見れば、ナチス時代の判決はいずれも、「当時適用された法」の正当化が不可能なほど皮相で野蛮なものでもなかったとされてしまった。

妨害された捜査、気前のいい理解、生ぬるい判決、無数の無罪言い渡し。いずれも第三帝国における法律家たちの活動が問われるたびに戦後司法が出した回答であった。「違法性意識の欠如」という決まり文句が、かつてナチスの「法の番人」であった者たちにとって免罪符となった。どのみち彼らは裁判官同僚の連帯を当てにすることができたのだ。並外れた仲間意識の強さがそれを保証した。そしてその和気藹々《あいあい》とした様子が大方のドイツ国民からも大いに賛同されたのだった。司法はその限りできわめて大衆に近い所をアピールしたのだ。裁判官の犯罪に対する刑法上の償いがなかなかなされなかったことは、過去に対する集団的な抑圧過程の一部でしかなかった。

ではナチス体制が終焉して七〇年〔二〇一五年時点〕が経つ今はどうだろう？　今でもなお、かつて傍観者、共犯者、同調者だった人々は、第三帝国における司法の役割という話になると、美化や歪曲、相対化を好む傾向にある。あいかわらず人々は昔ながらの信頼できる法律家（だって彼らはただ自分の義務を果たしただけで、より大きな災いを未然に防いだことも少なくなかったのだ！）と、法服を纏ったナチスども（ナチス時代の司法の犯罪的な部分はもっぱら連中の責任だ！）の間に線を引きたがるのだ。愚かしい線引きではあるが、焦土の中で敗戦を迎えた「ゼロ時間」以来、あの耐え難い事実を正当化するものとしてしばしば使われてきた。だがその事実とは、往々にして昔ながらの法律家こそがその「実証主義的な思い込みに災いされて」、あらゆる法文化の消失とナチスによる倒錯を許すそもそもの前提を作ってしまったということなのである。

事実は残る。第三帝国時代に司法に従事していた数千の法律家たちの内、心酔していた根っからのナチ党員は少数だった。しかし大多数の者がヒトラー独裁の権力を強化し、保証したのだ。法律家たちはナチス国家の要請に同調させられたのだが、ヒトラー自身は司法の働きにまったく満足していなかった。

法と司法に対するヒトラーの考えはつねに強い嫌悪に彩られていたが、それは彼が法律や裁判所は自分の行動範囲を狭めかねないと危惧していたからだった。しかるに法律家たちはヒトラー体制の敵対者としてではなく共犯者としてふるまった。法律や条例はナチスの思うがままに廃止され、あるいは発効させられた。しかし行動能力の剝奪とその屈辱がどれほど深刻なものであろうと、法律家たちの多くは最終的な破局に至るまで総統と党に付き従ったのだ。

戦後は誰一人、司法の不正という重い遺産を引き受けようとせず、また誰一人引き受ける必要もなかった。ナチスと法律家の共犯関係は「それがナチス思想にではなくドイツ国民の信念に基づいてなされたものである場合は、軽微な罪へと矮小化された」。これはブレーメンの法学者インゴ・ミュラーの的を射た言葉である。かくして伝説が生まれ、「半端な」抵抗の戦士が喧伝され、疑わしい司法は無罪宣告を受けることができた。歴史健忘症。この特性が、ある職能階級を特性づける手段となったのだ。

確かにこれまでの何年かの間に、第三帝国時代の司法の疑わしい役割に関して知見に満ちた批判的な書物や研究論文が多数発表されている。葬られてしまったドイツの法伝統に連なる新たな民主的法文化の端緒となる試みも繰り返されている。今日の裁判官世代は法治国家の法律家としての芯をもち、国家権力に対してもきわめて批判的である。

しかし容疑者に刑法上の償いをさせるべき時期はすでに過ぎ去ってしまった。法服を纏った褐色の加害者たちの多くはもはや生きておらず、たとえ生き残って高齢となった加害者たちをこれから法廷に引きずり出したとしても、戦後司法の怠慢と無能ぶりが帳消しになるわけではないだろう。

それゆえ私たちに残された唯一の義務は、ナチスの不正な司法を、そしてギュルトナー、ティーラック、フランク、ローテンベルガー、フライスラーといった法律家たちの名前を記憶に刻み込むことであり、そのような司法がなぜ可能となり、いかなる場所へと人々を導いたのか、それをつねに想起することなのである。今こそ大切なのだ。「ドイツ第二独裁制」つまり旧東独の独裁体制を巡る議論が巻き起こっているこの今、その間隙を縫うようにしてナチスの「ドイツ第一独裁制」が忘却というマントで身を隠そうとして機会を窺っているのだから。

訳者あとがき

本書はドイツの高名なジャーナリスト、ヘルムート・オルトナー（Helmut Ortner）が周到な準備の末に書き上げた、人民法廷長官フライスラーの伝記（*Der Hinrichter: Roland Freisler—Mörder im Dienste Hitlers*『処刑人ローラント・フライスラー――ヒトラーに仕えた殺人者』）の邦訳である。原著初版は一九九三年に刊行されたが、底本としては二〇一四年の最新版を用いた。

ドイツでは一九九三年の時点で、歴史学者や法学者、政治学者、ジャーナリストたちによって、人民法廷に関する書籍はすでに多数書かれていた。しかしナチスドイツの司法界を支え、ヒトラーからの信頼も厚かった人民法廷長官フライスラーの生涯を描いた本は、断片的に扱ったものを除いてこれまで皆無だった。

その点でも本書は貴重であるが、著者オルトナーは透徹した眼差しで、フライスラーという人物が時代の激動の中で、勤勉、実直な青年からいかにして「死の裁判官」「法服を纏った殺人鬼」に変貌していったのかという点を軸に、ドイツ司法界がナチス政権誕生直後から徐々に司法の独立性を奪われてゆき、同時に自ら進んで党と総統に忠誠を誓うにいたった経緯をも、つぶさに描き出されている。さらに本書は人民法廷において裁判長フライスラーが被告人や弁護人の発言を罵声によって遮って、いわば司法界のヒトラーとして独裁的に裁判を進行させた様子を、書簡や裁判所・公文書館などのさまざまな未発表資料を駆使して見事に再現している。

良質なドキュメンタリー映画を観たかのような読後感を残す本作であるが、それは何よりも、ジャーナリストである著者オルトナーの徹底した調査と構成の巧みさ、そしてとりわけ個々の被害者に対する彼の温かな眼差しと個々の加害者に対する妥協のない鋭い視線の賜物であるだろう。彼の文章は、被害者を無条件に聖人化することも、加害者を悪魔のような存在と断じて切り捨てることもなく、ひたすら冷静に実相へと迫ってゆく。

著者オルトナーは博覧強記という言葉がまさに当てはまる人物で、さまざまな媒体に文章を発表し、今ではメディア界の重鎮としての評価を得ている。一九五〇年生まれで造形芸術を志し、良心的兵役拒否者として代替民間役務に就いた後、大学で社会教育学や犯罪学を修め、卒業後まもなくジャーナリスト、著述家、雑誌発行人として頭角を現した。保護観察官の経験もあり、死刑に関する著作もある。ドイツ人の過去との取組みを検証する一連の作品で注目され、中でも本書と『孤独な暗殺者ゲオルク・エルザー――ヒトラーを殺そうとした男』(*"Der einsame Attentäter. Georg Elser - Der Mann, der Hitler töten wollte"*, 1989) および『ヒトラーの影』(*"Hitlers Schatten"*, 2000) の「加害者、被害者、共犯者」三部作は高い評価を受け、各国語に翻訳されている。

本書のプロローグでは、フライスラーに死刑を宣告されながらも、偶然に助けられて生き延びた被告人女性へのインタビューに基づいて、迫真の法廷場面が再現される。ジャーナリスト、オルトナーの面目躍如といったところか。第1章でも一九三四年にベルリンで挙行された人民法廷設立記念式典の模様が実況中継のごとき詳細な描写で読者に紹介されている。

続く第2章はフライスラーの両親に待望の長男が生まれたところから説き起こす。向上心の強い勤勉な息子は親の自慢の種だった。大学を出て、やはり司法試験に合格した弟とともに弁護士事務所を開く。民事は弟、自分は刑事と分業体制を敷いた事務所はたちまち評判となる。その後、政界に入った兄は弁舌の巧みさと豊富な法律知識で出世を重ね、権力中枢のあったベルリンに進出する。時あたかも、ナチスが政権の座につき、社会のあらゆる部門で批判者や反対派が排除され始めていた。

一九四二年に人民法廷長官に任命されたフライスラーは、その権力を背景にして、政治の道具と化した司法を徹底的に実践していく。彼は親衛隊中佐アドルフ・アイヒマンと好一対を成していた。いずれもヒトラーの信頼を集めた人物だが、ハンナ・アーレントが言うようにアイヒマンがその「凡庸さ」によってホロコーストを無感情に粛々と実行しえたのに対し、法律家フライスラーはその狂信的なヒトラー崇拝に基づき、法廷でナチスドイツの在るべき国民の姿について熱弁をふるい、ドイツの現状に疑義を挟んだ被告人を罵倒し、恫喝し、嘲笑して死刑を言い渡した。彼が長官を務めた時期の人民法廷は死刑判決の数で他の時期から突出していたという。中立であるべき司法が、冷静に現実を直視して警鐘を鳴らした被告人たちを前にして、本来の姿をかなぐり捨て、人権無視のナチス法をほしいままに適用する殺人機構に成り果てたのである。

本書の構成で出色の出来とも言えるのが、第7章に挿入された死刑判決一〇件の判決文である。著者オルトナーが公文書館で探し当てたそれらの判決文の行間から、それぞれの被告人の戸惑いと驚き、絶望と諦念が浮かび上がってくる。中には、激化する空襲に故郷が廃墟と化し敗戦が濃厚となる中、気心の知れた仲間内でヒトラーに対する漠たる疑念を冗談めかして語っただけの者もいた。それが密告され、人民法廷の見せしめ裁判のような舞台に引き摺り出され、裁判長フライスラーの長広舌と罵倒を浴びせられ、「国家反逆罪」「防衛力破壊罪」といったものものしい罪名のもと、死刑を言い渡されたのである。第一審にして最終審であった人民法廷の判決には法的救済の余地はなく、午前に言い渡された死刑がその日の午後に執行されることも珍しくなかったという。

鉱山労働者ディートリヒ・テムベルゲン、工場長ヴィルヘルム・アリッヒ、理髪師ベルンハルト・フィルシング、郵便局員ゲオルク・ユルコフスキー、カトリックの聖職者マックス・ヨーゼフ・メッツガー博士、元ドイツ社会党職員ヨハンナ・シュミット、博物館学芸員で教授のヴァルター・アルント博士、カトリック司祭ヨーゼフ・ミュラー、クレーン車運転手の夫人エマ・ヘルターホフ、女性家主エーレンガルト・フランク＝シュルツ。いずれもフライスラーの法廷で名誉を剝奪され、死刑を言い渡され、処刑された人々である。一〇件の死刑判決文の背後の一〇人の無念さ。収録された判決理由を読むと、実に他愛のないジョークや、今から見れば的を射ていた洞察が、その正しさゆえに、国家の存続を脅かす危険思想の発露とされ、極刑を言い渡された経緯がよく分かる。

オルトナーは加害者側の戦後についても章を割いている。フライスラー自身は敗戦間際に空襲の直撃を受けて死んだのだが、彼とともに人民法廷を支えた司法関係者たちは、そのほとんどが非ナチ化措置の粗い網の目をくぐり抜け、戦後まもなく新生西ドイツの司法界に復帰していた。現在存命している者は例外なく高額の年金を受給し、悠々自適の生活を送り、人民法廷の法律家であった過去を悔いてはいないという。

被害者であれ加害者であれ、個々人の運命に焦点を合わせる彼の作風は、ナチス時代の過去との取組みに認められる現今の趨勢とリンクしているようにも思われる。例えばベルリン中心部の広大な敷地に二七一一基の石碑をグリッド状に並べた「虐殺されたヨーロッパのユダヤ人のための記念碑」（通称「石碑の畑」）。附設の地下資料館では犠牲となった人々の個人史や家族史をテーマとした展示が行われている。または安楽死作戦T４に加担した加害者、共犯者、被害者の一人一人の生をテーマにした巡回展「逮捕・追放・絶滅」（二〇一四年～）。あるいは一九九二年に始まった、ケルン在住の彫刻家グンター・デムニヒの「躓きの石」プロジェクト。これはナチス時代に迫害され、追放され、強制移送され、殺され、あるいは自殺に追い込まれた人々を想起させる活動である。アパートの前の歩道に真鍮製のプレートを上面にはめ込んだ舗石を敷設するというもので、プレートにはナチス時代にそのアパートから追い立てられ収容所で殺された人々の生年、氏名、強制移送された年月日と移送先、その後の運命が刻まれている。ユダヤ人の被害者が多いが、シンティ・ロマ人やナチス批判者、ヒトラー暗殺未遂に関わったとして死刑を執行された人々も対象となっている。このプロジェクトはケルンから他の都市に広まり、今では国境を越えてオーストリア、スイス、フランスなどでも行われているという。ささやかながらいずれも「被害者数、何十万、何百万」というような、一括りにする捉え方では掬い上げられない一人一人の生を忘却の淵から救うための試みであると言うことができよう。

ドイツでは今もなお、学者だけでなくジャーナリストや作家、戯曲家、映画人、アーティストなど、さまざまな立場からのナチス時代との取組みが続けられている。一つだけ例を挙げると、作家ニクラス・フランクがナチス高官であった父ハンス・フランクについて書いた詳細な評伝『父――ひとつの清算』（*Der Vater - Eine Verrechnung*. München 1987）。ハンス・フランクは党司法全国指導者、バイエルン州法相、ポーランド総督を歴任した大物で、フライスラーとともにナチスドイツの新たな法秩序を確立した人物である。息子のニクラスは現存するさまざまな資料を駆使して自らの父の忌まわしい過去を、とりわけポーランドでの残忍なユダヤ人大量殺戮を淡々と描き出している。

被害者の無念さをつねに心に刻み、加害者となった者についての考察をつねに継続し、更新してゆく。そこにはドイツの人々の苦い罪障感と同じ愚行を二度と繰り返さないという強い自戒の念が窺われる。かつてのドイツ大統領ヴァイツゼッカーは「過去に目を閉ざす者は未来に盲目となる」と語った。今はもう故人となった彼をはじめとする人々が折に触れて蒔いた種が、現在のドイツにおいてさまざまな形で実を結びつつあると言えるのではないだろうか？　ドイツの過去との取組みがより多様に進化し、深化したと見なすことができ、オルトナーの本書もそうした文脈で見ることが許されよう。

日本でもナチス時代の映像、例えばドキュメンタリー映画『我が闘争』（一九六〇年）や映画『白バラの祈りゾフィー・ショル最期の日々』（二〇〇五年）その他の当時を扱った映画で、フライスラーの法廷でのおそるべき暴君ぶりに触れることができるが、いまだにわが国での彼の認知度は決して高いものではない。

本書には、フライスラーの生と当時のドイツの状況、フライスラーから死刑宣告を受けて処刑された人々、そして戦前・戦中・戦後のドイツ司法界について、新しいさまざまな知見が含まれている。とりわけナチスによる政権獲得後、内患外禍を根拠として法と司法がたちまちのうちに恐れるべき独裁ツールへと変貌させられ、法曹人たちが雪崩を打って権力者にすり寄っていったプロセス、そうしてできあがった司法という名の殺人装置が十全に機能してゆく様が克明に描き出されて、読む者を震撼させる。本書がドイツ史に関心を寄せる読者のみならず、自国の過去を心に刻もうとする勇気ある人々にも、広く読まれることを期待してやまない。

最後に本書の存在を教えてくださった横浜市大名誉教授の藤川芳朗氏と辛抱強くサポートして頂いた白水社の藤波健氏、そして日本語版の序文を快く引き受けてくださった原著者ヘルムート・オルトナー氏に、この場をお借りして深く感謝の意を表します。

二〇一七年一月　　須藤正美

訳者略歴

須藤正美（すとう・まさみ）
一九五六年生まれ。東京都立大学（現在の首都大学東京）人文学部博士課程単位取得満期退学。ドイツ文学、特にカフカをはじめとするユダヤ系文学者の作品、ドイツ人とユダヤ人の関係史などを研究。早稲田大学（二〇一〇年まで）、中央大学、明治大学、慶應大学（現在に至る）などで講師を務める傍ら、文芸・実務翻訳に従事。主な訳書に『カフカのプラハ』（水声社）、『名作オペラシリーズ「トリスタンとイゾルデ」』（音楽之友社）他がある。

ヒトラーの裁判官フライスラー

二〇一七年三月一五日 印刷
二〇一七年四月一〇日 発行

著　者　ヘルムート・オルトナー
訳　者　© 須藤正美
装丁者　日下充典
発行者　及川直志
印刷所　株式会社理想社
発行所　株式会社白水社

東京都千代田区神田小川町三の二四
電話　営業部〇三（三二九一）七八一一
　　　編集部〇三（三二九一）七八二一
振替　〇〇一九〇-五-三三二二八
郵便番号　一〇一-〇〇五二
http://www.hakusuisha.co.jp
乱丁・落丁本は、送料小社負担にてお取り替えいたします。

株式会社松岳社

ISBN978-4-560-09539-3
Printed in Japan

補遺
人名索引

ア行

カ行

サ行

タ行

ナ行

ハ行

マ行

ヤ行

ラ行

出典一覧および註

執筆に当たっては多数の公文書、論考、書籍を使用した。煩雑さを避けるため脚注や本文中の註は断念した。出典は章別にまとめて以下に掲げる。学術的な方法ではないかもしれないが、分かりやすさと読みやすさのために筆者はそうした批判を甘んじて受ける。利用・引用された「文献一覧」は補遺二四ページに掲げる。

あらかじめ二冊の傑出した著作について紹介しておきたい。

まずは Walter Wagner（ヴァルター・ヴァーグナー）の浩瀚な書物 *Der Volksgerichtshof im nationalsozialistischen Staat*（『ナチス国家の人民法廷』オルデンブルク出版、ミュンヘン、二〇一一年）、そして Hansjoachim W. Koch（ハンスヨアヒム・W・コッホ）の詳細な労作 *Volksgerichtshof — Politische Justiz im 3. Reich*（『人民法廷—第三帝国の政治的司法』ウニヴェルシタス出版、ミュンヘン、一九八八年）である。人民法廷の成立、構成、裁判ならびにその政治的・歴史的背景についてさらに詳しく知りたい読者の方には、これら二冊の書籍をお読みになることを心よりお勧めしたい。

プロローグ◆ある死刑判決　またはローラント・フライスラー第二のキャリア

◆マルゴート・ディーステル夫人とのインタビューは一九九一年二月二三日にシュタインホルストの夫人の自宅で行われた。引用した書籍 *Gerettetes Leben — Erinnerung an eine Jugend in Deutschland*（『救われた命—ドイツの青春時代の思い出』一九八八年）は夫人の旧姓を用いて Margot von Schade（マルゴート・フォン・シャーデ）名義で刊行された。彼女に対する人民法廷の判決は本書（二五ページ以降）に収録されている。

◆フライスラーの調停手続について報道したのは一九五八年一月三〇日付の南ドイツ新聞である。筆者の手元にはベルリン非ナチ化審問法廷の一九五八年一月二九日付判決文（書類番号 Sprkn 7/56）のコピーがある。

◆フライスラー未亡人の年金問題を報じたメディアの例としては南ドイツ新聞（一九八五年二月一三日から二月一九日）、デア・シュピーゲル（一九八五年二月一八日号）、フランクフルター・ルントシャウ（一九八五年二月一三日、二月一八日号）などが挙げられる。

第1章◆祝典

◆一九三四年七月一五月、一六日付のナチス機関紙フェルキッシャー・ベオバハターに掲載された司法大臣ギュルトナーの演説ならびにFreiherr du Prel（フライヘル・デュ・プレル）による註釈はJahntz/Kähne（ヤーンツ/ケーネ）、一九八六年、四九ページに収録されている。一九三四年七月一三日付ドイチェ・アルゲマイネ・ツァイトゥングの記事はヤーンツ/ケーネ、前掲書五ページに引用されている。
◆外国プレスの反応についての帝国司法大臣ギュルトナーの引用はWieland（ヴィーラント）、一九八九年、一四ページを参照。
◆国会議事堂放火犯に対する帝国裁判所判決へのヒトラーの反応については、Picker（ピッカー）、一九五一年、二四一ページを参照（ヴァーグナー、二〇一一年、一七ページからの引用）。
◆一九三五年一一月一九日付フェルキッシャー・ベオバハターに掲載された首席報道官代理のWilhelm Weiß（ヴィルヘルム・ヴァイス）のコメントはコッホ、一九八八年、八七ページからの引用である。
◆一九三四年四月二〇日付デュッセルドルフ新報紙上のヒトラー四五歳の誕生日に関する叙述についてはPollmann（ポルマン）、一九九一年、七九ページを比較のこと。

第2章◆カッセル生まれの弁護士

◆カッセルの劇場公演にまつわる出来事についてはTucholsky（トゥホルスキー）、一九八九年、第四巻五四〇ページならびにKoch（コッホ）、前掲書六二〜六五ページに記載がある。
◆司法次官としてのフライスラーの性格付けはBuschheit（ブッシュハイト）、一九六八年、二五ページの論述に基づいている。
◆ワイマール共和国の没落についての引用はコッホ、前掲書七二ページを参照されたい。
◆一九三〇年一二月一四日のヒトラーのミュンヘン演説からの抜粋はHofer（ホーファー）、一九五七年、二八ページからの引用である。
◆一九三三年五月三一日付のプロイセン司法大臣ケルルからフライスラーに宛てた書状、および一九三三年六月一九日付のフライスラーからカッセルラント裁判所長官に宛てた書簡は、いずれもコブレンツ連邦公文書館に収蔵文書記号R22として保管されているフライスラーの個人文書からの引用である。著者は

そのコピーを所有している。
◆フライスラーとキルシュシュタイン博士の電話での会話、ならびにカッセルでの出来事の後のフライスラーとアンツ博士との出会いはブッシュハイト、前掲書二四ページの論述に基づいている。
◆一九三三年四月七日の自身の演説についての Karl Linz（カール・リンツ）の報告は Senfft（ゼンフト）、一九八八年、一五八ページからの部分引用である。

第3章◆一つの民族、一つの帝国、一人の総統、そして一つの司法

◆裁判官連盟会長カール・リンツの言葉は Müller（ミュラー）、前掲書四四ページからの部分引用である。
◆一九三三年三月一九日付のドイツ裁判官連盟の声明はドイツ裁判官新聞（一九三三年）一二二、一二三ページに掲載された。これは連邦司法大臣を発行人とする展示会カタログ *Im Namen des Volkes*（「民族の名において」一九八九年、九〇ページ）からの部分引用である。
◆さらに同カタログからはプロイセン裁判官連盟の一九三三年三月二〇日付の声明、帝国裁判所メンバーの一九三三年三月二三日付決議文、同じく一九三三年三月二三日付のヒトラーによる政府声明の抜粋が引用されている。
◆ワイマール共和国における司法については、とりわけ Heinrich Hannover/Elisabeth Hannover-Drück（ハインリヒ・ハノーファー/エリーザベト・ハノーファードゥリュック）*Politische Justiz von 1918 bis 1933*（『一九一八年から一九三三年までの政治的司法』一九六六年）を参照のこと。
◆さらに Angermund（アンガームント）*Deutsche Richterschaft*（『ドイツ司法』一九九〇年）一九ページ以降、ならびに Heinrich Senfft（ハインリヒ・ゼンフト）*Richter und andere Bürger*（『裁判官とその他の市民』一九八八年）一二一ページ以降の詳細な記述も参照されたい。
◆裁判官連盟会長リンツによる恭順の意に溢れる言葉はドイツ裁判官新聞（一九三三年）一五五、一五六ページに詳しく読むことができる。本稿の部分引用はミュラー、前掲書四五ページによる。
◆ヒトラーによるリンツの謁見に関する報告は、ドイツ裁判官新聞（一九三三年）一五五、一五六ページを参照されたい。
◆フランクがライプツィヒ演説の最後に述べた誓言は、Redaktion *Kritische Justiz* (Hrsg.), Der Unrechts-Staat II（「批判的司法」編集部［編］『非法治国家 II』一九八四年）所収の Hans Wrobel（ハンス・ヴローベル）*Der Deutsche Richterbund im Jahre 1933*（「一九三三年のドイツ裁判官連盟」）九三ページからの引用である。
◆国家社会主義ドイツ裁判官連盟（BNSDJ）の会員数はアンガームント、前掲

書五七ページによる。
◆ヘルマン・ゲーリングの演説は前掲書「民族の名において」一一〇ページに抜粋が収録されている。
◆カール・シュミットの引用部分はミュラー、前掲書二〇ページからの抜粋である。長めの引用箇所は Walther Hofer（ヴァルター・ホーファー）、一九六五年、一〇二および一〇五ページからのものである。
◆ Otto Koellreutter（オットー・ケルロイター）の論考ならびにブレスラウ大学の学部助手の文章は Hillermeier（ヒラーマイヤー）、前掲書二六〜二八ページおよび一一〇ページからの部分引用である。
◆法治国家をめぐる議論ならびに法学の役割についてはミュラー、前掲書七九、八〇ページの論述を参照のこと。弁護士業界の浄化に関しては同六七ページを参照されたい。

第4章◆国務長官兼著述家

◆プロイセン司法省の声明書は一九三三年にベルリンで *Nationalsozialistishes Strafrecht*（『国家社会主義的刑法』）という書名で刊行された。
◆ハンブルク上級ラント裁判所所長ローテンベルガーの引用箇所は Buschheit（ブッシュハイト）、前掲書九九ページに収められている。
◆国家社会主義と建設的批判をテーマとするフライスラーの論考は雑誌 *Deutsche Justiz*（「ドイツ司法」）の一九三四年二月号、二二三ページ以降に掲載された。
◆ガウラントの批判はブッシュハイト、前掲書八一、八二ページからの部分引用である。
◆フライスラーの反論は専門誌「ドイツ司法」の一九三四年四月号、四七一ページ以降に掲載された。
◆人民法廷に関するフライスラーの論考は「ドイツ法学会誌」の一九三五年三月号九〇ページに発表された。引用はブッシュハイト、前掲書三三ページによる。
◆レーム一揆に関するフライスラーの詳論は専門誌「ドイツ司法」七月号に Des Führers Tat und unsere Pflicht「総統の御業と我らの義務」というタイトルで掲載された（エディションB、二七号、八五〇ページ）。
◆カッセルでのいわゆるレーム文書をめぐる法廷論争の経緯についてはブッシュハイト、前掲書四四、四五ページの記述を参照されたい。
◆フライスラー自身の刊行物の膨大なリストがブッシュハイト、前掲書の補遺（二八六ページ以降）に収められている。
◆「生物学的法解釈から導かれる帝国司法の課題」に関するフライスラーの論

考は専門誌「ドイツ司法」（一九三五年）四六八ページ以降に掲載された。
◆人種衛生学（優生学）に関する彼の考察は、例えば「ドイツ法学会誌」（一九三六年）に掲載された論文 Schutz von Rasse und Erbgut im werdenden deutschen Strafrecht「成立しつつあるドイツ刑法における人種と遺伝財の保護」（一四二ページ以降）や専門誌「ドイツ司法」（一九三九年）所収の Zur Reichstagung der deutschen Ärzte des öffentlichen Gesundheitsdienstes「公共医療業務に当たるドイツ人医師の全国会議に向けて」（九四六ページ以降）に見ることができる。
◆フライスラーによる法治国家の定義付けについては「ドイツ司法」（一九三七年）に掲載された彼の論文 *Der Rechtsstaat*（「法治国家」一五一ページ以降）を参照されたい。
◆総統と信奉者の一体感についての彼の所論はドイツ法律家新聞（一九三四年）所収の *Rechtspflege und Verwaltung und Justizverwaltung Richtertum*（「司法と行政、司法行政と裁判官たち」一六七ページ以降）に読み取ることができる。
◆一九三七年のドイツ行政公報は展示会カタログ *Im Namen des Volkes*（「民族の名において」）前掲一〇八ページからの引用である。「ゲルマン的裁判手続き」についてのフライスラーのビジョンはドイツ法律家新聞（一九三五年）所収の論考 *Einiges vom werdenden deutschen Blutbanngericht*（「成立しつつあるドイツ重罪裁判所に関する所感」五八五ページ以降）に読み取ることができる。また彼の論考 *Aktive Rechtspflege!*（「積極的な司法を！」）は「ドイツ司法」（一九三四年、六二五ページ以降）に掲載された。法律家養成についての彼の考察は「ドイツ司法」（一九四一年）所収の論文 *Deutsche Rechtswahrerausbildung*（「ドイツの法律家教育」八三三ページ以降）ならびに同じく「ドイツ司法」（一九四一年）所収の *Eignung zum Beruf des deutschen Rechtswahrers*（「ドイツ司法職への適性」六四五ページ以降）を読まれたい。寄稿文 *Deutscher Osten*（「ドイツの東方」）は「ドイツ司法」（一九四一年、七三七ページ）に掲載された。新たなラジオ受信規制措置に関する彼の考えは、やはり「ドイツ司法」（一九四〇年）所収の *Zur Verordung über außerordentliche Rundfunkmaßnahmen*（「ラジオ受信特別規制措置に関する命令」一〇五ページ以降）において展開されている。
◆司法の人事政策における党と国家の一体性に関するフライスラーからの引用は、ブッシュハイト、前掲書七五ページを参照されたい。フライスラーの主たる思想は「ドイツ司法」（一九三四年）所収の論考 Richter, Recht und Gesetz「裁判官、法、法規」（一三四、一三五ページ）に書かれている。

第5章◆裏切り者と民族の敵

◆ティーラックの一九四二年九月九日付のフライスラー宛書簡は、コブレンツ

連邦公文書館の文書資料（収蔵番号 E 43 II/1518）からの一部引用である。
◆ティーラックによる裁判官の職務評定は Hillermeier（ヒラーマイヤー）、前掲書三四ページに収録されている。
◆法律面、空間面、人員面の展開については Wagner（ヴァーグナー）、前掲書五九ページ以降を参照されたい。ここでの記述はヴァーグナーが詳細に挙げている諸事実に基づくものである。
◆法令、犯罪、処罰のリストアップは Koch（コッホ）、前掲書二一九ページ以降に基づいている。部分引用したフランクの発言も同書一九八ページ以降にある。
◆フランクの日記からの引用は W. Präg/W. Jacobmeyer（W・プレーク/W・ヤーコプマイヤー）*Das Diensttagebuch des deutschen Generalgouverneurs in Polen 1939–1945*（『ドイツ人ポーランド総督の業務日誌、一九三九年—一九四五年』一九七五年）四四六ページ以降による。
◆親衛隊中将オーレンドルフの演説はコッホ、前掲書二〇六ページからの、またヒトラーの発言は同書一八八ページからの部分引用である。
◆一九四二年四月二六日のヒトラーの帝国議会演説は、Ilse Staff（イルゼ・シュタッフ）*Justiz im Dritten Reich*（『第三帝国の司法』一九七八年）九五ページ以降に抄録されている。引用した裁判官書簡 No.1 も同書六七ページにある。
◆人民法廷におけるゲッベルス演説はミュンヘン現代史資料館の文書 NG-417 に基づいている。
◆帝国司法大臣の特別な全権についてのヒトラー命令はコッホ、前掲書一九六ページからの引用である。

第6章◆政治の一兵卒

◆一九四二年一〇月一五日付のヒトラー宛のフライスラーの書簡はミュンヘン現代史資料館に NG-176 号として保管されている。
◆ティーラックの書簡は Koch（コッホ）、前掲書二一五ページからの部分引用であり、一九四二年九月九日付のティーラック宛のフライスラーの書簡も同書二一七ページ（KSSVO 第五条）からのものである。Jahntz/Kähne（ヤーンツ/ケーネ）、前掲書一一九ページ以降を参照のこと。
◆学生による抵抗運動「白バラ」の歴史ならびにハンスとゾフィーのショル兄妹の逮捕については Ger van Roon（ゲア・ヴァン・ローン）*Widerstand im Dritten Reich*（『第三帝国における抵抗』一九八七年）四七ページ以降に詳細な記述がある。ミュンヘン大学のフーバー教授他の人々に対する裁判についてはさらに Buschheit（ブッシュハイト）、前掲書一一七ページも読まれたい。

◆Erich Maria Remarque（エーリヒ・マリア・レマルク）の妹 Elfriede Schultz（エルフリーデ・シュルツ）に対する防衛力破壊を容疑とする死刑については、詳細な資料である *Mitteilungen der Erich-Maria-Remarqne-Gesellschaft*（エーリヒ・マリア・レマルク協会報、第四巻、オスナブリュック、一九八八年）を参照されたい。

◆フリッツ・グレーベに対する判決文ならびにティーラックとフライスラーの書簡はヤーンツ / ケーネ、前掲書一二一ページ以降からの部分引用である。

◆一九四三年一〇月二日と一九四四年二月四日のフライスラーの書簡はコッホ、前掲書二九六ページ以降からの部分引用である。

◆一九四四年一二月一日付の人民法廷の機能に関するフライスラーの論考は、*Rednerdienst der Reichsgemeinschaft Partei und Wehrmachtschulung*（帝国共同体「党・防衛力教育」）講演シリーズ第二四 / 二五号のフライスラーの著作 *Der deutsche Volksgerichtshof*（『ドイツ人民法廷』）において展開されている。ここはヒラーマイヤー、前掲書三七ページ以降からの引用である。

◆コブレンツ連邦公文書館のいわゆる処刑登録簿（Mordregister: 字義通りには「殺害登録簿」）はナチスの刑務所で執行されたすべての死刑の登録簿（起訴状と判決文）であり、人民法廷による死刑の執行分も含まれる。現在収蔵されている資料の中心を成しているのはベルリン・ドキュメントセンターからの文書で、同センターにはさらにおよそ一万五〇〇〇件の裁判手続きと二〇〇〇件の判決からの文書が残されている。これら以外にもニュルンベルクのアメリカ軍事法廷で行われたいわゆる法律家裁判の資料にも関連文書がある。なおも在職中の裁判官に対する告訴との関連で旧東独によって連邦司法省に委ねられ、かつてのポツダム国立中央公文書館に所在する判決や起訴状も収蔵資料に指定された。

◆さらに連邦公文書館の処刑登録簿には、ミュンヘン現代史研究所、ロンドンのウィーンライブラリー、ウィーンのオーストリア抵抗文書館からのコピー、国立デュッセルドルフ中央公文書館のデュッセルドルフ国家警察本部の文書が含まれている。連邦公文書館に収められているすべての第三帝国関連文書は将来、ポツダムに収蔵される計画である。

第7章◆民族の名において

◆人民法廷の死刑判決に関して引用された判決文や証言は以下の出典 / 文書館からのものである。

◆エマ・ヘルタースホフへの判決文：Archiv des Studienkreises zur Erforschung und Vermittlung des deutschen Widerstandes von 1933–1945（社団法人「一九三三年か

ら一九四五年までのドイツ人の抵抗についての研究・紹介のための研究グループ」AdS）付嘱文書館、フランクフルト・アム・マイン、AN/3426
◆ヨハンナ・シュミットへの判決文：同上、AN/971
◆ディートリヒ・テムベルゲンへの判決文：コブレンツ連邦公文書館、R 60 II/69
◆ベルンハルト・フィルシングへの判決文：コブレンツ連邦公文書館、R 60 II/77-1
◆エーレンガルト・フランク－シュルツへの判決文：コブレンツ連邦公文書館、R 60 II/74
◆ヴィルヘルム・アリッヒへの判決文：Jahntz/Kähne（ヤーンツ／ケーネ）、前掲書五六ページ
◆ゲオルク・ユルコフスキへの判決文：同上、七七ページ
◆マックス・ヨーゼフ・ヴェーバーへの判決文：同上、六〇ページ
◆メッツガーに対する裁判でのフライスラーの発言はHillermeier（ヒラーマイヤー）、前掲書六六ページからの引用である。
◆マックス・ヨーゼフ・メッツガーに対する刑事裁判での費用計算書はAdS、AN/351にある。
◆フリッツ・バーナーへの有罪判決についてはヤーンツ／ケーネ、前掲書七〇ページを参照。
◆ヴァルター・アルントへの判決文：同上、八三ページ
◆ヨーゼフ・ミュラーへの判決文：同上、八七ページ

第8章◆七月二〇日

◆一九四四年七月二〇日の抵抗運動（その規模、組織構成、展開、動機、暗殺の実行、その後の人民法廷裁判）に関してはこれまでに多数の書籍が刊行されている。それらについては補遺に収録した「文献一覧」を参照されたい。
◆「ヴォルフスシャンツェ」の爆弾襲撃の記述はOtto John（オットー・ヨーン）回想録*Falsch und zu spät — Der 20. Juli 1944*（『誤って、遅すぎて－一九四四年七月二〇日』一九八四年）一一ページ以降に基づいている。
◆一九四四年七月二〇日の時系列に沿った記述はドキュメンタリー書籍*Chronik 1944*（『クロニクル一九四四年』）一九八八年刊、一一六、一一七ページからの引用である。
◆一九四四年七月二一日のヒトラーのラジオ演説はHillermeier（ヒラーマイヤー）、前掲書九五ページからの引用である。
◆「総統襲撃が民心に与えた影響」についてのSD（保安課報部）報告は二巻

本の実録書 *Opposition gegen Hitler und der Staatsstreich vom 20. Juli 1944*, Band 1（『ヒトラーに対する反対と一九四四年七月二〇日のクーデター』第一巻）、Hans-Adolf Jacobsen（ハンス–アドルフ・ヤーコプセン）編、一九八九年に収められている。編者の序文が付された上下巻には当時の国家保安本部の数々の秘密報告が記録されている。同本部長官にちなんで名付けられた「カルテンブルナー報告」は「国家機密案件」としてヒトラーおよびボルマンに提出された。そこでは七月二〇日の暗殺未遂について詳細な報告がなされている。あいかわらず事件の背後には少人数の反逆者グループが潜んでいるに過ぎないと考えていたヒトラーは、ゲシュタポの尋問に基づいて国家保安本部長官が作成したこの報告から、ドイツの反体制派たちとその動機、さらにはドイツ国民の民心について、包括的な知識を与えられることとなった。これらの報告はナチス指導部の思考構造を窺わせるものであると同時に、ナチス国家の大掛かりな監視・密告体制を証言するものともなっている。

◆七月二〇日の反逆者たちに関しては「いささかの容赦もなく」粛清するというヒトラーの声明は、ヒラーマイヤー、前掲書九六ページからの引用である。

◆フライスラーをスターリンの検事総長でモスクワ見せしめ裁判の主席検察官を務めたアンドレイ・ヴィシンスキーになぞらえたヒトラーの発言は、一九四九年九月九日付 *Echo der Woche*（「エヒョー・デア・ヴォッヘ（今週の反響）」）所収の W・Scheid（W・シャイト）のヒトラーとの対話による。本書での部分引用は Buschheit（ブッシュハイト）、前掲書一二七ページからのものである。

◆アンドレイ・ヴィシンスキーは一九四九年に外相モロトフを罷免させ、一九五四年、スターリン時代には珍しい死に方（自然死）で亡くなった人物であるが、彼の生涯と活動を扱った注目すべき労作には、Arkadi Waksberg（アルカーディ・ヴァクスベルク）によるドイツ語訳がある。*Gnadenlos — Andrei Wyschinski — Der Handlanger Stalins*（『容赦を知らず―アンドレイ・ヴィシンスキー―スターリンの手先』一九九一年）である。

◆第一次「七月二〇日」裁判での検事長ラウツによる起訴状ならびにフライスラーの発言はブッシュハイト、前掲書一四一ページからの引用である。

◆ヴィッツレーベンの「ドイツ式敬礼」に対するフライスラーの反応はコッホ前掲書三三六ページからの引用である。

◆人民法廷での一九四四年八月七日、八日の審理の膨大な速記録は、人民法廷からの委託を受けて帝国議会の速記者たちによって作成されたものである。それが初めて公表されたのは、戦後の Eugen Badde（オイゲン・バッデ）と Peter Lützsches（ペーター・リュッチェス）の共著 *Der 20. Juli*（『七月二〇日』一九五一年）においてであった。

◆七月二〇日裁判の映像資料については、一九七八年七月二〇日付のハンブルガー・アーベントブラット、一九七八年七月二一日付のディー・ツァイト、ならびに一九七九年七月二一日付の南ドイツ新聞を参照されたい。*Geheime Reichssache*（『帝国の機密事項』）というタイトルのドキュメンタリー映画もあり、これは一九七九年二月に第二九回国際ベルリン映画祭の一環として初上映され、同年七月二〇日にZDFによってテレビ放映された。七月二〇日裁判についての映像資料はコブレンツ連邦公文書館にも収蔵されている。
◆カメラマン、Erich Stoll（エーリヒ・シュトル）の引用についてはブッシュハイト、前掲書二七〇ページを参照されたい。
◆カルテンブルナーの箇所は七月二〇日裁判のSD報告書No57536/44からの部分引用である。SD報告書はJacobsen（ヤーコプセン）、一九八九年、前掲書第一巻、第二巻を参照のこと。
◆カール・ゲルデラー、ヴィルヘルム・ロイシュナー、ヨーゼフ・ヴィルマー、ウルリヒ・フォン・ハッセル、パウル・ルジューン-ユングに対するフライスラーの判決文には次の文言がある。「つまり五名全員がすでに裁かれている将校たちの反乱（一九三八年、ヒトラーの戦争準備を食い止めようと将校たちが共謀。ミュンヘン会談でヒトラーが勝利して計画は中止された）の裏切り者たちと同様、これまで我々の歴史において誰一人したことがないような形で我らが戦死した兵士たち、国民、総統閣下および帝国を裏切ったのだ...この完遂された裏切りは彼らを我らが民族の隔離されるべき伝染病患者とした...。この裏切りへの対処には死刑をもってするより他ない...」、Archiv des Studienkreises zur Erforschung und Vermittlung der Geschichte des deutschen Widerstands 1933–1945（社団法人「一九三三年から一九四五年までのドイツ人の抵抗についての研究・紹介のための研究グループ」AdS）付嘱文書館、フランクフルト・アム・マイン、AN/306を参照されたい。
◆リスナーの体験はエリーザベト・フォン・タッデン他に対して行われた一九四四年七月一日の審理に関するものである。Irmgard von der Lühe（イルムガルト・フォン・デア・リューエ）*Elisabeth von Thadden — Ein Schicksal unserer Zeit*（『エリーザベト・フォン・タッデン—我らが時代のある運命』一九六六年）所収。本書での記述はヴァーグナー、前掲書八三七ページからの引用である。
◆一九四四年九月八日の裁判での死刑判決を受けるヨーゼフ・ヴィルマーとフライスラーの間のやり取りは映像が残されている。この映像資料はコブレンツ連邦公文書館にある。ここの記述は一九七八年七月二〇日付のハンブルガー・アーベントブラット紙の映像リポートからの引用である。

第9章◆終焉

◆一九四四年一二月一〇日の週刊新聞ダス・ライヒ（帝国）に掲載されたゲッベルスの社説はHans-Jürgen Eitner（ハンス-ユルゲン・アイトナー）の優れた著作*Hitlers Deutsche*（『ヒトラーのドイツ人たち』一九九一年）四九八、四九九ページからの、またReinecker（ライネッカー）の論考も同書四九八ページからの引用である。
◆フライスラーに宛てられた一九四四年一〇月一八日付のティーラックの書簡についてはWagner（ヴァーグナー）、前掲書八八五、八八六ページを参照のこと。
◆一九四四年一〇月二六日付の書簡でのフライスラーの論考はKoch（コッホ）、前掲書五〇〇ページ以降からの引用である。
◆一九四四年一二月三一日の大晦日に俳優ゲオルゲがラジオ朗読したClausewitz（クラウゼヴィッツ）の「告白」はEitner（アイトナー）、前掲書五〇一ページからの引用であり、ヒトラーの新年の辞とヒムラーのアピールも同様である。
◆フライスラーの死にまつわる諸説についてはBuschheit（ブッシュハイト）、前掲書二七四、二七五ページ、ならびにデア・シュピーゲル三九号（一九六八年九月二三日）五二ページ。
◆フライスラー未亡人に宛てられたティーラックの一九四五年二月五日付の悔やみ状、ならびにフライスラーの死を伝える帝国司法省のプレス発表メモは、コブレンツ連邦公文書館に保管されている（資料番号R 22)。著者の手元にはそのコピーがある。
◆ゲッベルスの日記記述については彼の*Tagebücher 1945, Die letzten Eintragungen*（『一九四五年の日記、最後の記述』ハンブルク、一九七七年）一一五ページを参照のこと。
◆一九四五年四月二〇日のヒトラー五六歳の誕生日に行われたゲッベルスのラジオ演説は雑誌デア・シュピーゲル二九号（一九九二年七月一三日）一〇九ページからの引用である。
◆フライスラーに対するニュルンベルク軍事法廷の判決はヴァーグナー、前掲書八四三ページからの引用である。

第10章◆ゼロ時間に非ず

◆非ナチ化についてはWolfgang Benz（ヴォルフガング・ベンツ）*Zwischen Hitler und Adenauer*（『ヒトラーとアデナウアーの間で』フランクフルト・アム・マイ

ン、一九九一年）一〇九ページ以降を参照されたい。Jörg Friedrich（イェルク・フリードリヒ）の知見に満ちた著作 *Die kalte Amnestie*（『冷たい恩赦』フランクフルト・アム・マイン、一九八八年）の、特に一三二、一三三ページ、三五七、三五八ページも大いに参考になる。

◆ニュルンベルク法律家裁判についての叙述は Müller（ミュラー）、前掲書二七〇ページ以降、ならびに Diestelkamp（ディーステルカンプ）、前掲書一三一ページ以降に基づいている。検察官の引用についてはミュラー、二七二、二七三ページを参照のこと。

◆いわゆるヴァルトハイム裁判に関しては、*Kritische Justiz*（「批判的司法」第三号一九九一年）所収の Falco Werketin（ファルコ・ヴェルケティン）の論考 *Scheinjustiz in der DDR — Aus den Regieheften der »Waldheimer Prozesse«*（「東独の仮象司法–『ヴァルトハイム裁判』のシナリオブックから」）三三〇ページ以降ならびにデア・シュピーゲル第三七号（一九九二年）九三ページ以降を参照されたい。

◆党と国家保安省による東独司法への影響行使についてはジャーナリストの Günter Klein（ギュンター・クライン）が映像ドキュメンテーション作品 *Der, wer kämpft für das Recht, der hat immer recht*（『法のために戦う者はつねに正しい』ZDF により一九九二年一一月二五日に初回放送）で再構成している。

◆一九四七年度法曹会議でのエーバーハルト・シュミットの演説は Senfft（ゼンフト）前掲書一七二ページからの引用である。連邦通常裁判所の創設時のデーラーとペーターゼンの発言は同書一七三ページ、同じく Adenauer（アデナウアー）の引用も同書一七四ページからのものである。

◆ヴィアロン、バルドゥス、シャーフホイトレ、カンターといった人々の範例となるキャリアについては、例えば Bernt Engelmann（ベルント・エンゲルマン）がその *Deutschland-Report*（『ドイツ・レポート』ゲッティンゲン、一九九一年）で触れている。加害者であるドイツ人のキャリアの継続性は拙著 *Gnadenlos deutsch*（『容赦なくドイツ的』ゲッティンゲン、一九九二年）でも中心テーマとなっている。

◆元人民法廷陪席裁判官ハンス–ヨアヒム・レーゼに対する捜査に関連しての数字と引用は Müller（ミュラー）、前掲書二八一ページ以降、ならびに Hillermeier（ヒラーマイヤー）、前掲書一一五、一一六ページ所収の Gerhard Meyer（ゲルハルト・マイヤー）の論述 *Für immer ehrlos*（「永遠に名誉を喪失した者として」）に基づくものである。人民法廷の法律家たちに対する捜査の詳細な実録は Jahntz/Kähne（ヤーンツ/ケーネ）、前掲書ならびに Gerd Denzel（ゲルト・デンツェル）の諸論考 *Die Ermittlungsverfahren gegen Richter und*

Staatsanwälte am Volksgerichtshof seit 1979「人民法廷の裁判官と検察官に対する一九七九年以後の捜査手続き」*Kritische Justiz*, Heft 1（「批判的司法」、第一号、一九九一年、三一ページ以降に所収）および特に連邦通常裁判所の役割に関しては、Günther Frankenberg/Franz J. Müller（ギュンター・フランケンベルク/フランツ・J・ミュラー）*Juristische Vergangenheitsbewältigung — Der Volksgerichtshof vorm BGH*（『法律家による過去の克服―連邦通常裁判所で裁かれた人民法廷』）Redaktion *Kritische Justiz*（「批判的司法」編集部［編］Der Unrechts-Staat II『非法治国家 II』）同二二五ページ以降を参照のこと。

◆人民法廷の法律家たちの免責についてはWalter Boehlich（ヴァルター・ベーリヒ）*Ein Ende ohne Schrecken*（『驚愕なき結末』*Konkret*「コンクレート」12/1968所収）も参照のこと。法務大臣ルーペルト・ショルツの引用も同書による。さらに一九八五年一〇月二三日付のフランクフルター・アルゲマイネおよび一九八六年一〇月二七日号のデア・シュピーゲルも参照されたい。後者にもロルフ・ランプレヒトの引用が載っている。

◆ナチス不正体制のツールと化していた「人民法廷」「特別法廷」が下した決定を無効とするドイツ連邦議会法務委員会の決議勧告は、第一〇期ドイツ連邦議会の印刷文書10/2368に掲載されている。

◆これについては緑の党の連邦議会議員Hans-Christian Ströbele（ハンス-クリスティアン・シュトレーベレ）による大規模アンケートも参照されたい。このアンケートは*Nicht einmal die Zahl der gefällten Todesurteile ist bekannt*（「下された死刑判決の数さえ知られていない」）というタイトルで一九八六年四月三日、四日付フランクフルター・ルントシャウで公表された。

◆民事訴訟および軍事法廷での死刑判決の数はGerhard Fieberg（ゲルハルト・フィーベルク）*Justiz im nationalsozialistischen Deutschland*（『ナチスドイツにおける司法』ケルン、一九八四年）五四ページに載っている。在野の研究者であるFritz Wüllner（フリッツ・ヴュルナー）はある事実に基づく研究においてナチス軍事史の操作された数値と史実に反する論拠に対して見事に反駁している。

◆ヴュルナーは著作*Die NS-Militärjustiz und das Elend der Geschichtsschreibung*（『ナチスの軍事司法と歴史記述の惨状』バーデン-バーデン、一九九一年）の中で多数の文献資料に基づいて、死刑判決数も修正している（一万件という「摩訶不思議な数」の代わりに三万件強とした）。

◆インゴ・ミュラーからの引用については、前掲書二九五、二九六ページを参照のこと。

文書資料

資料1：ローラント・フライスラーの個人関連文書の抜粋。これら二つの文書資料はコブレンツ連邦公文書館に収蔵品番号 R/22 で保管されている。

資料2：一九三三年一〇月二五日付の Deutsche Richterzeitung ドイツ裁判官新聞、第一〇号第一面

資料3：一九三九年九月八日付の Deutsche Justiz「ドイツ司法」

資料4：一九四二年八月二四日付の帝国司法大臣ティーラックの就任命令

資料5：フライスラーの人民法廷長官就任辞令の写し

資料6：ヒトラーに宛てたフライスラーの就任挨拶状。Jahntz/Kähne（ヤーンツ/ケーネ）、前掲書五三、五四ページ。

資料7：ディートリヒ・テムベルゲンに対する判決文、コブレンツ連邦公文書館 R 60 II/69 より

資料8：マックス・ヨーゼフ・メッツガーに対する死刑判決文、AdS、AN/351 より

資料9：ヨハンナ・シュミットに対する死刑の執行報告、出典は AdS、AN/971

資料10：グスタフ・ノイバウアーに対する死刑の費用請求書、同 AdS、AN/867

資料11：エルフリーデ・ショルツに対する死刑の費用請求書、出典は登録団体オスナブリュック・エーリヒ・マリア・レマルク協会のレポート、一九八八年第四号、一四ページ

資料12：一九四四年一月一〇日付「ドイツ司法」

資料13：一九四五年二月一六日付「ドイツ司法」掲載のフライスラーの死亡広告、出典は Hillermeier（ヒラーマイヤー）、前掲書（補遺）

資料14：フライスラー未亡人に感謝する、コブレンツ連邦公文書館、R/22

資料 2 から 4 までの出典：ヒラーマイヤー、前掲書（補遺）.

補遺

補遺に掲げた人民法廷の判決の統計はヤーンツ/ケーネ、前掲書二一四ページによる。数字の出典は帝国司法省の一般文書（1）、連邦公文書館の一般文書（2）およびヤーンツ/ケーネによる独自調査（3）である。総数は出典（1）および（2）に基づいている。出典（3）では収録されている判決数が少ないた

め、総数の一部しか仕分されなかった。そのため個々の数の合計は部分的にのみ総数と一致するに過ぎない。ヤーンツ/ケーネ、前掲書二一四ページを参照のこと。

一九三四年四月二四日付の刑法および刑事訴訟手続きの諸規定の改正のための法律はReichsgesetzblatt「帝国法律公報」(一九三四年、三四一、三四二ページ)からの引用である。

機密扱いを要する案件で人民法廷に立つ弁護人のための指示書Iは、司法大臣(編)Im Namen des Volkes「民族の名において」前掲書一五六ページからの引用である。

人民法廷職業裁判官、検察官ならびに人民法廷名誉職裁判官の一覧(一九四四年八月一日現在)は、Wiegand(ヴィーガント)、前掲書一五七ページ以降ならびにKoch(コッホ)、前掲書五二三ページ以降の記述に基づいている。それらの記述はベルリン・ドキュメントセンターの資料を基にしている。可能であれば一九四五年以後の役職と活動も参照されたい。

新聞・雑誌

引用および使用された新聞・雑誌

Das Reich　ダス・ライヒ
Der Spiegel　デア・シュピーゲル
Deutsche Allgemeine Zeitung　ドイチェ・アルゲマイネ・ツァイトゥング
Deutsche Juristen-Zeitung　ドイツ法律家新聞
Deutsche Justiz　ドイツ司法
Deutsche Richterzeitung　ドイツ裁判官新聞
Deutsche Verwaltungsblätter　ドイツ行政広報
Die Tageszeitung　ディー・ターゲスツァイトゥング
Die Zeit　ディー・ツァイト
Düsseldorfer Nachrichten　デュッセルドルフ新報
Echo der Woche　エヒョー・デア・ヴォッヘ
Frankfurter Allgemeine Zeitung　フランクフルター・アルゲマイネ・ツァイトゥング
Frankfurter Rundschau　フランクフルター・ルントシャウ
Hamburger Abendblatt　ハンブルガー・アーベントブラット
Kasseler Post　カッセラー・ポスト
Kritische Justiz　批判的司法
Schlesische Tagespost　シュレーズィッシェ・ターゲスポスト
Süddeutsche Zeitung　南ドイツ新聞
Völkischer Beobachter　フェルキッシャー・ベオバハター
Zeitschrift der Akademie für Deutsches Recht　ドイツ法学会誌

図版の出典一覧

Bilderdienst Süddeutscher Verlag　画像サービス 南ドイツ出版 2、4、6、10
Ullstein Bilderdienst　ウルシュタイン画像サービス 1、3、5、7、8、9

略号

AdS	社団法人「一九三三年から一九四五年までのドイツ人の抵抗についての研究と・紹介のための研究グループ」の文書館
BGH	連邦裁判所
BNSDJ	ナチスドイツ法曹連盟
BaKo	コブレンツ連邦公文書館
DJ	ドイツ司法誌
DJZ	ドイツ法律家新聞
DNVP	ドイツ国家人民党
Gestapo	秘密国家警察（ゲシュタポ）
HJ	ヒトラーユーゲント
KPD	ドイツ共産党
KSSVO	戦時特別刑法
KStVO	戦時刑事訴訟法
KZ	強制収容所
NSDAP	国家社会主義ドイツ労働者党
NSRB	国家社会主義法律家同盟
OKH	陸軍最高司令部
OKW	国防軍最高司令部
RSHA	帝国保安本部
SA	NSDAP（ナチス）突撃隊
SD	親衛隊情報部
SS	NSDAP（ナチス）親衛隊
VGH	人民法廷

文献一覧

Angermund, Ralph: *Deutsche Richterschaft 1919–1945*, Frankfurt am Main 1990

Badde, Eugen/Lützsches, Peter: *Der 20. Juli*, Düsseldorf 1951

Benz, Wolfgang: *Zwischen Hitler und Adenauer, Studien zur deutschen Nachkriegsgesellschaft*, Frankfurt am Main 1991

Boberach, Heinz（Hrsg.）: *Richterbriefe – Dokumente zur Beeinflussung der deutschen Rechtsprechung 1942–1944*, Boppard a. Rhein 1975

Boss, Sonja: *Unverdienter Ruhestand. Die personalpolitische Bereinigung belasteter NS-Juristen in der westdeutschen Justiz*, Berlin 2009

Braun, Konstanze: *Dr. Otto Georg Thierack（1889–1946）*, Frankfurt am Main 2005

Broszat, Martin/Möller, Horst: *Das Dritte Reich – Herrschaftsstruktur und Geschichte*, München 1983

Bundesminister der Justiz（Hrsg.）: *Im Namen des Deutschen Volkes*, Köln 1989

Buschheit, Gert: *Richter in roter Robe*, München 1968

Diestelkamp, Bernhard/Stolleis, Michael: *Justizalltag im Dritten Reich*, Frankfurt am Main 1988

Eitner, Hans-Jürgen: *Hitlers Deutsche – Das Ende eines Tabus*, Gernsbach 1991

Engelmann, Bernt: *Deutschland-Report*, Göttingen 1991

Fieberg, Gerhard: *Justiz im nationalsozialistischen Deutschland*, Köln 1984

Fischer, Fritz: Hitler war kein Betriebsunfall, München 1992

Flade, Stephan/Narr, Wolf-Dieter: *Die deutschen Vergangenheiten und wir*, Sensbachtal 1992

Frei, Norbert: *Hitlers Eliten nach 1945*, München 2003

Friedrich, Jörg: *Freispruch für die Nazi-Justiz*, Hamburg 1983

Friedrich, Jörg: *Die kalte Amnestie – NS-Täter in der Bundesrepublik*, Frankfurt am Main 1984

Fuchs, Jürgen: *. . . und wann kommt der Hammer?*, Berlin 1990

Giordano, Ralph: *Die zweite Schuld oder Von der Last ein Deutscher zu sein*, Hamburg 1987（邦訳：『第二の罪―ドイツ人であることの重荷』ラルフ・ジョルダーノ著、永井清彦ほか訳、白水社、旧・新版あり）

Goebbels, Joseph: *Tagebücher 1945. Die letzten Aufzeichnungen*, Hamburg 1977（邦訳：『大崩壊―ゲッベルス最後の日記』桃井真訳、講談社、一九八四年、参考：『ゲッベルスの日記―第三帝国の演出者』西城信訳、番長書房、一九七四年）

Graml, Hermann（Hrsg.）: *Widerstand im Dritten Reich – Probleme, Ereignisse, Gestalten,*

Frankfurt am Main 1984

Güstrow, Dietrich: *Tödlicher Alltag – Strafverteidiger im Dritten Reich*, Berlin 1981

Habermas, Jürgen: *Vergangenheit als Zukunft*, Zürich 1990（邦訳：『未来としての過去―ハーバーマスは語る』ユルゲン・ハーバーマス著、河上倫逸訳、ミネルヴァ書房、一九八九年）

Hannover, Heinrich/Hannover-Drück, Elisabeth: *Politische Justiz 1918–1933*, Hamburg 1977

Harenberg, Bodo（Hrsg.）: *Chronik, Tag für Tag in Wort und Bild*, 1939 bis 1945, Dortmund 1988

Hillenbrand, Klaus: *Berufswunsch Henker. Warum Männer im Nationalsozialismus Scharfrichter werden wollten*, Frankfurt am Main 2013

Hillermeier, Heinz（Hrsg.）: *Im Namen des Deutschen Volkes – Todesurteile des Volksgerichtshofs*, Darmstadt und Neuwied 1980

Hofer, Walther: *Der Nationalsozialismus, Dokumente 1933–1945*, Frankfurt am Main 1957（邦訳：『ナチス・ドキュメント―1933–1945年（1969年）（ぺりかん双書〈2〉）』ワルター・ホーファー著、救仁郷繁訳、ぺりかん社、一九六九年）

Hoffmann, Peter: *Claus Schenk Graf von Stauffenberg und seine Brüder*, Stuttgart 1992（邦訳：『ヒトラーとシュタウフェンベルク家―「ワルキューレ」に賭けた一族の肖像』ペーター・ホフマン著、大山晶訳、原書房、二〇一〇年）

Jacobsen, Hans-Adolf: *Opposition gegen Hitler und der Staatsstreich vom 20. Juli 1944*,2 Bde., Stuttgart 1989

Jahntz, Bernd/Kähne, Volker: *Der Volksgerichtshof – Darstellung der Ermittlungen der Staatsanwaltschaft beim Landgericht Berlin gegen ehemalige Richter und Staatsanwälte am Volksgerichtshof*, Berlin 1986

John, Otto: *»Falsch und zu spät« – Der 20. Juli 1944*, München, Berlin 1984

Klönne, Arno: *Rechts-Nachfolge, Risiken des deutschen Wesens nach 1945*, Köln 1990

Knesebeck, Rosemarie von dem: *In Sachen Filbinger gegen Hochhuth*, Reinbek 1980

Koch, Hansjoachim W.: *Volksgerichtshof – Politische Justiz im Dritten Reich*, München 1988

Lühe, Irmgard von der: *Elisabeth von Thadden – Ein Schicksal unserer Zeit, Düsseldorf*, Köln 1966

Mauz, Gerhard: *Die Justiz vor Gericht*, München 1990

Meding, Dorothee von: *Mit dem Mut des Herzens – Die Frauen des 20. Juli*, Berlin 1991

Moltke, Freya von: *Die Kreisauerin*, Göttingen 1992

Müller, Ingo: *Furchtbare Juristen*, München 1987

Müller, Klaus-Jürgen（Hrsg.）: *Der deutsche Widerstand 1933–1945*, Paderborn 1986
Niedhart, Gottfried/Riesenberger, Dieter（Hrsg.）: *Deutsche Nachkriegszeiten 1918–1945*, München 1992
Ortner, Helmut: *Der einsame Attentäter – Georg Elser, der Mann, der Hitler töten wollte*, Göttingen 1993
Ortner, Helmut: *Gnadenlos deutsch -Aktuelle Reportagen aus dem Dritten Reich*, Göttingen 1994
Pirker, H.: *Hitlers Tischgespräche im Führerhauptquartier 1941–1942*, Bonn 1981
Präg, W./Jacobsen, W.: *Das Diensttagebuch des deutschen Generalgouverneurs in Polen 1939–1945*, Stuttgart 1975
Rätsch, Birgit: Hinter Gittern, *Schriftsteller und Journalisten vor dem Volksgerichtshof 1934–1945*, Bonn und Berlin 1992
Ramm, Arnim: *Der 20. Juli vor dem Volksgerichtshof*, Berlin 2007
Redaktion Kritische Justiz（Hrsg.）: *Der Unrechts-Staat – Recht und Justiz im Nationalsozialismus*, 2 Bde., Baden-Baden 1983 und 1984
Richter, Isabel: *Hochverratsprozesse als Herrschaftspraxis im Nationalsozialismus. Männer und Frauen vor dem Volksgerichtshof 1934–1939*, Münster 2001
Roon, Gerd van: *Widerstand im Dritten Reich*, München 1987
Rottleuthner, Hubert: *Karrieren und Kontinuitäten deutscher Justizjuristen vor und nach 1945*, Berlin 2010
Rüthers, Bernd: *Entartetes Recht*, München 1988
Saña, Heleno: *Die verklemmte Nation, Zur Seelenlage der Deutschen*, München 1992
Schad, Martha: *Frauen gegen Hitler: Vergessene Widerstandskämpferinnen im Nationalsozialismus*, München 2010（邦訳：マルタ・シャート著、田村万里ほか訳『ヒトラーに抗した女たち─その比類なき勇気と良心の記録』行路社、二〇〇八年）
Schade, Margot von: *Gerettetes Leben – Erinnerung an eine Jugend in Deutschland*, München 1988
Senfft, Heinrich: *Richter und andere Bürger*, Nördlingen 1988
Staff, Ilse（Hrsg.）: *Justiz im Dritten Reich*, Frankfurt am Main 1978
Steffahn, Harald: *Die weiße Rose*, Reinbek, 1992
Sternburg, Wilhelm von（Hrsg.）: *Für eine zivilisierte Republik*, Frankfurt am Main 1992
Tucholsky, Kurt: *Gesammelte Werke*, Bd. 4, 1925–1926, Reinbek 1989（本書そのものの訳ではないが参考資料として：『ヴァイマル・デモクラシーと知識人─1919–1928年論集』野村彰編訳、ありえす書房、一九七七年。『クルト・

トゥホルスキー選集 1』岩淵達治訳、ありな書房、一九八四年、『クルト・トゥホルスキー選集 2』野村彰訳、ありな書房、一九八九年）

Ule, Carl Hermann: *Beiträge zur Rechtswirklichkeit im Dritten Reich*, Berlin 1987

Wachsmann, Nikolaus/Schmidt, Klaus-Dieter: *Gefangen unter Hitler. Justizterror und Strafvollzug im NS-Staat*, Berlin 2006

Wagner, Walter: *Der Volksgerichtshof im nationalsozialistischen Staat*, München 2011

Waksberg, Arkadi: *Gnadenlos, Andrei Wyschinski – der Handlanger Stalins*, Bergisch Gladbach 1990

Waltenbacher, Thomas: *Zentrale Hinrichtungsstätten. Der Vollzug der Todesstrafe in Deutschland von 1937–1945, Scharfrichter im Dritten Reich*, Berlin 2008

Wassermann, Rudolf: *Auch die Justiz kann aus der Geschichte nicht aussteigen*, Baden-Baden 1990

Wieland, Günther: *Das war der Volksgerichtshof*, Pfaffenweiler 1989

Wüllenweber, Hans: *Sondergerichte im Dritten Reich – Vergessene Verbrechen der Justiz*, Frankfurt am Main 1990

Wüllner, Fritz: *Die NS-Militärjustiz und das Elend der Geschichtsschreibung. Ein grundlegender Forschungsbericht*, Baden-Baden 1991

Zur Mühlen, Bengt von（Hrsg.）: *Der vergessene Verschwörer. General Fritz Lindemann und der 20. Juli 1944*. München 2014

人民法廷の判決

年度	被告人数	死刑	自由刑	無罪	判決数	担当部					
						1.	2.	3.	4.	5.	6.
1934	480			19	7	4	8				
1935	632				206	10	7	12	4		
1936	708				285	13	6	10	11		
1937	618	32	422	52	264	52	66	82	64		
1938	614	17	302	54	269	64	82	58	65		
1939	477	36	390	40	291	84	61	83	63		
1940	1094	53	956	80	556	242	106	107	97		
1941	1237	102	1058	70	535	185	148	92	100	10	
1942	2573	1192	1266	107	1033	368	246	126	137	148	8
1943	3355	1662	1477	181	1326	505	177	114	186	140	190
1944	4428	2097	1842	489	2171	744	198	403	291	118	249
1945	126	52	55	16	55	37	6	2	3	2	2
	16342	5243	7768	1089	7010						

刑法および刑事訴訟手続きの諸規定の改正のための法律

一九三四年四月二四日付

第三章　人民法廷

第一条

(一) 大逆罪および国家反逆罪の事案を裁くために人民法廷が設立される。

(二) 人民法廷は、公判においては裁判長を含め五名の構成員、公判以外においては同三名の構成員の体制で決定を行う。裁判長およびその他一名の構成員は裁判官職の資格を有する者でなくてはならない。複数の部を置くことができる。

(三) 上級検察庁が起訴官庁である。

第二条

人民法廷の構成員およびその代理人については、帝国法務大臣の提案に基づき帝国宰相が五年任期で任命する。

第三条

（一）人民法廷は、刑法典第八〇条から第八四条にいう大逆行為、同第八九条から第九二条にいう国家反逆行為、同第九四条第一項にいう帝国大統領への襲撃および一九三三年二月二八日付「民族と国家の保護のための大統領令」（帝国法律公報I、八三ページ）第五条第二項第一号にいう犯罪の各事案において、第一審かつ最終審として、予審および裁定を管轄する。それらの事案において人民法廷は裁判所構成法第七三条第一項に掲げる決定をも行う。

（二）人民法廷は自らの管轄範囲である犯罪または違反が同時に他の可罰行為の構成要件を満たす場合であっても、それらの犯罪または違法を管轄する。

（三）他の可罰行為が人民法廷の管轄範囲である犯罪または違反と事実上関連している場合、そのような他の可罰行為を理由として犯人および関係人に対してなされる訴訟手続は、関連付けにより人民法廷の管轄とすることができる。

第四条

（一）主任検察官は、刑法典第八二条および第八三条に掲げる大逆行為準備罪を理由とする刑事事案ならびに同第九〇b条から第九〇e条までに掲げる国家反逆行為を理由とする刑事事案においては、上級ラント裁判所の検察機関に刑事訴追を委ねることができる。主任検察官は予審開始までであればこれを撤回することができる。

（二）主任検察官が起訴状を提出して委託した場合、人民法廷は第一項にいう事案については審理と裁定を上級ラント裁判所に移管することができる。

（三）裁判所構成法第一二〇条が準用される。

第五条

（一）別段の定めがない限り、訴訟手続には裁判所構成法の規定、および帝国裁判所を第一審とする訴訟手続に関する刑事訴訟法の規定が適用される。

（二）人民法廷の判決に対してはいかなる法的救済手段も許されない...

（抜粋）

指示書1

人民法廷において守秘義務の課される事案を担当する弁護人諸氏へ

一、大逆罪の案件での弁護活動の際に弁護人が知るに至った事実は守秘扱いとしなくてはならない。専門外の者には些細なものと思われる事実であっても、それを他に漏らすことで重要な公益を損なう恐れがある。

二、弁護人選定の認可ならびに公選弁護人の指名に当たっては、認可指名規定に記載されている弁護士当人を対象とする。その者は弁護に必要となるすべての弁護士業務を自ら遂行しなくてはならない。また同人は自らと協力関係にある弁護士その他の職員にそれらの業務を委ねてはならない。認可を受けた弁護人の代理人が公的に指名された者である場合でも、その代理人は人民法廷長官の特別な許可なしに活動することはできない。必要な書類作成業務は信頼に足ると証明された職員にのみ委ねることができる。その職員に対してはそのつど、特に案件の守秘扱いについて指示し、刑法典第353c条を教示しなくてはならない。

三、弁護人は大逆罪事案で入手した文書資料については施錠の上、保管しなくてはならない。起訴状の複製を作ることは許されない。それらの資料は公判の結審後、自発的に返還しなくてはならない。

四、万一弁護人が、事案のために自身の弁護する被告人とは別の第三者と口頭または文書により接触することが例外的に必要であると判断した場合、弁護人は人民法廷長官もしくは（起訴状の送達前は）人民法廷における検察側担当官の了解がある場合にのみ、第三者に事情を知らせることが許される。外国人または外国に居住する人物との書簡のやりとりもしくは口頭での会談は、そのような了解を得た場合にのみ許される。

五、上の指示に違反した者には、刑法典第三五三c条ほかに対する違反を理由として、刑事訴訟が提起される場合がある。

六、手続きに「厳秘」表示がなされている場合は、特別な指針が適用される。

ベルリン、一九三八年五月二四日

人民法廷長官
署名

人民法廷の法律家たち

無慈悲な人民法廷の法律家たちの犠牲となった人々に関して、ドイツには追悼日も慰霊の場も設けられていない。彼らは集団的忘却という名の第二の罪の犠牲者でもある。

それに対し人民法廷の法律家たちは「加害者たちとの大いなる和睦」（ジョルダーノ『第二の罪』）の恩恵を被った。これまで彼らの内、誰一人として法的効力のある形で有罪を宣告されておらず、多くの者は戦後再び法壇に復帰した。生きている者は今でも高額の年金を受給している。かつての血の判決は彼らにとって妨げにはならず、つい先日まで加害者であった者の多くが、一九四五年以後も輝かしい経歴を重ねたのだ。

誰が人民法廷の裁判官や検察官の名前を知っているだろうか？　以下のリストでは彼らの人民法廷での役職名と可能な場合には戦後のキャリアも挙げられている。人民法廷の法律家たちは、裁判官だった者も検察官だった者も、裁判官リストに入れてある。これまでに公表された氏名一覧では氏名と役職名に相違が認められる。ただし本書に掲げる氏名一覧も、文書資料の保管が不完全であったため、遺漏のないものとは言いがたい。ここに挙げられている者の罪の重さはさまざまである。しかしいずれの者も人間を軽んじた狂信的な司法の執行人であり幇助者であった。その氏名をあえて公表するのは、彼らの犠牲となった人々を記憶に刻むことの一環としてであり、世人の意識から放逐され忘却されることに対する警告としてである。

人民法廷の職業裁判官

氏名	役職	一九四五年以後
アルブレヒト、Dr. クルト, Albrecht, Dr. Kurt	部長	
アルント、ハンス-ディートリヒ, Arndt, Hans-Dietrich	捜査裁判官	上級ラント裁判所部長（コブレンツ）
バッハ、Dr. ベルンハルト, Bach, Dr. Bernhard	ラント裁判所判事	
ブレーム、ヴァルター, Brem, Walter	捜査裁判官	ラント裁判所所長（ニュルンベルク-フュルト）
ブルーナー、ヴィルヘルム, Bruner, Wilhelm	部長	
カルミーネ、Dr. エーリヒ, Carmine, Dr. Erich	捜査裁判官	区裁判所判事（ニュルンベルク）
チェツカ、ヘルベルト, Cecka, Herbert		
クローネ、Dr. ヴィルヘルム, Crohne, Dr. Wilhelm	副長官	
ダール、Dr. オットー, Dahl, Dr. Otto		
デングラー、Dr. ハインリヒ・アントン, Dengler, Dr. Heinrich Anton	ラント裁判所判事	
ディーシャー、ゲオルク・エルンスト, Diescher, Georg Ernst	人民法廷判事	
ディースター、Dr. ハンス, Diester, Dr. Hans		
ドゥーヴェ、ハンス, Duve, Hans	人民法廷判事	

氏名	役職	一九四五年以後
エンゲルト、Dr. カール, Engert, Dr. Karl	副長官	
ファルケンベルク、Dr. ローベルト, Falckenberg, Dr. Robert	ラント裁判所所長	
フィクアイス、Dr. フランツ, Fikeis, Dr. Franz	上級ラント裁判所判事	
フライスラー、Dr. ローラント, Freisler, Dr. Roland	人民法廷長官	
フリッケ、Dr. アンドレーアス, Fricke, Dr. Andreas	捜査裁判官	ラント裁判所判事（ブラウンシュヴァイク）
グランツォフ、ヘルマン, Granzow, Hermann	人民法廷判事	
グロイリヒ、Dr. ヘルマン, Greulich, Dr. Hermann	人民法廷判事	
グロースピーチュ、Dr. マックス, Großpietsch, Dr. Max	上級ラント裁判所判事	
ハフナー、Dr. ハリー, Haffner, Dr. Harry	長官（1945）	
ハメル、エーリヒ, Hammel, Erich		ラント裁判所所長（デュースブルク）
ハルトマン、ヴァルター, Hartmann, Walter	部長	
ハウマン、パウル, Haumann, Paul	上級ラント裁判所判事	弁護士（ハム）
ハイダー、ヘルマン, Heider, Hermann	ラント裁判所判事	弁護士（ハンブルク）
ヘルルング、パウル, Hellrung, Paul	捜査裁判官	ラント裁判所判事（コンスタンツ）
ヘルナー, Hörner	人民法廷判事	
イルナー、Dr. ヨーゼフ, Illner, Dr. Josef	人民法廷判事	

氏名	役職	一九四五年以後
インドラ、Dr. ルドルフ, Indra, Dr. Rudolf	捜査裁判官	ラント裁判所所長（ギーセン）
ヤンク、Dr. リヒャルト・ルートヴィヒ, Jank, Dr. Richard Ludwig		
ヤシング、ブルーノ, Jasching, Bruno		
イェネ、エルンスト, Jenne, Ernst	人民法廷判事	
イェツェク、Dr., Jezek, Dr.	区裁判所判事	
クライン、Dr. ペーター, Klein, Dr. Peter	ラント裁判所判事	
ケーラー、Dr. アルフレート, Köhler, Dr. Alfred	部長	
ケーラー、Dr. エーミール, Köhler, Dr. Emil	帝国最高法院判事	
ケーラー、Dr. ヨハネス, Köhler, Dr. Johannes	人民法廷判事	
ラーデヴィヒ、Dr. カール, Ladewig, Dr. Karl	ラント裁判所判事	
レムレ、パウル, Lämmle, Paul	人民法廷判事	
レーベルル、Dr. アルフレート, Leberl, Dr. Alfred	捜査裁判官	ラント裁判所所長（ハイルブロン）
ロープ、Dr., Lob, Dr.	ラント裁判所判事	
ロホマン、Dr., Lochmann, Dr.	ラント裁判所所長	
レーマン、Dr. ギュンター, Löhmann, Dr. Günther	人民法廷判事	
ローレンツ、Dr. アーダム, Lorenz, Dr. Adam	ラント裁判所所長	区裁判所判事（デュッセルドルフ）

氏名	役職	一九四五年以後
ローレンツ、Dr. ヨハネス, Lorenz, Dr. Johannes	ラント裁判所所長	帝国最高法院判事（西ベルリン）
ルーガー、ルートヴィヒ, Luger, Ludwig	ラント裁判所判事	ラント裁判所判事（マンハイム）
マカルト、Dr. ブルーノ・O・パウル, Makart, Dr. Bruno O. Paul	帝国最高法院判事	行政裁判所所長（ケルン）
メルテン、Dr. ヨハネス, Merten, Dr. Johannes	人民法廷判事	
メルテン、Dr. クルト, Merten, Dr. Kurt	人民法廷判事	
ミッテンドルフ、ゲルハルト, Mittendorf, Gerhard	ラント裁判所判事	
メルナー、ヨハネス, Mörner, Johannes	人民法廷判事	
ミュラー、ハンス, Müller, Hans		
ミュラー、カール, Müller, Karl	人民法廷判事	区裁判所判事（バート・クロイツナハ）
ミュンスターマン、Dr. ヴォルフガング, Münstermann, Dr. Wolfgang	ラント裁判所所長	弁護士（ツェレ）
ネーベルング、ギュンター, Nebelung, Günther	部長	弁護士（ゼーゼン/ハルツ）
ネツォルト、ヘルベルト, Nötzold, Herbert	ラント裁判所判事	
オクス、Dr. アルブレヒト, Ochs, Dr. Albrecht	捜査裁判官	
プファイファー、Dr. ヴァルデマル, Pfeifer, Dr. Waldemar		
プロイスナー、ハインリヒ, Preußner, Heinrich	ラント裁判所所長	

氏名	役職	一九四五年以後
ラスツァート、Dr. ヴィルヘルム，Raszat, Dr. Wilhelm	ラント裁判所所長	
レーン、Dr. フリッツ，Rehn, Dr. Fritz	暫定長官	
レーゼ、ハンス-ヨアヒム，Rehse, Hans-Joachim	帝国最高法院判事	補助裁判官（シュレースヴィヒ）
ライマース、Dr. パウル，Reimers, Dr. Paul	帝国最高法院判事	ラント裁判所判事（ラーヴェンスブルク）
リンケ，Rinke	ラント裁判所判事	
リュプレヒト、ハンス・ウルリヒ，Rueppreeht, Hans Ulrich	捜査裁判官	上級ラント裁判所判事（シュトゥットガルト）
シャート、Dr. フリードリヒ，Schaad, Dr. Friedrich		
シャウヴェッカー、エーリヒ，Schauwecker, Erich	部長判事	
シェンク・ツー・シュヴァインスベルク，Schenck zu Schweinsberg		
シラー、Dr. フランツ，Schiller, Dr. Franz	区裁判所判事	
シュレーマン、Dr. エーリヒ，Schlemann, Dr. Erich	ラント裁判所所長	
シュリューター、Dr. ハンス，Schlüter, Dr. Hans		
シュナイデンバッハ、Dr. ハンス，Schneidenbach, Dr. Hans	ラント裁判所所長	
シュライトミュラー、Dr. アドルフ，Schreitmüller, Dr. Adolf	ラント裁判所判事	ラント裁判所所長（シュトゥットガルト）

氏名	役職	一九四五年以後
シュルツェ―ヴェッカート、Dr. ゲルハルト, Schulze-Weckert, Dr. Gerhard	ラント裁判所所長	
シュヴィンゲンシュレーグル、ミヒャエル, Schwingenschlögl, Michael		ラント裁判所判事（ケンプテン）
シュプリングマン、Dr. エードゥアルト, Springmann, Dr. Eduard	部長	
シュテッケル、Dr. アルトゥーア, Stäckel, Dr. Arthur	帝国最高法院判事	
シュティーア、マルティン, Stier, Martin	ラント裁判所所長	
シュトルベック、Dr. アウグスト, Storbeck, Dr. August	ラント裁判所所長	
シュトレーター、グスタフ, Strödter, Gustav	捜査裁判官	区裁判所判事（ヴェッツラー）
テニゲス、Dr. ラインハルト, Taeniges, Dr. Reinhard	人民法廷判事	
ティーラック、Dr. ゲオルク, Thierack, Dr. Georg	人民法廷長官 一九三六年〜一九四二年	
ヴァラー、マルノ, Waller, Marno		弁護士（ハンブルク）
ヴェーバー、Dr. クルト, Weber, Dr. Kurt	捜査裁判官	
ヴェーバー、オットー, Weber, Otto	捜査裁判官	区裁判所判事（アーレンスブルク）
ヴェットエンゲル、Dr. アルフレート, Wettengel, Dr. Alfred	捜査裁判官	区裁判所判事（ハイルブロン）
ヴィルベルト、Dr. パウル, Wilbert, Dr. Paul	ラント裁判所判事	

氏名	役職	一九四五年以後
ヴィルトベルガー、Dr. エルンスト，Wildberger, Dr. Ernst	人民法廷判事	弁護士（フルダ）
ヴォルフ、フリードリヒ，Wolff, Friedrich		
ツィーガー、Dr. アルブレヒト，Zieger, Dr. Albrecht	人民法廷判事	弁護士（ハンブルク）
ツィッペル、Dr. ゲオルク，Zippel, Dr. Georg	人民法廷判事	弁護士（ボン）
ツメック、Dr. アルフレート，Zmeck, Dr. Alfred	ラント裁判所判事	

人民法廷の検察官

氏名	役職	一九四五年以後
アーダム、オットー, Adam, Otto	検事	労働裁判所判事（ボン）
アルター、Dr. ブルーノ, Alter, Dr. Bruno	検事	
バッハ、Dr. ゲルハルト, Bach, Dr. Gerhard	検事	区裁判所判事（ヴッパータール）
バンデル、Dr. ローベルト, Bandel, Dr. Robert	検事	
バーニッケル、Dr. パウル, Barnickel, Dr. Paul	（ライヒ）検事	弁護士（ミュンヘン）
バックスマン、Dr. カール, Baxmann, Dr. Karl	検事	
ベッカー、ヘルベルト, Becker, Herbert		
ベルヴィンケル、カール-ヘルマン, Bellwinkel, Karl-Hermann	検事	主任検事（ビーレフェルト）
ベンツ、Dr. オットマール, Benz, Dr. Ottomar	ラント裁判所所長	
ベーゼリン、Dr. ヴェルナー, Beselin, Dr. Werner	区裁判所判事	弁護士（ハンブルク）
ビショッフ、アドルフ, Bischoff, Adolf	主任検事	
ボーゲンリーダー、Dr. アルフォンス, Bogenrieder, Dr. Alfons	検事	部長（バーデン-ヴュルテンベルク州司法省）
ボーゼ、ベルンハルト, Bose, Bernhard	検事	区裁判所判事（レックリングハウゼン）
ブレナー、Dr. ペーター, Brenner, Dr. Peter	ラント裁判所所長	ラント裁判所判事（ハーゲン）

氏名	役職	一九四五年以後
ブリングマン、ヴァルター，Bringmann, Walter		主任検事（キール）
ブルッフハウス、Dr. カール，Bruchhaus, Dr. Karl	検事	検事（ヴッパ―タール）
ブルンナー、Dr. アルトゥーア，Brunner, Dr. Arthur		
ブッシュ、Dr. ヴェルナー，Busch, Dr. Werner	検事	
ブッシュ、Dr. ヴォルフガング，Busch, Dr. Wolfgang	主任検事	
クリスツィアン、エルンスト－ゲオルク，Christian, Ernst-Georg	検事	
デーデ、クリスツィアン，Dede, Christian	検事	ラント裁判所所長（ハノーファー）
デットマン、Dr. グスタフ，Dettmann, Dr. Gustav		
デルツ、ブルーノ，Dölz, Bruno	区裁判所判事	
デルナー、カール・エーミール，Dörner, Karl Emil		区裁判所判事（ラーヴェンスブルク）
ドーマン、カール－ハインツ，Domann, Karl-Heinz	主任検事	検事（西ベルリン）
ドーゼ、Dr. ハンス・ルドルフ，Dose, Dr. Hans Rudolf		
ドゥルルマン、Dr. エルンスト，Drullmann, Dr. Ernst	主任検事	
アイヒラー、ヘルマン，Eichler, Hermann	検事正	
アイゼルト、Dr. ゲオルク，Eisert, Dr. Georg	検事正	ラント裁判所所長（ヴュルツブルク）

氏名	役職	一九四五年以後
エメリッヒ、Dr. パウル, Emmerich, Dr. Paul	ラント裁判所判事	ラント裁判所所長（ザールブリュッケン）
フィッゲ、カール, Figge, Karl	主任検事	
フォルガー、ヴォルフガング, Folger, Wolfgang	（ライヒ）検事	
フォルヴィル、ヨーゼフ, Folwill, Josef		
フランツキ、Dr. パウル, Franzki, Dr. Paul	（ライヒ）検事	
フリードリヒ、エルンスト, Friedrich, Ernst	主任検事	
フリッシュビーア、Dr. エードゥアルト, Frischbier, Dr. Eduard	検事	主任検事（ハイルブロン）
ガウスター、Dr., Gauster, Dr.		
ガイペル、Dr. ジークフリート, Geipel, Dr. Siegfried		
ガイスラー、エーリヒ, Geißler, Erich	ラント裁判所判事	
ゲーリッシュ、Dr. ゲルハルト, Görisch, Dr. Gerhard	主任検事	
ゲッツマン、カール, Götzmann, Karl		
グレンデル、ヴィルヘルム, Grendel, Wilhelm		上級ラント裁判所判事（ツェレ）
グンツ、Dr. エードゥアルト, Guntz, Dr. Eduard		上級ラント裁判所判事（ミュンヘン）
グストルフ、Dr. ヴィルヘルム, Gustorf, Dr. Wilhelm		ラント裁判所所長（ヴッパータール）
ハーガー、Dr. ヴィルマー, Hager, Dr. Willmar	ラント裁判所判事	弁護士（ウズィンゲン/タウヌス）

氏名	役職	一九四五年以後
ハルツマン、ヴィリ, Harzmann, Willy	主任検事	
ヘーグナー、ヴィルヘルム, Hegner, Wilhelm		区裁判所判事（ザルツコッテン）
ハインテル、カール, Heintel, Karl		
ヘルマン、Dr. ヴァルター, Hellmann, Dr. Walter	検事	
ヘニッヒ、ヘルベルト, Hennig, Herbert	主任検事	
ヘルンライター、Dr. フェルディナント, Herrnreiter, Dr. Ferdinand		ラント裁判所所長（アウクスブルク）
ホイゲル、Dr. ハインツ, Heugel, Dr. Heinz	主任検事	
ヘーベル, Höbel	主任検事	
ホフマン、ベルンハルト, Hoffmann, Bernhard	検事	
ホフマン、エンゲルベルト, Hoffmann, Engelbert		主任検事（ミュンスター／ヴェストファーレン）
ホフマイスター、ヴィリ, Hoffmeister, Willi		
ホフシュルテ、パウル, Hoffschulte, Paul		
ヘーヤー、Dr. コンラート, Höher, Dr. Konrad		検事（ケルン）
フーンシュトック、ヴィルヘルム, Huhnstock, Wilhelm	検事正	
ヤーガー、クルト, Jaager, Kurt		検事（フレンスブルク）

氏名	役職	一九四五年以後
ヤコビーヴェルムケ、Dr. ルドルフ，Jacobi-Wermke, Dr. Rudolf		
イェーガー、Dr. ヘルムート，Jaeger, Dr. Helmut	主任検事	上級ラント裁判所判事（ミュンヘン）
ヤンセン、Dr. ゲルハルト，Janssen, Dr. Gerhard	ラント裁判所判事	
イェッツェ、ハンス・ヴェルナー，Joetze, Hans Werner		ラント裁判所判事（アムベルク）
ヨルンス、パウル，Jorns, Paul	（ライヒ）検事長	
カーヴェン、Dr. クルト，Kaven, Dr. Kurt		
クリッツケ、ヴィルヘルム，Klitzke, Wilhelm	検事	
クルーガー、Dr. カール・ヨーゼフ，Kluger, Dr. Carl Josef		区裁判所判事（西ベルリン）
クリューヴァー、Dr. ハインリヒ，Klüver. Dr. Heinrich	ラント裁判所判事	
コアリック、エーリヒ，Koalick, Erich		弁護士（ハンブルク）
ケーラー、カール–ハインツ，Köhler, Karl-Heinz	検事	
ケムホフ、Dr. フランツ，Kömhoff, Dr. Franz		検事正（ハーゲン）
ケッペン、アインハルト，Koeppen, Einhart		
クレーマー、Dr. レーオ，Kraemer, Dr. Leo		主任検事（ケルン）

氏名	役職	一九四五年以後
クラーンアスト、ヘルムート，Kranast, Helmuth		
クレープス、アドルフ，Krebs, Adolf	区裁判所判事	
クレフト、ハンス・ゲオルク，Krefft, Hans Georg		
クルムプホルツ、グスタフ・A，Krumbholtz, Gustav A.	検事正	
キューネ、Dr. ハンス，Kühne, Dr. Hans		
クルト、ハンス・ハインリヒ，Kurth, Hans Heinrich		
ラーデヴィヒ、Dr. エーリヒ，Ladewig, Dr. Erich	ラント裁判所判事	
ラウツ、エルンスト，Lautz, Ernst	（ライヒ）検事長	
ライ、ハンス-ヴェルナー，Lay, Hans-Werner		上級ラント裁判所判事（カールスルーエ）
レル、ハインツ-ギュンター，Lell, Heinz-Günther		検事正（西ベルリン）
レンハルト、ゲルハルト，Lenhardt, Gerhard		上級ラント裁判所判事（ノイシュタット/ヴァインシュトラーセ）
リープアウ、Dr. ヨハネス，Liebau, Dr. Johannes		上級区裁判所判事（ゼーゼン/ハルツ）
リンケ、Dr. ハンス，Lincke, Dr. Hans		
マース、Dr. グスタフ，Maaß, Dr. Gustav	主任検事	
マース、Dr. ヴァルター，Maaß, Dr. Walter	主任検事	

氏名	役職	一九四五年以後
メーネン、ギュンター・ファン, Meenen, Günther van		ラント裁判所所長（デュースブルク）
ミーア、Dr. ボード, Mier, Dr. Bodo		弁護士（ブレーメン）
メンツェル、Dr. ハンス－ハインリヒ, Menzel, Dr. Hans-Heinrich		ラント裁判所所長（マールブルク / ラーン）
メッテン、Dr. アルフレート, Metten, Dr. Alfred		検事正（エッセン）
メラー、Dr. ヘルベルト, Möller, Dr. Herbert		
ミューニヒ、Dr. アルフレート, Münich, Dr. Alfred		ミュンヘン上級ラント裁判所の部長
ナウケ、Dr. クルト, Naucke, Dr. Kurt		検事（ハノーファー）
		検事正（アーヘン）
ネルエッセン、Dr. ヴィルヘルム, Nellessen, Dr. Wilhelm		
ノイバー、Dr. クルト, Neuber, Dr. Kurt		検事正（オスナブリュック）
ネーベル、ルドルフ, Nöbel, Rudolf	主任検事	
オーバーマイヤー、Dr. ヴェルナー, Obermayer, Dr. Werner		弁護士（モスバッハ）
エールカース、Dr. ゾフス, Öhlckers, Dr. Sophus		
エームケ、Dr. フリッツ, Oehmke, Dr. Fritz		

氏名	役職	一九四五年以後
エーイング、ヨーゼフ, Oeing, Josef		区裁判所判事（ゲルゼンキルヘン）
エルツェ、ハインツ, Oelze, Heinz	主任検事	
オパールカ、フランツ, Opalka, Franz		
オルツェホフスキ、Dr. ヴォルフガング, Orzechowski, Dr. Wolfgang		検事正（ケルン）
オースタータータ―ク、エルンスト, Ostertag, Frnst		
パンプ、Dr. アルフレート, Pamp, Dr. Alfred		検事正（ハーゲン）
パーライ、フリードリヒ, Parey, Friedrich	（ライヒ）検事長	
パリジウス、フェーリクス, Parrisius, Felix	検察官	
パイヒ、アルトゥーア, Peich, Arthur	検事正	
ピッケ、パウル, Picke, Paul		ザールブリュッケン上級ラント裁判所の部長
ピルツ、Dr. ブルーノ, Pilz, Dr. Bruno	区裁判所判事	
プリーチュク、ハンス・ローベルト, Prietzschk, Hans Robert	帝国最高法院判事	
ランケ、ヴェルナー, Ranke, Werner	主任検事	
ラートマイヤー、オットー, Rathmeyer, Otto	区裁判所判事	ラント裁判所判事（ランツフート）
ライヒェルト、Dr. エーリヒ, Reichelt, Dr. Erich		主任検事（コブレンツ）

氏名	役職	一九四五年以後
レンツ、Dr. レーオポルト, Renz, Dr. Leopold	ラント裁判所所長	
リッケン、Dr. ハンス, Ricken, Dr. Hans		区裁判所判事（ニュルンベルク）
ロンメル、パウル, Rommel, Paul	ラント裁判所判事	
ロートアウク、Dr. オスヴァルト, Rothaug, Dr. Oswald	検察官	
ザウアーマン、Dr. カール, Sauermann, Dr. Karl		上級ラント裁判所判事（ミュンヘン）
シャウプ、リヒャルト, Schaub, Richard		
シェルフ、ヘルムート, Scherf, Hellmuth	検事	検事（デュッセルドルフ）
シュリューター、Dr. フランツ, Schlüter, Dr. Franz		連邦特許庁の部長（ミュンヘン） 区裁判所（ハノーファー）
シュミット、Dr. フリードリヒ, Schmidt, Dr. Friedrich		
ショッホ、Dr. ヘルマン, Schoch, Dr. Hermann		
ショルツ、Dr. ローベルト, Scholz, Dr. Robert	ラント裁判所判事	
ショルツ、Dr. ヘルムート, Scholz, Dr. Helmut		
シュライバー、カール Schreiber, Karl		
シューアマン、ジークベルト, Schürmann, Siegbert		

氏名	役職	一九四五年以後
シュヴァーベ、Dr. ヴァルター, Schwabe, Dr. Walter		
ザイプ、Dr. ヴァルター, Seib, Dr. Walter		弁護士（フィールンハイム）
ザイドラー、Dr. オスカル, Seidler, Dr. Oskar		
ショーク、Dr. ヘルベルト, Shok, Dr. Herbert		検事正（ハンブルク）
ズィマンダー、Dr. ヴァルター, Simander, Dr. Walter		
ゾマー、Dr. カール, Sommer, Dr. Karl		
シュパール、カール, Spahr, Karl	検事正	ラント裁判所判事（シュトゥットガルト）
シュペルトハーン、クルト, Spelthahn, Kurt		
シュタルク、エトムント, Stark, Edmund	区裁判所判事	ラント裁判所所長（ラーヴェンスブルク）および兵役拒否者審査委員会会長
シュタインケ、マックス, Steinke, Max	検事	上級区裁判所判事（ズィンゲン）
シュテットナー、Dr. エーミール, Stettner, Dr. Emil		
シュティーア、マルティン, Stier, Martin	検事	
ズーア、エトムント, Suhr, Edmund		検事正（ハンブルク）
タイヒャー、ハンス, Teicher, Hans		ラント裁判所判事（ランツフート）

氏名	役職	一九四五年以後
トムゼン、ヴィリ, Thomsen, Willy		
トレッペンス、ヘルベルト, Treppens, Herbert	区裁判所判事	ラント社会裁判所判事（ツェレ）
フォルク、ハンス, Volk, Hans	主任検事	
フォルマー、フランツ, Vollmar, Franz	検事	
フォス、Dr. アドルフ, Voß, Dr. Adolf	主任検事	
ヴァーグナー、ハーラルト・フォン, Wagner, Harald von	検事	検事（リューネブルク）
ヴァーグナー、Dr. リヒャルト, Wagner, Dr. Richard		
ヴェーデル、ヴォルフガング, Wedel, Wolfgang		
ヴェーゲナー、ハインリヒ, Wegener, Heinrich	区裁判所判事	
ヴェークナー、フリードリヒ, Wegner, Friedrich	区裁判所判事	
ヴァイスブロート、Dr. ルドルフ, Weisbrod, Dr. Rudolf	検事正	
ヴェルプ、カール, Welp, Karl	ラント裁判所判事	
ヴェルツ、Dr. アルトゥーア, Welz, Dr. Arthur		
ヴァイヤースベルク、アルベルト, Weyersberg, Albert	検察官	

氏名	役職	一九四五年以後
ヴィルヘルム、ヘルマン・ゲオルク, Wilhelm, Hermann Georg	検事正	
ヴィルヘルリング、Dr. ヨアヒム, Wilherling, Dr. Joachim	上級ラント裁判所判事	
ヴィルケンヘーナー、ヨハネス, Wilkenhöner, Johannes		区裁判所所長（ミンデン）
ヴィンケルス、フリッツ, Winkels, Fritz		
ヴィットマン、ハインツ, Wittmann, Heinz	主任検事	
ヴレーデ、Dr. クリスツィアン, Wrede, Dr. Christian	主任検事	
ツェシャウ、グスタフ・フォン, Zeschau, Gustav von		ラント裁判所判事（ウルム）

これらの他に人民法廷の捜査裁判官は帝国司法省の業務部門「オーストリア課」にもいた。

ウィーン、グラーツ、インスブルックの「上級ラント裁判所管轄区」では、およそ三〇名の裁判官（通例は上級ラント裁判所およびラント裁判所の裁判官たち）がナチス裁判官としての職務を遂行した。

さらに人民法廷の名誉職裁判官が一五〇名以上いた（突撃隊・親衛隊の少将や中将、NSKK（国家社会主義自動車軍団）中将、警察少将、国防軍の総労働指導者および少将、管区指導者、上級地域指導者、ヒトラーユーゲント上級地区指導者など）。

ローラント・フライスラーの生涯

一八九三年一二月三〇日	ツェレに生まれる
一九〇三年	アーヘンのギムナジウムに入学
一九〇八年	カッセルのギムナジウムに転校
	イェーナ大学で法学を学ぶ
一九一四年八月四日	志願兵として従軍
一九一四年一〇月一八日	ロシアで捕虜となる
一九一七年	収容所自治委員に任命される
一九二〇年七月二三日	カッセルに帰還
一九二一年	法学修了「最優秀」の成績で法学博士となる
一九二三年一〇月二日	ベルリンで一級司法国家試験合格
一九二四年二月一三日	カッセルで弁護士事務所を開業
一九二四年	帝国大審院弁護士に任命
	民族・社会ブロック（ナチスの大ドイツ民族共同体とドイツ民族自由党の共闘組織）から出馬し、カッセル市議会議員となる
一九二五年	一九二五年二月にナチ党に入党。党員番号は9679
	党同志の弁護人として多数の刑事裁判に参加
一九二八年三月二三日	マリオン・ルスエガーと結婚
一九三二年	帝国議会議員
一九三三年二月	プロイセン司法省局長
一九三三年六月一日	プロイセン司法省司法次官
一九三四年四月一日	帝国司法省司法次官
一九三七年一一月一日	長男ハーラルト誕生
一九三九年一〇月一二日	次男ローラント誕生
一九四二年一月二〇日	「ユダヤ問題の最終解決」が決められた「ヴァンゼー会議」に出席
一九四二年八月二〇日	人民法廷長官／第一部部長
一九四五年二月三日	ベルリン空襲の際に被弾して死亡